U0504237

平常心 心常平

—— 林常平传

赵晏彪 著

PINGCHANGXIN
XINCHANGPING

LINCHANGPING ZHUAN

人民出版社

目 录

卷 首 诗

假如，生活让命运多舛，
来吧，就还它一副笑脸。
因为，道路还在继续，
不管山高林密永远向前。

假如，生活给出一串串磨难，
来吧，就还它一束牡丹。
有悲伤，有挫折，
要大笑着走下去，
一花凋零，荒芜不了整个春天。

假如，生活设置了重重险滩，
来吧，就还它一面风帆。
出海就有风浪，
不惧怕，鲁滨逊总会迎来回家的船。

假如，生活总拿挫折消遣，
来吧，就还它春风满面。

酸甜苦辣多重的滋味，

这是生活赐予奋斗者独有的盛宴。

假如，生活充满雷鸣闪电，

来吧，就还它一处避风的港湾。

做一回生活的主人，

知难而进效仿愚公移山。

不做情绪的奴隶，

乐观向上换来美轮美奂。

假如，生活让命运不堪，

来吧，就还它海阔天蓝。

不为昨日懊恼，

不为今天迷茫，

有低谷，就有峰峦。

因为明天，

定会风和日暖。

前　言
"熬"出风采——勇攀峰巅的人生逆旅

　　我喜欢作家刘墉的一句话："'平常心'也是'心常平'，让你的心总保持在平静的状态，才能以不变应万变。"如何能以不变应万变？只要面对荣辱那颗心总保持在平静的状态，定会"熬"出精彩。福建宁德企业家林常平以其历经岁月磨砺而成就人生大美，他是以"平常心，心常平"的心态"熬"出来的佼佼者。

　　2004年6月，54岁的林常平获得自由。往事不堪回首，35岁因"投机倒把罪"入狱，如今他身无分文且中年丧女，这一连串的打击，许多人都认为林常平要对生活妥协了，不会有斗志了。然而，林常平并没有倒下，他以平常心、心常平的心态继续锤炼自己，在人生第三次创业的进程中建立起大型企业——鑫磊集团。

　　林常平经常说："我喜欢'三'，'三'在中国文化中是个很重要的数字，《说文》中说，'三，天地人之道也。'老子的道德经中有'道生一，一生二，二生三，三生万物'的说法，'三'是万物的基础和本原。"

　　林常平有过三次创业，第一次创业在35岁时因"投机倒把罪"无功而终；第二次创业也是因为"不合时宜"而失败，在他54岁的时候，他开始了第三次创业，就在这奇妙的"三"字上他成功了。三年时间里，他建立起了一座现代化的混凝土生产企业；十三年后，相继拥有了多家子公司，建成了集团企业，现在总资产已经数十亿元。没有想到的是，又过了三年，2021 年，他投资一亿多元打造的宁德地区最大的"卧龙岗康养文化旅游项目"第一期工程胜利竣工。林常平成功了，鑫磊集团成为霞浦县民营企业中的纳税大户；他本人出资帮扶了上千名贫困学生，使他们得以顺利完成学业。仅仅十几年的光景，林常平成为霞浦人口中称赞的"大恩人""活雷锋""慈善家"。

林常平的传奇人生无外乎一个字："熬"。这个"熬"并非是混日子，磨时间，而是一种平常心、心常平的态度对待生活，对待过往。唯有苦熬方能挺住，唯有精熬方能化险为夷，唯有慢熬才能柳暗花明！林常平从不将磨难、痛苦放在心上，而是将感恩放在心里。他的传奇人生就像是那一锅文火慢炖的老汤，在岁月的熬炖下，熬出了沁香扑鼻的味道，熬出了经年累月的斑斓色彩。

一位哲人曾经说过这样一段话："人的心脏是一座有两间卧室的家，一间住着欢乐，一间住着痛苦；人不能在痛苦的时候大喊大叫，否则会吵醒隔壁房间的欢乐。"林常平有痛苦，有悲伤，有失去过宝贵的年华，有大喊大叫的资本！然而，他却怕将"别人的欢乐"吵醒，独自痛苦着、忍耐着、苦熬着。这，或许不是某些人眼中的伟大，但绝对可以称之为自律和无私的榜样。

那年我随大陆作家代表团走访我国的宝岛台湾，台湾著名作家郭枫老师一路陪同。一天傍晚，他提议说，带我们去一个吃牛肉面的小店，那是个百年老店。

我不禁思忖，牛肉拉面馆在北京随处可见，其中不乏一些味道纯正、汤料十足的老店，台湾地区的牛肉面口味能好到哪里？

这家牛肉面馆坐落在一条小而窄的巷子里，还没有见到店面，却看见了一条长长的队伍，人们穿着五颜六色的服装，摆出各式各样的姿势，从小巷深处曲曲弯弯地延伸出来，异常壮观。郭老师回过头来，笑着对我们说："这家面馆营业面积不大，不能同时招待许多人，所以天天排长队，生意火得很。"同行的作家们都感叹这家面馆的生意会如此之好，如此这般招人，那口味肯定是非同一般啦，眼睛里便多了几分急切的渴盼。

大约四十分钟后，我们才安稳地在桌前坐定，一碗蒸腾着热气的牛肉面端了上来，香味也随之而至。好家伙，几块大如鹅蛋般的牛肉顶在面条上，看着诱人无比，咬上一口，软软的、糯糯的，入口即化，满口盈香，果不其然，这算是我吃过的最美味、最实惠的牛肉面了。

郭老师不无感慨地说："这家店在台湾已有一百多年的历史，但他们有几条经验值得我们沉思。一，他们永远不开分店和连锁店；二，从来没有搬过家，更没有更换过门脸；三，肉量永远这么大，口感永远这么好。在我记忆里，无论是大饭店还是小吃店，涨价是他们的家常便饭，地点和门脸也是经常更换，说什么地段不好，风水不佳；菜也是经常换，口味经常换，美其名曰担心顾客吃腻了，可这家牛肉老店就是在这里默默地卖牛肉面，一熬就是百年，现在牛肉面馆多得很，可这家面馆永远是从早到晚排着长队。"

这件事总是让我想起一句话：酒香不怕巷子深。可是在物质极其丰富的今天，像这家仍在巷子深处的百年老店可谓不多，不知它"熬"过了多少风霜雨雪！

人生在世，又有谁不希望能够轻轻松松度过？然而命运又怎么可能就这样轻易地放过我们！百般折腾的事业之路、风吹雨打的挫折之途，是每个人必须面对的生活境遇。当我们熬过了所有该熬的苦，就会遇见所有该遇见的甜；当我们熬过了所有的乌云闪电，就会遇见绚丽无比的彩虹。人生，不恰如那碗香气四溢的牛肉面嘛——"剩者为王"。

这一路，这一生，我们一定要清醒自律、坚忍不拔；这一生，这一路，我们一定要倍加珍爱自己，珍爱那颗伤痕累累的心，因为这颗心要迎接新的挑战，要面对明天美好的未来。

在最困难的时候，林常平是如何熬过来的？他的日记给了我们答案：

"人的一生漫长而又短暂，难免会遇到困难，事业也难免会有起有落；谁也无法保证一帆风顺，在遇到困难的时候，想想明天的太阳；事业固然可贵，但生命只有一条。熬下去，将会看见不一样的明天；熬不下去，只能望而止步，永远是今天。"

"遇到困难不可怕，可怕的是失去了面对困难的勇气。我不怕死，但我怕死得没有价值，名誉诚可贵，生命价更高，阳光出云日，再踏商海潮。"

熬得住才能出众，熬不住就会出局。只有咬牙死撑，才能乘风破浪。

有诗为证："人生恰似一浓汤，苦辣酸甜味自尝。火候疾缓照肝胆，蒸煮日月出奇香。"

人生，只有熬出来的精彩；人生，没有等出来的辉煌。

开 篇

善待过往，前方总会阳光灿烂

要想改变命运，首先改变自己。

——秋瑾

2019年一个乍暖还寒的春日，著名评论家苏小玲和著名出版人葛笑政二位文友与我讲述了一个叫林常平的人"凤凰涅槃"的故事：经历过两次牢狱，在监狱中度过了20个春秋，期间失去了自己的爱女，饱受心脏病反复发作的折磨。但他坚强不屈，三次创业，最终成就了自我，创办福建鑫磊工贸集团，并于2018年荣获"改革开放四十周年福建四十位杰出企业家"的称号……小玲兄这一番介绍，听得我热血沸腾，连连赞道："铁汉，千锤百炼的铁汉呀。"

"老林的故事值得写，对现在的年轻人来说是本励志的书。"笑政兄说。

对于作家而言，一生中难得遇到几个大题材、好题材。我对林常平的故事既有冲动又有自信，不禁脱口而出："我喜欢挑战，这传记我接了。"

我与葛笑政兄是多年的朋友。当年也是他推荐我调到中国作协民族文学杂志社工作的。我们相交二十余年，他对我可谓非常了解，但我与小玲兄却是初次谋面，他受林常平的委托，请一位作家写林常平创业史，他与笑政兄是至交，笑政兄立即向他推荐了我。面对二位的信任，我也将自己的一些想法全盘托出："谢谢二位仁兄的信任，我打算综合地写林总的一生，侧重点放在出狱后的创业和善举。我在写作上有三句话，是保证我的创作与众不同的根本：其一，深挖洞。采访深入细致，不漏掉任何一个人或者一个故事细节，不但发现细节还要深挖，感人之处往往是在打深井时才会出的'油'。其二，广积粮。

传记文学最大的特点就是素材的掌握。积累大量素材，采访广泛，是传记文学的要素。绝对不是就人写人，就事论事，要有他的宽度、围度，要横竖相比，有了'菜'——材料，才好做出各式各样的美味。其三，就是细者为王。有了前面深入的采访、思考，掌握了大量的素材，从采访、了解、深知到成为朋友，再动手写。其关键处是别人写过的，我要写得深、写得透、写得精彩；别人没有写到的人和事，我要写得真、写得细、写得有血有肉；细节、细致、细刻，才能雕出好作品。"

两个小时的畅谈，让我和葛笑政、苏小玲达成了一致：将林常平不屈的精神、铁汉的风骨、大海的包容、经营的睿智、善良的心怀……呈献给读者。

那个夜晚我一个人静静地在院里散步，时常久久仰望夜空，见明月高挂，群星消隐，耳边是隐隐约约汽车飞驰而过的声音。我的脑海里依然是林常平的一些片段式的故事，不禁让我想到了西汉的司马迁，想到了战国的屈原，无论是丰富的经历抑或是艰难的岁月，对于一个成大事者而言都是一处难得的矿藏，对于一名作家则更是。我头脑中仍然萦绕着林常平"不凡的故事"，他的创业，难也，但比他难的还有；他的财富不少，但比他有钱的人很多，他唯一的不可比性，是他在监狱里苦熬了 20 年。监狱，对于一般的人而言是一个神秘又不愿意提及和避讳的地方。20 年，对于人的一生不可谓不长，一个人有几个 20 年？而且他出狱后不甘沉沦，勇于再创业的精神，勇于行善的品德，在当今可以说并不多见。想到此，我再次抬头而望，夜空静谧那轮明月孤芳自赏，充满了自信。月下之我影子长长的，亦使我信心满满。

2019 年的春夏之交，我踏上了去福州之路，在美丽的山海小县霞浦，与曾经在监狱里度过 20 个春秋、现在是福建鑫磊工贸集团董事长的林常平见面了。

　　当一双如铁钳般的手紧紧地握住我手的时候，这位传奇人物让我感受到了他的热情、真诚、平凡又不凡。他身材不高，衣着笔挺，气色红润，笑容可掬，行动矫健，丝毫看不出已经是七旬的老者，他硬朗的身躯，声若洪钟的嗓音，走起路来双脚生风；尤其是他的一双眼睛炯炯有神加之"福普"的语调，对于我这个地地道道的北京人来说，真可谓是耳目一新。他开朗的笑声总是透着一股股真诚与亲切，完全看不出来这是个吃过牢饭的七十岁老人！这个曾因投机倒把罪挣扎于牢房、为疾病几近于死亡的老人身上，有着一种常人难以想象的力量。

　　对于监狱，有人形容说进入高墙便度日如年，有人说一旦服刑便痛不欲生。这些话都是服刑人员真实的感受。有些人没有胆量面对这一切，有的人只会心灰意冷，还有的人精神崩溃，更多的人表面平静但心里却承受着痛苦。但是我面前的林常平在监狱里没有荒度，他敢于坦然面对自己的过往。他勤奋苦学《毛泽东选集》、古典诗词，而且以超凡的毅力修完了大学法律专业的所有课程，圆了年轻时的大学梦。他走出监狱，没有将时间浪费在怨恨上，更没有用时间去平复自己的伤痛，而是以常人难以想象的宽广胸怀去拥抱生活，去拥抱人生。

　　林常平有着不凡的经历，脸上写的尽是沧桑，从 20 世纪 80 年代福建霞浦县纳税首户，到锒铛入狱的阶下之囚，再到如今拥有近十亿资产，涉及金融、贸易、文旅、教育、康养、酒店业及新型建筑材料开发销售等多维一体的大型综合性民营企业家，林常平每一步走得都是那么稳重而有力。

　　在短短十余天的跟踪采访和零距离接触中，渐渐地对林常平有所了解，不由得想起诺贝尔文学奖获得者罗曼·罗兰笔下的英雄形象："真正的英雄，在知道生活的真相后，依然热爱生活！"

　　林常平恰是如此，他凭着自己对生活的热爱让生活变得那么可爱，使自己活得那么有价值。

林常平说："在人的一生中所遭遇的困境和不解，在当下或许是难以接受的。但在过后某一时刻会突然觉得，这一切都是最好的安排。用善行对待一切，用爱心对待过往，你的前面总是阳光灿烂。"他做到了。

福州的寿山石很出名，林常平家里就有一块寿山石摆件，八仙过海。他在家时常常赏玩，俗话说：玉不琢不成器，人只有在逆境的磨炼中才能有所成就。只有看过林常平的故事，才知道什么叫坚强，什么叫铁汉，什么叫百炼成钢！

人生的醒悟何时都不为晚，人生本就是一场马拉松。如此霉运，如此悲剧，如此痛苦，该有多勇敢的人才能在熬过所有的苦难后，还能够谈笑风生地感慨：这是人生最好的馈赠！

第一章

不幸童年，铸造出坚强性格

蚌，虽然饱受沙砾摩擦的疼痛，但它却获得了晶莹的珍珠；玉石，虽然饱尝了刻刀的雕琢之伤，但它却成就了惊艳的艺术。

——题记

遗腹子又失母爱，顽皮小子要自立

　　林常平出生在福建省宁德市霞浦县的下浒镇下浒村。下浒镇虽然不大，但地理位置很重要，它位于福建省霞浦县南部、东冲半岛中部；北濒三都澳，距县城 30 公里；东邻长春镇，西与北壁乡接壤，北濒东吾洋，辖 1 个社区、21 个行政村。也是霞浦县南部沿海乡镇的交通枢纽和物资集散地，是中国著名的海带之乡。这里山清水秀，民风淳朴。

　　1949 年 7 月 22 日，中华人民共和国成立前夕的一个清早，一场透雨把世界洗得清清明明，下浒村的一户姓林人家，低矮的土坯房里传出了婴儿异常响亮的啼哭声，一个男婴诞生了。男婴蹬踹着小腿儿，挥舞着小手，大口大口地呼吸着晨曦里湿热的空气，他的眼睛还没有睁开，他用自己的嗅觉和触觉，感受着这个世界。他用自己强有力的哭声，宣告自己的到来，他——就是林常平。

　　母亲看着躺在自己怀里的小东西，没有一点的欢喜，脸上的泪水与汗水交织在一起，低声说："我苦命的孩子，你阿爹若是还在，该有多好呀！你阿爹多想看你一眼再走啊！"

　　在林常平出生之前，父亲因多年的忙碌而积劳成疾，一病不起。家里穷得叮当响，没钱看病也没钱去抓药。林常平的母亲眼睁睁地看着自己的丈夫被病痛折磨着而无能为力，她幻想着丈夫可以像从前那样奇迹般地康复，但老天爷这次却没有网开一面。在一个漆黑的夜晚，林常平的父亲大睁着眼睛，半张着嘴，看着林常平的两个哥哥，用尽最后一丝力气，抬起枯瘦的手，放在妻子高高鼓起的肚子上，闭上了眼睛。他带着对妻儿无尽的牵挂与不舍，带着没能见到这个还在腹中的孩子的万般遗憾，油尽灯枯地离开了这个世界。母亲把苦涩的泪水使劲儿地咽了下去，伸出双手将孩子们搂在一起。

林常平出生后，家里的日子可想而知更加艰难，母亲将襁褓中的林常平绑在背上，与其他农人一样下田劳作、做手工活、操持家务……母亲用自己瘦小的身躯，勇敢地挑起了家中的重担。瘦弱的林常平是在母亲的背上长大的。在林常平那短暂的童年记忆里，母亲的模样是那么的慈祥，母亲的声音是那么的好听，母亲的味道是那样的甜美。小常平在妈妈的背上，听着妈妈天天念叨：小常平快长大，学走路，学说话，学喂鸡学喂鸭，一二三四五六七，帮助妈妈做饭啦……

林常平的童年虽然没有大鱼大肉，但他是幸福的，在他幼小的记忆中，母亲和哥哥给予他无尽的爱，他几乎没有吃不饱的时候，更没有挨过母亲的一个巴掌，他每天都是那么快乐。母亲从不让他离开自己半步，以至于许多记忆已都变得模糊了，但只有母亲身上的味道却永远珍藏在他的记忆里，深深地埋藏在他的心里，长大以后，无论遇到什么艰难险阻，只要一回忆起母亲身上的味道，他就会变得安心，感到温暖，感到这世界是美好的。后来的多少个不眠之夜，记忆中母亲身上的味道，永远安抚着他那颗孤独而受伤的心。

林常平6岁时，母亲因劳累过度患上重病离世了。在弥留之际母亲将林常平的手交到大儿子的手中，对大儿子嘱托道："这个家你阿爹走时交给了我，我现在把它交给你，你是老大，要照顾好弟弟们……"林常平看着哥哥还有舅舅们痛哭着围在母亲的床边，他的眼泪像脱了线的珠子，扑簌簌地流着。

族里的长辈让林常平和哥哥们一同向母亲磕头。这时，林常平才惊觉，自己的手一直被母亲紧紧地攥着，使他无法挣脱。族人帮着林常平把手从母亲手中掰出来，跟随哥哥给母亲磕了三个头。当林常平抬起头时，看到母亲半睁半闭的双眼里，流出了两行晶莹透亮的泪水。那眼泪在油灯的晃照下，发出了柔和而温暖的光。他刚想伸出手替母亲拭去那泪珠，忽然那光就消失了。母亲还是半睁半闭着双眼，再也没有流出泪珠。

母亲走了，林常平从遗腹子变成为了孤儿。舅舅抚摸着林常平的小脑袋，心痛万分："常平啊，你这孩子怎么这么命苦呀！"这一年林常平的大哥林常桂才16岁，他不得不挑起养活两个弟弟的重担。从此，兄弟三人相依为命。

但大哥毕竟也还是个孩子，他的肩膀能有多宽，他的力气能有多大呢？小林常平经常会饿得眼冒金星，口吐酸水。村子里的叔叔婶婶便这个给小常平一碗热饭，那个给一碗鱼汤。就这样，小常平在哥哥和村里的阿伯阿婶的拉扯下，吃着百家饭摇摇晃晃地长大了。乡邻们的照拂，使林常平从小就懂得恩情的可贵，这是他养成善良乐于助人性格的源泉。

大哥没有辜负母亲的嘱托，再苦再累也要供着弟弟们上学吃饭。把这个家撑了起来。林常平转眼就要上小学五年级了，他面临升初中的问题。

从小受到乡邻相帮的小常平知道生活的艰辛，懂得学习的机会来之不易，他学习非常用功，成绩在班里总是名列前茅。那时大哥已经成亲，哥嫂一起供养着他们，生活似乎正在步入正轨。

继续求学对于每个农村孩子都是十分渴望的一件事，林常平也不例外。但是林常平所在的下浒村只有一所村小学，没有初中。上初中要到镇里唯一的一所镇中学去读，几个村子的小学生们要合到一起，选拔出优秀的升到镇中学去。在那时，除了要比学习成绩，还要比出身。小常平同班的一个女同学叫黄兰，学习成绩与他不分上下，但是出身不好，是富农。于是，黄兰被"无情"地刷了下去。

林常平看着这个比自己还要瘦小枯干的女孩儿，一把鼻涕一把泪，一步三回头地背着她那个好看的书包离开学校时，心里非常难过。林常平知道，富农不是地主，富农也是农，只要有名额她还是可以上镇中学的。如果……

他回到家中，看着嫂子大着肚子，正在给大哥补一件已经补丁落补丁，几乎没地儿下针的裤子，小小的油灯芯儿上，豆大的灯光影影绰绰。嫂子眯缝着眼紧凑着油灯，灰黑的油烟熏得她不时地用手揉着眼睛。林常平心里一阵阵地发紧。虽然二哥已经辍学回家务农，为家里出力了，但是家里的负担还是很重。他最小，但也十三岁了，不能再给家里增加负担了。穷人的孩子早当家，林常平暗下决心，学不上了，他要回家，他要和哥哥们一起下地干活。

早熟的林常平经常被大人们说成是人小鬼大主意正。第二天一早他就跑到学校，找到校长："校长，我不想读书了，把我的名额让给黄兰同学吧。"

校长很吃惊地问林常平："为什么不上学了，你学习挺好的，怎么想着要让给别人呀？"

"黄兰同学很伤心，她想上学。"

校长听明白了，他轻轻地拍了拍林常平瘦小的肩膀说："林常平，我知道你是一个善良的孩子，乐于帮助同学。但是你要考虑清楚，名额要是让出去了，就意味着你失去了升学的机会。"

林常平眼圈红了："谢谢校长，我知道，我考虑好了。我爸妈都不在了，我要帮助哥哥干活，我愿意把机会让给黄兰同学，她学习好，让她升学继续读书吧。"林常平挺了挺胸脯，"我是男孩子，我相信自己的能力，我妈妈曾经说我是个男子汉。"

校长望着这个个头不高但很大气的孩子，语重心长地说："好，我尊重你的意见。虽然你不能升入中学了，但是我希望你永远不要放弃学习。我知道你是个有理想、有抱负的好孩子，你人生的道路还很长，知识会让你开阔眼界。去吧孩子，愿你今后能实现自己的理想，把人生的路走得更远，像鹰一样飞得更高。"

林常平给校长深深地鞠了一躬，转身跑掉了。校长的话深深地印在他的脑海里。

林常平知道自己的决定会让哥嫂伤心，但他不后悔，他想尽早帮助家里摆脱贫困，同时也为自己能帮到其他同学的仗义行为而窃喜。大哥心里清楚林常平是不想拖累家里，他叹气道："这个傻孩子啊……"

辍学了，这在村里是件大事，林常平的舅舅自然也知道了，舅舅是镇医院的中医大夫，饱读诗书，在林常平辍学后，舅舅经常把他叫到家中，给他开个学习和吃饭的小灶，舅舅除了教林常平学习中医知识和古文外，还教他练习书法。林常平非常聪明，加上勤奋刻苦，很快他的书法就写得有模有样了。林常平从舅舅那儿学到了很多课堂里学不到的知识。书法和古诗文，给他后来的生活带来了意外的收获。

代课老师，"讨"工资"讨"出新机遇

霞浦县是闽东最古老的县份，中华人民共和国成立后，文化馆、书店、广播站、剧团、电影院、俱乐部、档案馆、报社等先后建立，呈现"百花齐放"的局面。县里尤其重视教育问题，为了使各村的孩子们能就近读书，要求每个村子里至少要有一所两到三年制的村办小学。老师的工资从县里下拨，由村里发放。

霞浦县的井尾村，离下浒村不远。井尾村的村办小学缺代课老师，村长经人介绍，找到林常平，希望他当这个村办的代课教师。

辍学在家的林常平其实就是个十五六岁的孩子，虽然学习成绩优异，但也只是高小毕业。但是林常平在舅舅和外公的教导下，"能写

会画"小有名气，这井尾村村长是慕名而来的。经过一番考量，林常平决定到井尾村当代课老师。

其实那时井尾村来找林常平也是无奈之举。村办小学的老师实在难找，一是工资低，县里下拨的钱还不够村里补窟窿的，哪有多余的钱发给老师。二是条件差，说好听点儿，那是个学校，说不好听点儿，那就是一个没人住的破院子。

村长派村里的几个壮劳力鼓捣了一天，总算把学校给修整一新了。当时村长答应给林常平每月8块钱的工资。就这样林常平被安排在井尾村当上了小学教师。林常平平时教一二年级学生简单的字，以及简单的算术等基础知识，三年级以上的学生们，就去旁边的村子读书了。尽管经常拿不到工资，但是林常平还是很喜欢这份工作的。如果不发生后来的"鸡笼事件"，也许林常平会在教师岗位上一干就是几十年，在未来收获桃李满天下的丰硕成果。但是，情况就是这样在不经意间发生了。

井尾村实在太穷了，林常平的8块钱工资，不能按月给，总是今天拖明天，明天拖后天，一拖再拖，有时拖着拖着就拖没了。没有工资就买不到粮食，林常平不想再让哥嫂为自己担心，更不想再成为家里的累赘。既然辍了学，也有了工作，最起码也得给自己弄口饭吃。那就靠山吃山，靠海吃海吧！林常平平时除了摘些野菜、野果，他还学着那些村子里的老婆婆、小媳妇们去海滩上赶小海，捡些小鱼小虾，做些小菜儿，对于正在长身体的林常平来说，这些真的不够。

有一天，林常平上课时，发现几个学生坐在鸡笼上，村长的儿子被关在屁股底下的鸡笼里。原来平时几个受欺负的同学，这次在忍无可忍的情况下，联合起来把村长的儿子塞进了鸡笼里。林常平问清楚情况后，来到那个废弃的鸡笼前，刚想搬开鸡笼，忽然又想：你爹许我每月8块钱工资，到现在没一次正经八百地给过。你还在这儿给我捣乱欺负同学，看我怎么收拾你，你就在里边多待会儿吧。看着还在耀武扬威叫嚣着的村长儿子，他双手叉腰站在鸡笼外，咬牙切齿地说："你个皮孩子，给我老实听着，你平时总是喜欢欺负同学，今天也让你尝尝被欺负的滋味。在鸡笼里待着，等我上完课，再放你出来。"此时村长的儿子蹲在鸡笼里，像只困兽，不停地嗷嗷叫着。

林常平可不管那一套，直到一节课讲完，才放村长的儿子出来。随着他一声"下课"，同学们像一群兴奋的小鹿，蹦蹦跳跳地跳出了学校那歪歪扭扭的篱笆墙。鸡笼里村长的儿子，早就没有了刚才的气势，像只受了委屈的小狗，蜷在那儿，嘤嘤地哭着。林常平把他从鸡笼里拽了出来说："你回家跟你爹说，如果再不给我发工资，我就天天把你塞进鸡笼里。记住了吗？"那小孩儿一边抹着眼泪，一边点着头。

第二天，林常平还在教室里上课，外面刮起了大风。村长急急忙忙地跑到学校，林常平以为是来给他发工资的，心里正在高兴。村长一把推开教室的门，冲着林常平说："常平呀，赶紧的，海上起风了，那边的舢板上有一篮子鱼，都是些刚打上来的大鱼、好鱼，船靠不过去，你水性好，游过去。那鱼就——"村长看了林常平一眼，然后咬咬牙，"那鱼就充当你的工资了。那可都是集体的财产呐！"

"我帮他们靠岸，那鱼就给我？"林常平扔下手里的书，飞也似的向海边跑去。生在海边的人不会游泳的不多，但既要水性好又不怕死的就不好找了。

村长找到林常平头上，其实也有着自己的小九九。他把县里发放给教师的工资填补了村里的亏空，就没钱给林常平了。虽然林常平是个老师，但在他眼里不过是个屁大点儿的孩子，林常平的工资，他就一直拖欠着。但是林常平也要吃饭呀，对此村长也是感到惭愧的。可是让他没想到的是，林常平真的去了。当村长追着林常平来到海边，还没等再多说一句话，林常平一个猛子就扎了下去。村长当即就后悔了，这么大的风浪，万一林常平有个闪失可怎么办？他跺脚拍手地站在岸上，两只眼死死地盯着在浪里翻飞的林常平，豆大的汗珠子从油腻腻的头皮里渗出来，顺着两腮的胡子茬一直流到脖子上。岸上的人越聚越多，大多都是来看热闹的。只见林常平如一条勇猛的蓝鳍金枪鱼，劈开巨浪，毫无畏惧地向着目标冲了过去。

就在人们纷纷担心的时候，林常平已上了舢板，他迅捷地从舢板上把鱼篮拽出水面，拎着篮子一个箭步上了渔船，熟练地把舢板绑到渔船上，然后，一左一右摇摇晃晃地把船从浪尖上、从浪窝里摇进港湾。渔民们欢呼雀跃，大家都松了一口气。村长更是欢天喜地，不知从谁的脖子上拽下一条毛巾，殷勤地给林常平擦着身体，说："林老师，你真是大英雄，我村长服你了。这么大的风浪，没有人敢下海，这些鱼就是奖励你的工资啦。"林常平捧着这篮子来之不易的"工资"，数了数，鱼还真不少。他捡了几条小一些的留下自己吃，剩下的拿到集上卖了，换来几块钱买了粮食。

林常平虽然省吃俭用，但那篮子鱼换来的米呀、油呀也只坚持了二十多天，就又没有钱了。这天张文和副县长带着镇教育局的领导，到各村的小学视察，刚好来到井尾村。副县长张文和曾经当过八路军，现主管教育。

林常平对张副县长说："我尽管只是一个临时的代课老师，但也不能不发我工资呀？没有钱，我拿什么买米买油？我是老师，每天兢兢业业地给学生上课，可还要饿着肚子，村长许了我每个月8块钱工资，可总是这月有下月无的，县长要为我做主。"林常平偷眼看了一下那几位来视察的领导，似乎没有生气，便又大着胆子，讲起了上次的经历。

他一只手叉腰，一只手扶着那个破旧得已经摇摇晃晃的讲台。说："领导同志们，你们平时在上面总是讲要重视教育，要关心下面的民办教师，他们在一线吃苦，不能冷了他们的心，不能让他们的辛苦付之东流……"边说着，林常平还不时地看看领导们的表情，也不时地看看他的学生们。他发现学生们都在用崇拜的眼神注视着他，而领导们似乎也在表示着赞同。他更加得意了，手一挥，接着说："吃苦——我们这些民办教师不怕，但总是饿肚子，真的很难呀……"正说着，林常平的肚子像是和他商量好了似的，"咕噜噜"地乱叫了一阵。林常平赶紧收住话头，双手握着肚子，咧着嘴"嘿嘿"地笑了起来。

林常平这番话把站在一旁的张副县长给逗乐了，他说："我看你这个小同志倒是口齿伶俐，听说你还能写会画的，想不想去县上工作，我给你个通信员的差事你干不干？到县里工作一定让你吃饱。"林常平的眼珠子转了两圈儿，抬起手挠了几下后脑勺儿，突然打了个立正，右手举到太阳穴，行了一个礼，大声地说："是，领导同志，我接受这份革命工作。"

由于他一时用力太猛，使得肚子里的肠子又是一阵痉挛地乱叫，在场的人都哈哈哈地大笑起来。

就这样，张文和副县长把林常平调到了霞浦县政府里工作。从此改变了他的命运：离开了农村，进到了城里，而且是政府里的工作人员了。

"讨小海"被鲟咬，终生不碰这美味

人生在世，身体上难免会有小伤小痛，一般不会太在意。但是，有些伤痛却是刻骨铭心的，让你牢记一生，终生难忘。

这天是2019年的7月，已经有着亿万身价的林常平正在宴请朋友，上了一道福建特色美味——清蒸红鲟。"红鲟"是闽浙一带的叫法，学名叫"锯缘青蟹"。这种蟹喜欢穴居近岸浅海和河口处的泥沙底内，性情凶猛，肉食性，主食鱼虾贝类。红鲟肉质鲜美，营养丰富，兼有滋补强身的功效，尤其是将要怀孕的雌蟹，体内会产生红色或者黄色的膏，这种在中国南方叫作"膏蟹"，有"海上人参"之美誉。

林常平总喜欢让远方的来客们品尝这道美味，但他自己却从来不吃。服务员把一大盘子冒着热气的"清蒸红鲟"端上桌，扑鼻而来的便是这螃蟹特有的香味。林常平一边比画着，一边亲自上手，把螃蟹卸胳膊卸腿儿地帮着客人们布菜。坚硬的壳被扒开，红鲟那一条子一绺子的肉就露了出来。那蟹肉宛如温润的和田美玉，有一种晶莹欲滴之感。放进嘴里，在齿舌之间细滑如丝绸，一股淡淡的甜丝丝的味道伴着大海的气息，与唾液纠缠在一起，顺着食道滑进了胃里。在座的每一位食客都会对这道"清蒸红鲟"赞不绝口。

林常平笑逐颜开，一边抽着烟，一边向朋友们讲那红鲟的妙处，看着朋友们大口大口地吃着螃蟹肉，听着螃蟹"咔吧咔吧"破碎的声音，林常平的心里别提多开心了。但是，他自己一口也不吃，这未免让在座的朋友们多少产生了些许的疑问。

林常平笑而不语，总给朋友们留有神秘感。这天，他倒是十分的大方，一边将盘中的红鲟分给客人，一边笑着说："这种美味在我儿时曾给我的肉体和心灵上，带来过十分严重的伤害，这伤害让我记着它一辈子。所以我才不吃这个东西。"

"啊？"

林常平的眉头微微皱起，语调低缓地讲述起童年的那段伤心的故事。

林常平小时候跟随几个堂兄弟赶小海，一路蹦跳着来到海边。所谓赶海就是居住在海边的人们，根据潮涨潮落的规律，赶在潮落的时机，到海岸的滩涂和礁石上打捞或采集海产品的过程。

林常平学着大人们和大孩子们的样子在滩涂上东摸西摸起来。撅着小屁股，小腿都浸在了水里，摸了半天，什么也没摸到，便大着胆子向更深一些的地方走去。他拿着一个长长的铁钩子，杵弄着水下泥沙中一个个的小窟窿，希望有小虾小蟹或者海蛏子能从小窟窿里钻出来。

杵着杵着，他突然感到小腹下部他的小分身处一阵钻心的疼痛，"啊，啊……"他惊慌失措地大叫着，疼痛顺着小分身上的一根神经直捣后脑勺。他本能地用手胡噜了一把，他的手碰到了一个冰冰冷、邦邦硬的东西。低头向水里一看，原来是一只大红鲟，壳上泛着青幽幽的光，正在水下忽忽悠悠游着，用它那胖大的钳子，透过林常平的小裤头儿，死死地夹住他的小分身。小常平想把它拽掉，可越拽夹得越紧，越紧他就越疼。

他"哇哇"的大叫着，扔掉了手里的铁钩子，"哗啦哗啦"地爬上了岸，肚皮下方挂着那只大螃蟹。和他一起来的堂兄见状，来不及笑话他，马上让他叉开双腿坐在沙滩上，而他堂兄则用手轻轻地抓挠那螃蟹的背部，这个部位是螃蟹的痒点。螃蟹的两只黑黑的小眼睛滴溜溜地从青壳里面伸出来，转悠着，一下子松开了那只大钳子。高度紧张的林常平终于放下心来。那只可恶的螃蟹正想扒个洞藏进泥沙里，堂兄一下按住了它，用大拇指和中指掐着螃蟹壳把它扔进了常平的小鱼篓里。

虽然螃蟹的钳子松开了，可小分身却越来越痛，还流了血。堂兄带他到了生产队的卫生所，一个身穿白大褂的女医生坐在那儿，看见林常平那哭得稀里哗啦的可怜样儿，边笑边给他进行了消毒处理，临了还在林常平的小屁股上打了一巴掌："没事了，回去养养就好了。"

林常平算是与红鲟结下了仇怨，从那次以后他再也没吃过螃蟹。但他最喜欢看着家人和朋友们把红鲟大卸八块，大快朵颐，听着大家对鲟肉的赞美，听着鲟壳的破碎，心里有一种满足、快意。

林常平一生被螃蟹咬过两次，一次是实的，一次是虚的。第一次就是童年这一次，被螃蟹实实在在咬了一口。第二次则是在改革开放后，他成为霞浦第一个吃螃蟹的人，然而没有想到的是，被政府以投机倒把罪判处有期徒刑 20 年，这是他人生第二次被螃蟹咬。

商海解语：不幸童年，练就一颗不屈的心

人生就像脚下的路一样，不会是永远平坦，总是会有荆棘，有坎坷的，它考验你的是恒心与耐力。只要你坚定不移地向前走，不怕困难与险阻，不悲叹过去，不荒废当下，不惧怕未来，一切都会在你积极地面对下顺风顺水的。

林常平本家大哥林旺是个经验丰富的打鱼人，曾经多次向村里人讲述出海遇到罕见暴风圈时的惊险遭遇。

当时林旺他们已经鱼虾满仓了，正要返航时，正前方有一个巨大的暴风圈向他们袭来，有人说掉头躲开吧，远离暴风圈。

林姓家族中的大哥林旺坚决反对，说："不行。如果掉头折返，暴风圈还是会在后面赶上，以我们的加速根本快不过暴风圈的速度，只能稍做延缓，最后只会陷入危险，有船没的危险。"

另一个人说："要不然我们将船头向左或向右转 90 度，让开暴风圈呢？"

"更不行了。这样做，只是将船身侧向罢了，还是逃不开暴风圈的冲击，而且，会让整个船身暴露出来，增加船与暴风圈的接触面积，危险更大。"

林旺郑重地说："最好的解决方法，只有两个字：迎上去，面对。大家抓稳船舵，让船正面迎向暴风圈。因为只有这样，才能将接触的面积减到最小，而整个船身则会与暴风圈结合到一起，最大限度地减少与暴风圈接触的时间。"按照林旺的建议他们迎风而上，平安地冲过暴风圈，安全地回家了，这个故事让林常平铭记在心。

遇到困难对任何人来说都是难免的，如何解决？最好的方法，就

这两个字：面对。遇到困难，逃避没有任何用处，甚至会让困难跟你一生。请抬起头来勇敢地面对困难，只要你能够做到面对，你就会发现许多困难解决起来其实并不难。

第二章

生死关头"一碗汤"，命运多变信诺不变

　　无论你遇见谁，他都是你生命中该出现的人，绝非偶然，他一定会教会你一些什么。生活总会给你答案，但不会马上把一切都告诉你。

——题记

那个年月，非同寻常的"逛街"

林常平 18 岁那年，他第一次被送进了监狱。作为一个一贫如洗，从小吃"百家饭"长大的孤儿，怎么会进监狱呢？

春耕时节来临的时候，霞浦县按计划召开了"三级干部会议"，林常平也参加了会议。"三级干部会议"主要是贯彻落实中央的政策精神，总结上一年的经验、表彰先进和全面部署安排新的一年的工作。林常平还是第一次参加这个会议，倍感激动的同时又有一种莫名其妙的不安。

会场里乱糟糟的，林常平找个椅子坐下，坐直身体，看着还空无一人的主席台，突然觉得好像已经有些日子没在政府大院里看见那些熟悉的面孔了，难道……他不由得打了一个寒战，他感到了一股凉气正从脚下慢慢地蔓延到了全身。

领导们开始上台，他一个都不认识，最后上来的是一名领导走到话筒前，宣布了霞浦县三级干部会开幕。接着是县里新领导们一个接一个的讲话……

林常平默默地坐在台下认真地听着，他带了一个小笔记本，想着把会议精神记录下来回去学习并落实。其实会议很激烈，台上、台下空洞口号不停地在喊，把林常平的耳朵震得"嗡嗡"响，他什么也听不见了，喧嚣的场面令人难以忍受。

林常平终于像火山一样爆发了。只见他涨红着脸，站起来大喊一声："别喊了——"，乱哄哄的会场被林常平的吼声震住了，突然安静下来。他像一支离了弦的箭，"嗖"地一下子蹿上了主席台，夺过讲话人的话筒，向台下台上的人喊道：

"我们是农民，不去种粮食，老百姓哪有饭吃？"林常平的话，似乎震住了台上台下的人们。他又一口气说下去："今天是3月3日了，再过几天就是惊蛰了，农民兄弟都知道一句谚语'到了惊蛰节，锄头不停歇'。如果春耕搞不好，我们一年都会没得吃呀……"

林常平由于过于激动用力太猛，已经感到有些头晕了。台上的新领导们被林常平这一下子弄蒙了，张口结舌地不知该说点儿什么。台下也安静了，大眼小眼地瞪着这个台上的愣头青。

突然，台下呼啦啦一下飞上来很多只手、很多只脚，这些手、这些脚噼里啪啦地都落在林常平的身上，让他一时招架不住，摔倒在了台上。

忽然他感觉自己的两条胳膊分别被架了起来，将他抬离了地面，拖着他向台下走去，架上一辆吉普车，随后吉普车疯了一样向前开着，很长一段时间后车才停下，林常平下车一看，自己送进监狱了。

林常平想了许多，他认为自己的话没有错，自己的举动没有错，就是打死也不后悔。自己是个孤儿，从小是吃百家饭长大的，他深刻体验过饿肚子的滋味，只有搞好生产，让农民不饿肚子才是真理。

三个月后林常平被另外一拨人保了出来。

老人出手相救，鬼门关里走一遭

林常平在"三级干部会议"上的"慷慨陈词"，使他第一次尝到了失去自由的滋味。

三个月后他回家养伤。一天，他正走在村里的路上，突然有人从背后拍了他一下，那人随即说："哥，今天咱们公社有大事。"原来是堂弟。"什么大事？""到那看看就知道了。"说着就扯着林常平的胳膊往前跑。

一群人正围着一个气派的大院子往里张望，院子里有一间大瓦房，两间耳房，这里原来住的是本村的大户，看样子已经被赶出去了。老支书蹲在墙根下嘴里斜叼着土烟，看见林常平过来便迎了上去。"常平呀，你也来啦！"林常平赶紧伸手扶了老支书一把，说："老支书，您怎么在墙根底下蹲着？""不蹲这儿蹲哪儿去！唉！——常平呀，少露头吧！"正说话间，一阵"噼里啪啦"的鞭炮声响了起来，又戛然而止，浓烈的火药味掺杂着海水的腥气，在这个气派的大院子前慢慢地飘散开来，随着一股灰色的烟向村子里蔓延。

一个个光着屁股的，黑不溜秋的小孩子们，欢呼着、雀跃着、追逐着、戏耍着那正在消散的硝烟，像是过年似的疯狂地高声叫喊着。村民们嬉笑着立在院门口，就像看这家正在娶新媳妇过门，或是正在聘闺女出阁，相互唠着家常。

那个深秋的晚上，林常平鬼使神差地要回下浒。可能是怕大哥大嫂担心，他想趁着夜色走。

趁着夜色他偷偷摸进村子，在进村前，村里的狗们就开始蠢蠢欲动了，但他想着以最快的速度穿过，在狗们还没叫成一片的时候溜之大吉。可他没想到，狗在这个时候也似乎变得更加机警起来，在他还没穿过村子的时候，狗吠声就已经响彻四野了。村民们手持各式"武器"追赶着他……

他们从谷仓拿来一条装大米的麻袋，把林常平塞了进去，只把头露在了外面，然后用麻绳像绑粽子似的把他绑个结结实实，扔在打谷场上等待天亮再另行发落。林常平倒也踏踏实实睡了一觉。可时节已经进入了深秋，白天打谷场上能热死一头牛，一到晚上，尤其是深夜，就变得又湿又阴，那股阴潮水气直往骨头缝里钻。

天刚蒙蒙亮一些愣头愣脑的小青年上场了。他们先拳打脚踢泄愤似的殴打了一顿已无还手之力的林常平，等日上三杆了，他们就担着鼻青脸肿的林常平来到了浅滩，将装在麻袋里的林常平整个身体浸泡在海水里，只把头露出水面拴在了船舷上，然后摇着船，大模大样地把林常平摇到了另一个村子。

就这样林常平被走街串巷、被下海上海，被从一个村子游到另一个村子，被从一条船摇到另一条船。泡在那"秋水"中的林常平周身的肌肉开始收缩，全身的皮肤开始变白膨胀鼓起一道道的皱纹，但他的心火却仍在燃烧着，顽强地抵御着从体外射进来的道道寒箭。林常平自幼从舅舅那学过一些中医，知道该如何气沉丹田，打几趟拳脚，他用这个方法尽量保持着自己的体力。

但一天一夜不吃不喝不睡，又泡在海水里，林常平终于坚持不住了。泡发的皮肤像是被刺上了千枚万枚甚至十万、二十万枚的针，那几十万上百万枚的针在不断地缓慢地，后来变成了猛烈地迅疾地刺透皮肤扎进肌肉，然后变身成一把把细小的钻头无情地啃噬着绷紧的肌肉，他似乎听到了它们敲击或刮擦骨头时发出的欢快的声音。他，晕过去了。

一阵猛烈的疼痛将他沉重的眼皮弹开，眼珠似乎要爆裂出去了，他已经感觉不到自己身体的存在，耳朵除了嗡鸣声什么也听不见，眼前像白雾一样模糊一片……

渐渐地林常平开始感觉到手脚又麻又痛，他深深地吸一口气了，头木讷讷的像一个实心儿的铁球，耳朵里响起了警笛般的长鸣声，所有的疼痛渐渐地集中到了屁股上，接着又传回到了腿和脚，他使出了吃奶的劲儿，让自己铁球般的脑袋开始运转。

他不停地吸着气，吐着气，让血液带着氧气快速地在全身流淌，终于他可以看清楚了，自己歪在一间破房子的地上，地上潮乎乎、黏糊糊的，又冰又冷，他也可以闻到一股潮湿的、刺鼻的霉变气味，还有似远似近的腥臭味，他判断这应该是存放渔网、鱼叉什么的仓房。火红的一束光从他脚下的门缝处射了进来，照在屋里站着的几个人的身上。"是黄昏了就要日落了，"他想，"这光虽红却不亮了。"他将自己的身体躺平，一阵钻心的痛一下从腰部刺向心脏。这使他突然痉挛了起来。

那几个被夕阳的余晖照得通红的人把他拉了起来。林常平可以听到他们手忙脚乱的声音。"慌什么——他又没死！"一个声音说。"看他的样子快不行了。"又一个声音说。一个人走上前用手指托起了林常平的下巴，这让林常平十分痛苦，就好像有一根线拽扯着他的心脏，一拨动就会疼痛无比。哗啦——一盆冰凉的带着苦涩的海水泼到了他的身上，一股剧痛从腰胯向两头扩散。

紧接着"噼噼啪啪""刺刺啦啦"钻心的疼痛和一股焦煳的味道一拥而上，紧紧地抓裹着林常平，让他无法呼吸。在全身的痉挛中，他那如铁球般的脑袋飞快地运转着、搜寻着这一痛苦的源头。

"你疯了——"一个声音高喊道，他的耳朵"嗡——"地响一声，"他是下浒的，要是真死在这儿就麻烦了。"他的耳朵"嗡——嗡——"地响了两声，"别再电他了。"他的耳朵一下竖了起来，电，他们在电我，电我哪儿了，那股难闻的味道是从人身上发出的？哪？电我哪儿了，"你看他的屁股上都能看见骨头了"一个声音带着哭腔喊着，他的耳朵告诉他，电的是屁股，这股疼痛与他第一次醒来时是一样的，不知为什么他忽然感到了一种轻松。"他晕了——"林常平的耳朵里东一句西一句的，渐渐地什么也听不见了。

当林常平再一次醒来的时候，闻到了一股掺杂着汗味、咸咸的海腥味和淡淡的土烟味还有干草的香气，屋子里光线微弱，这让他有一种温暖的感觉。其实这种温暖并不是这些味道造成的，而是他身下的干草堆。他发现自己整个都陷进了这个干草堆里。"刺棱刺棱"地脚步声让他浑身的肌肉又开始痉挛。一个影子出现在他眼前："别怕，孩子,我只是个看门的。——他们把你送过来,让我看着。"声音苍老而温暖,那个声音继续说,"还以为你醒不过来了,既然醒了,就把这个喝了。"林常平努力地将自己的身体从干草堆里撑起来,浑身的酸痛都抵不过半拉屁股的剧痛。一股腥臊味直钻鼻孔,他下意识的躲闪了一下。"没事儿,喝了吧,这水能救你的命。这可是老祖宗留下的秘方。"说完,那个声音把另一只手里的纸包递到林常平面前,说:"看清楚喽,这可是白糖,我可是好不容易弄来的。来,就着这碗水一块吃下去,保准你没事儿了。"

林常平已经能看清阴影中这个人的脸了,那是一张和他一样黑不溜秋但比他苍老的脸,温柔的目光中不时闪现一丝丝的坚定。他接过那碗骚臭扑鼻的"神仙水",憋住一口气,一饮而尽。然后抓过那包白糖狼吞虎咽地吃着嚼着吞着咽着。他的肚子"咕噜咕噜"地叫着,浑身酸痛难忍。老人将干草裹在了他的身上,他在干草堆里睡着了……

林常平睡得昏天黑地,也不知道到底睡了多久,再次醒来的时候,除了屁股还在钻心地疼,其他的地方倒是松快了很多,肿胀的眼睛也能睁开了。他试着站了起来,身子有些发轻,他觉得自己好像是飘到了门口,外面很黑,能听到海浪的声音,伴随着海风一阵浓烈的烟草味飘来,把他呛得狠咳了两下,嗓子眼儿里冒出了血腥的味道。

一个老人弓着腰,窝在墙根儿下抽着土烟。是他,那个给他喝水和白糖的老人。老人瞟了他一眼,将身子一扭背对着他不语。林常平马上明白了老人的意思,但他还是问了一句:"阿伯,您贵姓呀?""余——多余的余。""阿伯,谢谢您的救命之恩。""我什么也没做,什么也没见。我老了,耳聋眼也瞎。"林常平最后又问了一句:"阿伯,那是什么水?"阿伯指了指墙角那个夜壶,啥也不说了。

林常平恢复了体力,在余老爷子帮助下逃了出来。人的命运就是这样,有小人的出现也会有贵人的相帮,只是在屁股上留下了一块被电击后的疤痢。

林常平是个知恩图报之人。改革开放初期，林常平往黑龙江卖带鱼赚了钱后，首先想到了余老头，当他得知他们家在做海带养殖后，包上 5000 元钱送去，支持他家发展海带养殖。

事过多年，每逢天阴时，林常平的屁股都会作怪，那些痛苦林常平从未放在心上，唯有念念不忘的是恩人余老伯。

信守诺言，师傅嘱托铭记心间

死里逃生的林常平在家里休整了不到半年，尽管身心都得到了一定的恢复，但仍然没有达到以前的身体状况，屁股时常会痛一下，阴天的时候更是疼痛难忍。

林常平想起一个人，他搭便车朝着塔岗山而来。站在塔岗山下，他不由得想起在寺庙里的美好时光和师父释法师。

林常平上了山，进了山门，问小和尚释法师在吗，小和尚指了指后院。

释杰英师父一个人躺在床上，林常平一见便知法师生病了。他拿起杯子倒了一杯水，释法师喝了一口水，起身盘腿而坐，说："常平呀，我希望你能为我了一桩心事。"林常平听后两眼炯炯放光："师父，您说，我一定完成。"

释法师用慈祥的目光看着林常平，看着他那双又黑又亮的眼睛，说："我 10 岁的时候就跟随师父在塔岗山上的塔岗寺出家，那里就是我的家。现在那里除了虎镇塔什么都没了，但过了这段时间，还会有更多的施主上山。咱们塔岗寺山下那条上山的路太难走了，别说阴天下雨，就是平时也是苔藓稀泥，路滑难行。老人孩子行走在路上总是一身汗一身泥，还经常摔跤。我希望你有朝一日发达了，把这条上山的路修好，也算是为自己铺一条路吧！"

林常平点头说："师父，我记住了，如果有一天我出息了，一定把那条路修平整。"释法师轻轻地点头，说："孩子，吃苦了苦，享福消福。虽然遇到灾难，将来就会有福报的。也别看有些人现在耀武扬威的，福报尽了那天，就是他们灾难临头的日子。"

释法师挣扎着坐直身体，面带凝重地说："孩子，只要你做善事就是在积德。你是心中有大爱的人，把塔岗路修好，就是一件功德无量的事，是你在积累福德，将来你会得到大福报的。"

林常平抬头遥望一下正北面的塔岗山和屹立在山林里那座孤零零的虎镇塔，上门牙使劲咬着下唇，狠狠地点了一下头。

就在那一天，释法师圆寂了。

为"重赏"，寒冬下水捞轮胎

天气渐渐地凉了，福建的冬天虽然不会像北方那样大雪纷飞，但在浮云蔽日的日子里还是会十分阴冷的。这一天，农用板车的几个轮胎，在搬运过程中不慎滚落到了柏溪水库里。看着轮胎前仆后继地"扑通扑通"地沉入水底，大伙儿你看着我，我望着你，谁也不敢下水去把它们捞上来。一个是冬天水太凉，凉得刺骨，另外，说实话，水库总有几米深。一般人没有好的水性是潜不下去的，没有胆量也是不敢在冬天下水的。

村支部书记使劲挠着后脑勺，好像能从后脑勺里蹦出个主意似的。突然他眼睛一亮，拔腿向着广播站跑去。支书气喘吁吁地从正在播报注意事项的广播员手里，夺过包着红布的话筒，大声地嚷道："村民同志们注意了！生产队农用板车轮胎掉进了水库，要是有人能跳下去把轮胎捞上来，奖励5块钱！奖励5块钱呀！"支书扔下话筒，嘱咐广播员继续播"悬赏"捞轮胎，自己又慌慌张张地向着水库跑去。

当时的 5 块钱是一笔大钱呀，可以买好多的东西。林常平一听到广播赶紧跑到水库边。他脱掉上衣，露出一身黝黑的腱子肉。甩掉了脚上那双露着脚趾头的破布鞋，抛出一句："我会游泳，我下去捞。"便拿了一条粗麻绳的头儿，跳到了水库里。

冬天的水很凉，凉得犹如万剑穿心。林常平先在水里游了一会儿，让身体充分适应水的温度，便深吸一口气，一个猛子扎了下去。潜水可不是一件简单的事情，不是你会游泳就能潜水，存在着很多潜在的危险。林常平靠几次腹式呼吸，屏住气息使劲地向下潜去。一股无形的力量阻止着他，使得他不得不又浮出了水面。这时村支书已经又跑回了水库边，他探着身子向水里张望着。看见林常平冒了头，便喊："常平呀，怎么样，小心呀！"林常平抖着已经发紫的嘴唇，向他挥了挥手，就又一个猛子扎了下去。这一次他潜到了底，奋力地抓住一个，套上绳子，岸上的人就喊着口号把轮胎拉了上来。接着，林常平又攥着粗麻绳的一头儿扎了下去，这次要顺利得多。就这样，林常平打了几个来回，终于把轮胎全部捞了上来。

林常平上岸时，已经冻得全身发紫，有些头晕眼花了，嘴唇就像两个成熟的紫桑葚，上下牙不自控地打着架，话都说不出来了。村支部书记急忙招呼着大家用一床露着灰色棉花的破棉被把林常平给裹了起来。他拍着被裹得严严实实的林常平，激动得说话都不连贯了："常平呀，好样的，是你……是你保住了生产队的财产。"

刚刚赶过来的大队会计，从一个翻着角的账本里，拿出了一张夹得平平整整的 5 元钱。拿到钱的林常平从破棉被里钻出来，穿上衣服，蹬上鞋，跑到一家卖烧酒的作坊里，买了半斤的烧酒，"咕咚咕咚"地一口全闷了下去，这才感觉一股暖流从胃里向全身蔓延开来。

林常平这一举动，惊到了许多人，也感动了许多人，大家都不约而同地向他伸出大拇指，称赞他的勇敢和好水性，林常平心里暖洋洋的，像当了英雄似的，连走路都有股雄赳赳的气概。

不是天天都有轮胎往水库里滚的，为了能挣些钱，补偿那总也填不饱的肚子，林常平在农闲的时候，就走出他住的破庙拎个油桶当上了油漆匠。由于他毛笔字写得好，又会画上几笔。开始走街串巷，到各生产队里去帮着往墙上写标语，往宣传板上写毛主席语录。各生产队便付给他些工钱。如果遇上有人家办喜事，他便给人家在新打的家具上，画上朵牡丹花、描上朵荷花，再在大红纸上写几个大"囍"字，贴在墙上。若是遇到有人家办丧事，他便去给人家漆棺材，做完一个活计总可以赚上两三块钱，一个月有时能有七八元钱的收入，对于那时的林常平来说，已经是天上掉馅饼了。

那天林常平到海边拾小海。忽然远远听见有人喊"救命"。林常平二话没说，本能地朝着呼喊的方向狂奔过去，只见几个年轻人正站在海边，急得直跺脚，带着哭腔拼命地喊着，"快救人呀，有人掉进海里了"，"救命呀"……

此时林常平看见海里有人正在挣扎，那人玩儿命地扑腾，头好不容易露出水面，还没等喘上一口气，就又沉了下去，看着他的样子，已经喝了不少水了，如果再无人施救，恐怕坚持不了多久，就该沉底儿了。林常平一边跑着，一边脱下上衣，高举双臂，双腿向前一跃，飞身钻入海里，他像一条光滑的鱼一样，快速地向溺水者游去，当林常平托着溺水者游到岸边时，岸上的人忙把落水半大男孩给拖了上去。男孩坐在地上大口大口地喘着气，身体一仰一合的，林常平这才发现，他救上来的这位溺水者居然是自己的小学同学陈永喜。

因为这次的英勇救人，生产队给林常平发了一个大奖状。可算得上是一个个子小、本事大的能人了。

"我只是水性好，有这样的本事，见有人落水都会救的。"林常平总是这样对夸奖他的人说。事情过去许多年了，林常平已经忘记了，但陈永喜却念念不忘，每每提及此事仍然充满感激，他说，从小看老，林常平从小就有善良、勇敢的心气儿，不但救过我还救过几个人呢，我们都记得。

一个人的成功有必然也有偶然，林常平今日的成功，是与他天生的好品质和后天的磨炼十分相关。

名额被顶，大学梦破碎

1975 年，一个"工农兵学员"的名额被下拨到了生产队里。已经"摘帽"的林常平是队里最有学问、最有声望的年轻人，队里便把这个名额给了他。乡亲们都为林常平高兴，还特地为他摆了欢送的宴席。林常平欢欢喜喜的，胸前戴着一朵大红花，在乡亲们的簇拥下，坐着生产队的拖拉机，一路"突突突"地上了开往冲江的客轮，向着他的理想，向着他美好的未来进发去了。可天有不测风云，已经站在船上向亲人们挥手告别的林常平，被叫了下来。他眼看着客轮出了港，眼看着县里其他的"工农兵学员"们欢笑的脸消失在海平线上，而自己却还站在欢呼的码头上。

这是怎么回事？他带着一颗忐忑的心回到了生产队，生产队长无奈地和他说，你的名额被一个干部子女顶替了。林常平听得一头雾水，这怎么可能？所有的手续都办妥了，怎么还能被顶替呢？他不服气，便四处打探，才知道原来是一个公社副书记为了自己的儿子，神不知鬼不觉地把他的资料给换了。

林常平的年纪已经不小了，能有一个上大学的机会是多么的不容易呀！就这么硬生生地被夺走了？他想不通，而且越想就越生气，越想就越不服气。他买了一斤烧酒一口气全部灌了下去，酒劲儿不断地往脑门子上顶，看着眼前这座破庙，看着他那已经睡了近十年的铺盖，还有满天飞着"嗡嗡"叫的苍蝇，所有的委屈全部涌了上来。他很少流泪，可是那天，他放开喉咙大哭了一通。他想把胸中的闷气全部撒出来，他想把这座破庙给拆了，他想被天雷劈一下，哪怕骨断筋折，灰飞烟灭……最后，他从一堆杂物中翻出了一把菜刀，紧握在手中，冲出了破庙，直奔公社大院而去，他只有一个心思"鱼死网破"，他要出了这口恶气。

当时，公社的领导们都在大礼堂里开会，林常平指名道姓地要找那位副主任。工作人员一见他举着把菜刀，瞪着两只火红的眼，就知道大事不妙，急忙跑进礼堂找到那位主任说："赶快跑吧，林常平喝了酒，拿着菜刀找你玩命来了。"这个主任一听这话，哪还管什么形象，跳窗子跑了。

林常平提着菜刀冲进会场时，公社的第一书记叶耕寿正在主持大会，见状拦住了林常平，问他为何拿着菜刀闹事？林常平摇晃着身子，醉醺醺地把事情的来龙去脉讲了一遍。叶书记听后脸一下沉了下来，他让几个身强力壮的小伙子按住了林常平，把刀夺了过来，然后严肃地说："常平，你不要这样冲动，动铁为凶，砍伤人你是要进监狱的。"他停顿了一下，接着说："你听我说，只要我在这里当书记，一定会处理营私舞弊的人，还你一个公道。你的事情，我一定会给你解决。"叶书记又板起了一张脸，严厉地说："但你给我记住了，凡事一定不能冲动。"这时，一阵凉风吹过，林常平打了个激灵儿，有了几分清醒，但是仍然怨气难消，呼哧呼哧地喘着粗气，眼睛直勾勾地盯着他面前的叶书记，心里却已经十分明白了。

1977 年，国家恢复了高考制度，然而没有读过中学的林常平不能参加考试。不过，叶耕寿书记兑现了他的承诺，把林常平安排到供销社当了采购员。正是这样一个工作岗位，让林常平商业思维有了雏形，他的诚实守信的性格，在日后商海打拼中为他奠定了良好的人际关系。

可上大学一直是他的一个想起来就无比心痛的梦。

一见钟情，多少风雨心不变

1975 年 1 月，第四届全国人民代表大会，重申全面实现农业、工业、国防和科学技术四个现代化的宏伟目标，把全国人民的注意力再次引到发展经济、振兴国家的宏图上来。这是饱受"文化大革命"内乱之苦的中华民族最强烈的愿望。

已经成为供销社采购员的林常平从岗位上被抽调出来，成了"农村社会主义教育工作队"的队长。林常平满怀期待地背起行囊又一次下到了农村的广大天地之中，不过这一次与上一次可谓是天壤之别。

林常平没有在老家下浒村停留，直接到了他的驻村点——北壁村，一个位于东冲半岛末端的小海湾。据说从北壁村这里起飞一架战斗机，只需 20 分钟就可以抵达宝岛台湾，若是从这里驾着快艇，40 分钟也能登上台湾省最西边的岛屿。

北壁村是个美丽的地方，不仅有海还有山，从山上放眼望出去，眼下是绿油油的树和一片片的红薯地，再往下是黑乎乎的滩涂，连接着一片广袤的浅海。谁也想不到几十年后这片浅海将会成为网箱养殖场，一根根连接着网箱的缆绳就像把大海划出了一道道的田垄，渔民们驾着小艇在网箱间穿梭巡视，就像农民们肩扛锄头在田垄间巡视一样。而现在这里什么也没有，海浪叠成一道道长长的白线慢悠悠地冲刷着黑色的滩涂。妇女们在滩涂上赶着小海，背上背着个吃奶的孩子，屁股后面还跟着一个啃手指头的半大孩子，几只渔船跟着"突突突"的机动船后面一摇一晃地正出海打鱼。

林常平一路快走进了北壁村村委会的小平房，拿起一个大搪瓷缸子"咕嘟咕嘟"地灌着自己，水从嘴角漏了出来，像一条间歇的小河，一直流到了他的胸脯上。村支书从背后拍了拍林常平的肩，说："常平呀，慢慢喝，别呛着。"

林常平用手抹了一把嘴，说："支书，时间不等人，得赶快下种了，大家多种一季菜就能多点收入，过年桌上就能多上一碗肉呢。"

"好呀，不过饭得一口一口地吃，工作也得一点一点地干。我说，常平呀，你这样带着大伙儿干，不会又犯什么错误吧？"支书把头凑过来，脸上的皱纹一道一道地，闪着细小的汗珠，神神秘秘地看了看门外，压低了声音冲着林常平说："现在这样铆着劲地'促生产'能行吗？"

林常平把搪瓷缸子放在桌子上，直着腰晃悠着身子拍着胸脯说："支书，把心放到肚子里。四届人大后，国家强调四个现代化建设是大局。邓小平同志提出要把发展经济放在首要的战略地位。'战略地位'，知道吧，就是非常重要的地位。"

村支书眨巴着一双精明的小眼睛，把脸皱成了一个包子，认真地思考着，林常平"嘿嘿"一笑，拍了拍老支书那个虾米一样的脊背，说："国家要实现'四个现代化'，没钱怎么实现？"说完就一溜烟儿地跑了。村支书扶着桌角慢慢坐下来，从兜里摸出了烟纸，慢条斯理地卷了一只纸烟，斜叼在嘴里，嘟囔着："小心驶得万年船哦！"

村支书的思想现在可跟不上林常平的脑子了，几个月的采购员生活让林常平看到了外面的世界，他隐约觉得世界正在发生着变化，但到底是个什么变化他也说不清，反正与他第一次到外面去闯世界时大不相同。他的鼻子就像猎狗一样不停地嗅着，似乎真的嗅到了些异样的味道，这种味道让他兴奋，让他血流加速，所以他整天就像一台上满发条的机器，不知疲倦地转来转去。

这一天，很平常但又很特别。天是瓦蓝瓦蓝的，海风徐徐，几朵悠闲自在的云，挂在半空中随着风慢慢地向着远处飘，几只海鸟展着双翅追逐着摇摆的船，树叶子绿绿的在阳光下闪着油汪汪的光，山野花烂漫地盛开着，小蜜蜂忙碌着，这正是一个与爱情相遇的好日子。

林常平和生产队长来到村尾的几户人家派发菜种。这一季的菜种得比往年要多出一倍，这是林常平的主意。为的就是让社员们能多得些实惠，多卖出些钱。

钱在任何时候都是有用的，如果有钱林常平的阿娘就不会病死，如果有钱林常平就不会是一个吃"百家饭"才能长大的孤儿，如果有钱林常平就会一直读书直到读完大学，如果有钱……现在，钱，就是社员们的一碗白米饭和过年时桌上的一碗肉。

"张阿叔，开门啦。"生产队长和林常平站在一扇破旧的院门前。随着一声"来了——"，随着银铃般悦耳的声音，院门"吱嘎"被打开，开门的是一个姑娘，长长的黑辫子，大大的黑眼睛闪着光，弯而又长的睫毛，亭亭玉立地出现在门口。林常平站在生产队长的身后，一下子愣住了。心脏"咚咚咚"地敲击着胸骨，不安分地上下乱蹦，他使劲儿地咽了几口吐沫，好不容易才把这颗乱了阵脚的心给压了回去。

"这是您家的菜籽，一共 300 粒，签个字吧。"

姑娘接过种子，签了字。"好的，谢谢。"她一开口，嘴角微微上翘，变成一弯月牙儿，"两位队长亲自来送菜籽，可真是难得，进来喝口水吧！"林常平高兴地刚想答应，此时生产队长的声音不合时宜地响了起来："不了，还有几家，我们得赶紧送过去。"林常平听了，气得真想踹他几脚。

这时"黑辫子"用漂亮的大眼睛看了一眼林常平，冲他微微点了一下头，接着那扇破旧的院门在林常平面前"吱嘎"一声又关上了。

生产队长低着头转过身向前走去，发现林常平没跟过来，回头一看他还傻呆呆地站在人家院门外，便抬起腿踢了他一脚，嬉皮笑脸地说："别看了，关门了，你想也甭想，这可是我们这儿的一朵金花，看过《五朵金花》吗？这是我们这儿的金花，仅此一朵。"林常平摸着后脑勺"嘿嘿"地笑着跟了上来，心里开始有了新的盘算。生产队长眯缝着一对狡猾的小眼睛，瞟了他一眼，说："惦记她的小伙子可不少，你一个外村的，希望不大。"

林常平回头又看了一眼那扇破旧的院门，低着头跟在生产队长的后面一言不发。接下来林常平又和生产队长去了几户人家，聊了些什么，他都记不清了，那天林常平的记忆就停留在了"黑辫子"家那扇破旧的院门外。

黑辫子姑娘名叫张桂玉，据生产队长说，她是本村小学的老师，家庭成分有点高。快二十了也没嫁出去，小伙子们虽然眼馋但又都不敢往上靠，姑娘呢，心高气就傲，也没瞧上谁。林常平默默地听着，心里像揣着只兔子，"砰砰"地乱跳。从那儿以后，他一有空便远远地跟在张桂玉的屁股后面，目送着她上班下班。

林常平是个敢闯敢干的年轻人，他在当工作队队长的期间。大搞了一项"增苗"运动。就是，原来村里一个人可以种150株的苗，不管你栽什么东西，地瓜也好、土豆也好，只给你150株苗，如果超过这个数目就是资本主义。而林常平这个工作队队长却不听这一套，他心里想着百姓，既然咱们有土地，苗也有，劳动力也有，为什么不让农民多种些呢？他干脆把这个150株再加150株，一共300株。多出的都拿到集上卖了。卖了的钱可以补贴家用，就不用只靠着工分活了，老百姓当然都欢欣鼓舞，称赞林常平是好领导，都管他叫"林大胆"。

北壁村的码头是在一个山海相接的地方，村民们在码头开出一片宽敞的小广场，村子里的大事小情都会在这里集合，这里立着一根高大的电线杆子，几股乱糟糟的黑色电线从大队部那边拉过来，山里的雀儿们总是喜欢蹲在电线上，电线杆的顶端挂着一个大喇叭，每天太阳升起的时候都会从喇叭里放出《东方红》的乐曲，伴随着这乐曲渔民们摇着小船，或是驾着机动船出海打鱼。不出海的时候渔民们便在这儿晒网、补网。傍晚时分村民们也会到这儿纳凉、聊天，孩子们在这儿追跑打闹翻跟头。前几年的大会、小会也在这里举行。

"常平，快去看看吧，有人欺负张老师的父亲……"林常平听说后赶忙往会场里赶。

"你们在干什么？"林常平大声地问，那声音震得电线上的雀儿们抖索着翅膀飞进了山林。

小矮个儿说:"纠正他头脑中的问题,没见过?"

"他有什么问题你们冲我说,我是工作队的队长"林常平怒目圆睁。

"你算哪棵葱?"

"走开!"

林常平将目光移向围观的几个村民,他们将目光移向东南西北各个方向,只有那些流着黄鼻涕,光着脊梁板儿的小孩们舌嘻嘻嘻地瞅着他。

小矮个儿举着锣锤儿愤愤地指着村民们,林常平一把夺过来挥动着向村民们说:"赶快散了,散了吧。"

村民们一个个无精打采地散了,孩子们重新开始了追跑打闹。张桂玉和母亲把刚才的情形看在眼里,母女俩都眼泪汪汪的,她们被林常平的正直仗义和大胆的气势折服了。从那一刻起,林常平在张桂玉的心里有了位置。

可是林常平在北壁村的工作就要结束了,张桂玉的心里有些说不出的"慌神",她觉得这几天眨眼间就过去了,快得她还没来得及多说一句话,快得她还没来得及多看林常平几眼。几天后,林常平走了,他离开了,去了旁边的村子,旁边的村子里会有和她张桂玉一样的姑娘吗?林常平会对那个村子里的姑娘怎么看?要是别的村的姑娘也看上了林常平怎么办?要是林常平……张桂玉不敢想了,也不愿再想了。

天渐渐地凉了,晚霞把天空映得火红一片,风中带着一丝丝的凉意,渔船陆陆续续地回港,各家各户的炊烟袅袅升起。张桂玉一个人久久地站在码头,茫然地望着大海,不知不觉月亮高高地挂在墨蓝色的夜空中,海面上银光闪烁。她绕过码头来到一片滩涂,秋老虎渐渐地在月光下隐退,这里是一片银光的世界。

　　远远地可以听到海浪轻拍海岸的声音，还有脚下的小沙蟹们摆弄沙子的声音。海风送来了大海的气息，这让张桂玉有些惆怅，她鼻子一酸眼泪就流了下来，心里总是觉得像是塞了一团棉花，不能畅快地呼吸。夜渐渐地深了，风更凉了，海面上起了一层淡淡的雾气，张桂玉深吸了一口气觉得舒畅了很多，心情也欢快了起来，这让她觉得有些不解，正要回家时，她突然看见一个黑乎乎的人影向她快速地靠近。她的心"咚咚咚"地加快了速度，不知道是害怕还是高兴，很快那个黑乎乎的人影就现出了她熟悉的模样，一晃一摇地朝着她跑了过来。

　　"常平，是你吗?"她轻声地喊了一声。

　　"对，桂玉，是我，别怕。"两个人忽地一下拥在了一起。张桂玉觉出林常平的身上湿漉漉的冰凉凉的。

　　"你是游水过来的?"张桂玉惊奇地说。

　　"嗯。"

　　"你冷不冷啊?"

　　"不冷，一点儿也不冷。"

　　借着月光张桂玉看见林常平那瑟瑟发抖的嘴唇，已经发紫发黑了，眼泪又流了下来。张桂玉现在已经是一个标准的恋爱中的姑娘了，眼泪说下来就下来几乎没有一点预兆。林常平从腰上绑着的鱼篓里掏出了两条鱼，在张桂玉的面前一晃，咧着嘴"嘿嘿"地笑着，说："鱼是今天刚打上来的，新鲜着呢，所以连夜给你送过来。"张桂玉的眼泪又一次地流了下来。

　　林常平将张桂玉揽进自己的臂弯，让张桂玉的头贴着自己起伏着的滚烫的胸脯，低下头轻吻着她那乌黑的头发，轻声说："桂玉，嫁给我吧!"

　　此时张桂玉的心"咯噔"一下，差点儿从嗓子眼儿里跳出来，她想挣脱开林常平，但却被林常平紧紧地箍在怀里，无法挣脱。她不置可否，也不敢吭声，就这样被林常平拥着，就这样紧紧地把自己的脸贴在林常平火热的胸膛上。

在一个金色的阳光铺满世界的早晨，林常平穿着干净整齐衣服，他做出了一个决定自己终身的大事。他一手拎着一篓鱼，一手拎着一篓蟹，兴高采烈地走进了张桂玉家的院子，正式向张桂玉的爹娘提亲了……

张桂玉的亲生父母家住在霞浦县城，她原名叫吴秀琴，是吴家的第三个女儿。下浒镇下歧村的张德木是村干部，与桂玉的亲生父母是好朋友，两家经常像亲戚一样走动，桂玉5岁那年，张德木到霞浦县城来开会，见到小桂玉长得可爱又十分乖巧，就有心将她认作自己的女儿来养。那时张德木夫妇已经结婚好几年了，却没有一个孩子。而吴家已经有了三个女儿，由于还没有生出一个儿子来，在那个年代里，家中如果没有一个儿子，将来就没有能够顶门立户的人，所以吴家夫妇还是要再生的，这就会让本就不宽裕的生活更加捉襟见肘。一天，趁着母亲外出干活时，张德木把5岁的吴秀琴抱回了家，从此改名叫张桂玉。

张桂玉的养父母对她很好，在以后的几年里，她的养父母相继生了两个弟弟。养父母并没有因此而怠慢她，可张桂玉却不似从前那样活泼了，她好像一下子长大了，知道了很多事。张桂玉初中毕业后没有升高中，而是在下浒镇当了一名代课老师，开始了自己奔波的一生。

青春光彩四溢的张桂玉与林常平确定了恋爱关系，一石激起千层浪，她的两对父母没有一人同意。当时林常平27岁，却因少白头，看上去就像四十多岁的老男人，一搭眼看上去像张桂玉的父辈人。虽然张桂玉的父母不同意，这却不会难倒林常平。

有一次桂玉代课回来路过下浒供销社，从工资中拿出三元钱买糖果，说要给弟弟们带回去。这个细节让林常平记住了，每当供销社进了新鞋子和衣服，他都要利用自己的"特殊"身份买上两套给张桂玉的两个弟弟，尽管不是很合身，鞋子也不合脚，但哥俩总是学校里新衣、新鞋最多的孩子。林常平的细心与耐心让老人们开始慢慢地接受了他。天长日久，林常平与桂玉的大弟弟关系特别好，他初中毕业回乡务农，林常平就送给他一块上海牌手表，他如获至宝，每天晚上睡觉手表取下来，都要用布包好放在床头，听着表的嗒嗒声入睡。由于有了这块手表，他吸引了很多女孩子主动与他聊天、接触，更有乡里乡亲的婶婶、姨娘前来说媒。现在，已经年过六旬的他提起这个事还神气活现的，说"不亚于现在的乡下人有辆奔驰"。

桂玉的亲生父母对林常平脾气不好有所耳闻，尤其他在供销社的办公室与同事吵架、摔电话的事，是传遍了霞浦县的，他们怕女儿结婚后挨丈夫的拳脚，也不赞成他们谈恋爱。但是当时霞浦交通不便利，下浒和北壁两个乡镇来到县城也不容易，有的路段还需要乘船，他们对桂玉的婚事想管也有些鞭长莫及。林常平经常出差路过霞浦县城，对吴家的礼数也从来不少，桂玉的亲生父母和姐姐、姐夫也都喜欢上了林常平。就这样林常平赢得了桂玉两家父母的好感，他们在1978年3月领了结婚证，幸福地步入婚姻殿堂。他们不是一对平常的夫妻，历经几十年命运的大起大落，始终真情不渝，用刻骨铭心的爱写下了爱情佳话。

商海解语：百练高飞，小鹰胸有凌云志

一个遗腹子、六岁又丧母，是个地地道道的孤儿——孤独的小鹰，在历经百次磨炼后，在一次次的失败后，不言放弃，心怀高远，做个壮志凌云的有为青年。终于，林常平迎来了奋力飞行的机会，但有成功，也有失败。代课老师的生涯，让他一生热爱教育事业；正直不阿的性格，让他获得了甜蜜的爱情；信守诺言，让释法师九泉下含笑……

　　林常平的青少年时代，像小鹰练习飞翔那样奋力拼搏。当小鹰长大一些的时候，老鹰会把小鹰的翅膀折断，然后再将小鹰推下悬崖，有些小鹰就会活活摔死了。经过这样的苦撑、成长，小鹰翅膀的骨头才会更加坚硬，才能禁得住蓝天、暴风骤雨的考验。在教小鹰飞行的"课堂"，老鹰会把它们带到一片悬崖上，还未等小鹰站稳便一下子把它推下去，听天由命。林常平多么想象小鹰一样在父母的引导下"锻炼"呀，然而父母不在，林常平只能独自从"悬崖上纵身一跃"，其结果37岁被捕入狱，54岁刑满释放，失去20年美好青春，他的壮志凌云还可以现实吗？

　　可以！若是常人，遇此境遇或许早被击垮了，20年呀，能够平安出狱享受晚年已属不易，而出狱后还能再创辉煌者，更是凤毛麟角。林常平就是这样的佼佼者，自幼便有一股壮志凌云。何为壮志凌云？那是心中升起的一股风啊，一股气！就算林常平是一个供销社的小职员在写方案，那也是在设想一个有突破的计划；就算林常平是初试商海，经营兔毛和蘑菇罐头，那也是在发出内心的呐喊：胸有壮志，所以气豪气满天。

　　虽然，在单位林常平位卑言轻，但从来没有丢失自己的壮志豪情；虽然，他屡遭磨难，但从来没有让负面情绪占据他的心；虽然，他深受牢狱之苦，但从来没有让悲伤成为主角；虽然，他已经54岁，但他从来没有认为自己是个中老年，他的心是年轻的，他的身体是健壮的。

　　林常平很喜欢李白《上李邕》中的两句诗："大鹏一日同风起，扶摇直上九万里。"他要随着国家市场经济蓬勃发展的东风，干出一番让自己欣慰、让世人瞩目的事业。

第三章

改革风起，试水贸易空白区

走到人生的哪一个阶段，都该喜欢那一段的时光，完成那一阶段该完成的职责，顺势而行，不沉迷过往，不狂热地期待未来，因为不管我们正经历着怎样的挣扎与挑战，选择只有一个。虽然有时会很艰难，却依然要快乐并相信未来的美好。

——题记

向北再向南，刀鱼、钢材摸出生意经

1978年的春天在霞浦县下浒镇医院的产房里，一声婴儿的啼哭几乎把林常平整个人融化了。一名护士从产房里抱出来一个粉嫩的、肉乎乎的、哭闹着的、四肢在不停挣扎的小东西。

"张桂玉家属——"护士喊着，林常平高举着一只手："我，我，这儿，在这儿。"赶紧凑了上去。护士抬眼瞟了他一下，随即低下头揭开了婴儿身上的一块单子，说："看清楚啊，女孩儿。"余音未落就转身回了产房。

女儿是母亲身上掉下来的一块肉，同时这块肉一下子裹在了林常平这个大男人心尖尖上那最软最嫩的地方。女儿的一颦一笑、一举一动无时无刻不牵动着他的心。

妻子的产假很快就结束了，林常平就充当起了"家庭妇男"的角色，他一边带孩子，一边再倒腾点小物件，小日子过得不算富裕但也不那么紧紧巴巴的了。

1978年12月十一届三中全会召开，会议决定把党和国家的工作重心转移到经济建设上来，实行改革开放。紧接着1979年1月1日的《人民日报》全文刊发了《告台湾同胞书》，要结束两岸军事对峙状态，并提出两岸"三通"，扩大两岸交流。这一切都印证了林常平的直觉，他的胆子也慢慢地放大了，他的眼界也不仅限于霞浦和福建，而是放眼于更远的地方，任供销社采购员的他，把商品搞得种类繁多，满足小镇人生活上的需要。

时至1981年，国家逐步允许一些企业在完成计划的前提下自销部分产品，其价格由市场决定，为计划经济向市场经济过度创造条件、积累经验、扩大优势。林常平预感到了某种商机。

一天，一个朋友从东北刚刚回到霞浦，给他带来了一个重要信息，东北牡丹江的一家供销社正在为搞不到带鱼而发愁，采购员从渤海到黄海再到东海，一路下来却无功而返。计划内的带鱼早就被调拨完了，计划外的部分因为存量少，所以价格是水涨船高，本地还不够，怎么可能再销到外地。林常平的脑门突然一热，心脏"突突突"的狂跳，他觉得这是上天赐给他的一个绝好的机会，应该好好把握。可该怎么做呢，这一定要好好的谋划一番。

林常平知道做买卖无非是货源和销路，只要能掌握销路并能控制货源，就可以在两者之间架一座桥或是修一条路，作为架桥人和修路人的林常平，自然也就能获得些劳动报酬，报酬的多少取决于货源的多寡。他知道，东北地区年年带鱼都是供不应求的，所以这个消息应该是确实的，但为了保险起见，林常平还是从朋友那里要来了牡丹江那个供销社的地址。第二天一大早，他就跑到电报局给牡丹江方面发了一份询问电报。同时他还跑了一趟三沙渔业公司，这是霞浦县最大的一个渔业公司，他经常来这里，和公司上上下下的人都很熟络。

他和传达室的大爷打了声招呼，就直接来到经理办公室，办公室的门敞着，屋里像是着火似的呼呼地往外冒着烟，刘经理一个人坐在办公桌后面还在一支接着一支地抽着烟。林常平轻敲了一下敞着的门，大声说："刘经理，我来啦！"刘经理抬起头，从缭绕的烟雾中看见了一个黑黑瘦瘦的小个子，说："哟！小林，你怎么有时间往我这儿跑？"

林常平屏住呼吸来到窗前，打开了窗户，烟顺着门窗间的穿堂风很快的消散了。

"我来看看老领导呀！"林常平咧着大嘴一边笑一边说。

刘经理深深地嘬了一口烟，然后把烟屁使劲儿地在已经满满地烟缸儿里撑了一下说："你小子来看看我，肯定有事，说吧！"

林常平哈哈地笑着说："领导就是领导，独具慧眼。我来是想了解一下咱们公司的带鱼今年产量怎么样。"

"带鱼，今年春季鱼汛带鱼是大丰收呀，超计划不少，你没看咱们这儿的市场上都快饱和了。"刘经理用手胡噜了一下后脑勺，愁眉苦脸地说："带鱼太多了，冷库里占了好多地方，其他的鱼都快放不进去了。我也发愁呀！"

林常平笑嘻嘻地挪过来一把椅子坐在了刘经理的对面，说："领导，这事巧了，我有一个朋友，他们那儿正缺带鱼。您看可不可平价给我几车？"

刘经理一听眼睛都亮了，身体向前探了探，说"哦！早就听说你小子把你们供销社的那些滞销品给卖得差不多了，现在跑我这儿来挖料啦！"

林常平咧开大嘴哈哈地笑着："什么挖料，是给领导解决困难。怎么样，行不行？"

"行，怎么不行。"刘经理站了起来，又点上了一支烟，走到林常平面前，"你那朋友要多少，价钱嘛，好商量。"

林常平没想到这么简单就谈下了一笔大买卖，他现在十分焦急地等待着牡丹江那边的回信儿。

两天后牡丹江那边真的回了电报，也证实了他们那里的确带鱼紧俏，这让林常平从心里乐开了花儿。他赶紧跟牡丹江那边又互通了几次电报，把数量和价格都谈妥了，拿着订单又一次来到了三沙渔业公司刘经理的办公室。

刘经理看着订单，嘴角微微上扬，极力地掩饰着自己的兴奋。他知道，林常平这次帮他解决了大半积压在冷库的带鱼，对于渔业公司来说可是一笔不错的买卖。看着林常平那副诚恳的样子，刘经理一挥胳膊说："行——就按你说的办。"

林常平成功地在牡丹江和霞浦两地，以带鱼架起了一座桥梁，让他更清醒地认识到，现在的市场正在慢慢地发生着改变。而这种改变将会产生出一个巨大的空间，他林常平则一定会在这个空间里有更大的作为。

林常平注意到牡丹江的这家供销社钢材货源充足，而浙江地区正短缺优质的钢材，于是他又搭建起了一座桥梁。就这样，林常平按这个路子来来去去，转了有一年的光景，人民币哗啦哗啦地流进了自己的腰包。

他拍着鼓囊囊的腰包，心里的滋味就别提了，像抹了蜜一样的甜，眼睛更是乐得就剩下了一条缝。他几乎天天都在外面跑，很少能顾上家，每每回到家，看着妻子操持家务，看着自己的女儿抱着布娃娃玩儿过家家，一切累就都抛在了脑后，他最开心的就是从腰包里掏出一叠钱递给妻子，然后看着妻子用那双惊讶的大眼睛看着他的时候，他会递给妻子一个甜蜜的眼神，接着转过身抱起女儿亲上一口。他知道，妻子一定在他的身后神神秘秘地把那叠钱藏在了抽屉的最里面。这一年下来他们已攒了有七八万块钱。

第二年的春季鱼汛一过，林常平就从渔业公司又进了一批鱼，这次他同样还是联系好了买家，押上了自己所有的钱，跟着车队一路向北，目的地是杭州。但是这一次好运气没有跟上林常平的脚步。在20世纪80年代初，整个福建省都没有一条高速公路，像样的省道和国道也没有通到霞浦，从霞浦到福州还要走环山路弯弯绕绕地六七个小时，从霞浦到杭州则需要乘渡轮过河，可巧，那天过河的车多，码头上排起了长长的队伍，太阳格外的大，格外的热，像是在跟林常平赌气似的把一股一股的热浪倾泻下来。

林常平的鱼在车厢里被闷热的空气烘烤着、蒸熬着，鱼皮慢慢地起了皱，发了黏，本来鲜美的鱼肉也跟着一起发红流汤儿，变了味儿。等林常平急火火地赶到杭州，十几辆车都散发出一股股的腥臭味。

他拖着这股怪味儿一路赶到供销社。当打开车厢门时，又腥又臭又闷又热的一阵恶风"呼"的一下刮了出来，在场的人都傻了眼，寻味而来的一群群苍蝇"嗡嗡嗡——"地快乐地从四面八方聚了过来。供销社的领导气得眼珠子都快掉下来了，喊着要警察来抓这个大骗子林常平，林常平恨不得身上全都长出嘴来，解说他这一路的心酸历程……最后林常平如数退了货款，付了车费，一贫如洗地回到了霞浦那个小小的温暖的家。

他在家里安安静静地待了些日子，表面上看起来风平浪静，但在内心深处，大脑的深层仍然是波涛汹涌，浪花翻滚。他总结了几点教训，吸取了一些经验，发现了几处错误，理清了几条思路。

林常平不是一个轻易服输的人，他是一个善于修正自己目标的人，他要调整好自己，时刻准备着再一次上路。

停薪留职，闯闯商海

1978 年的中国，是转变观念向贫穷宣战的关键之年；林常平即将步入而立之年时，改革开放的春风，开启了林常平那扇金色幻想之门。

中国的对内改革先从农村开始，1978 年 11 月，安徽省凤阳县小岗村实行"分田到户，自负盈亏"的家庭联产承包责任制（大包干），拉开了中国对内改革的大幕。在城市，国有企业的自主经营权得到了明显改善。

1979 年 7 月 15 日，中央正式批准广东、福建两省在对外经济活动中，实行特殊政策、灵活措施，迈开了改革开放的历史性脚步。国家实行原材料价格改革，许多产品的国家统配价得到了一定程度的抬高，比如原煤价格从每吨 14.52 元提高为 32.32 元，统配水泥由每吨 40 元提高到 90 元；而另一方面，国家也允许企业超计划自销产品，可按市场价格出售。

这就形成了"双重价格"，也就是所谓的价格"双轨制"（国家统配价和市场价同时并存）。这样的背景下，市场价格比国家统配价时常会高出一到两倍。"双轨制"价格在一定程度上促进了当时的经济发展，也给"倒爷"们带来了商机。

霞浦虽然在福建的一隅，但却紧跟国家政策，与其他大城市一样，进行了一些城镇乡村公社改革，将城关镇与城郊公社合并为城关公社。全县设为 12 个公社，下辖 246 个大队、2599 个生产队和 14 个街道。

林常平到长春公社的供销社工作，是国家干部身份，对于林常平如同天上掉下来一个大馅饼。他欣喜若狂，信心满满地报到了。然而他一接触工作，才知道这活儿不好干。可以说采购员的工作，干好干坏决定着单位的盈亏，在他到来之前，这个供销社一直处于亏损状态，所以供销社的领导对于林常平的到来充满了希望，因为他是叶书记钦点的人，定是在工作能力、业务水平上很强。

林常平此时感到了压力。当时还是计划经济时代，商品的进出价都由物价局统一规定好的，按理是不应该出现亏损的。正是由于物价局的统一定价，利润都不会太高，是亏是盈取决于经营的数量，量小利低必亏，量大利小也能盈利。林常平上任后，首先对采购员的工作进行了梳理，他迅速找到了问题的症结：霞浦地方太小，宁德地区货源一般，即使是福州也是货源有限。怎么办？林常平天生具有商业头脑，他把目光投向了全国。对，他要到全国各省去找货源。

当时通信设备不方便，联系事都要亲自去面谈，林常平就坐上汽车、火车到全国各地去联系货源。短短的一个月内，老百姓的日用品源源不断地从天南地北发回供销社，小小的霞浦县在一夜之间沸腾了，供销社里的商店新货琳琅满目，原本空空如也的柜台现在被新货物挤得满满当当，每天来买东西的人络绎不绝，老百姓的脸上无不绽放着满足的笑容。

林常平看着乡亲们高兴的样子，他也打心眼里高兴，他不仅得到了叶书记的表扬，也让自己很快地得到了大家的认可。他难掩心中的欢喜，下决心要好好干，让乡亲们过上幸福快乐的生活，这是林常平最大的心愿。

在采购员的岗位上工作，林常平如鱼得水。由于他胆子大、点子新，特别是他的想法超前，普通人望尘莫及，很难跟上他的想法和步伐。他这种敢作敢为、能力超强的工作作风，在地方是不太吃香的，非常容易与身边的人发生冲突，因为他比他的领导想得要远，想得要周全，办法要多，效果要好。

林常平无论做什么事情，都想做得好上加好。一年四季忙于为供销社采购，每次出差都是千里迢迢，可是当时的出差补助很少，每个月都有限额，他有时不得不睡公园的长椅，还睡过火车站候车室。

供销社的生意很快红火了起来，而且一天比一天红火，由亏损到盈利，由小盈利到大盈利，而东跑西颠的林常平却为超支的出差费打了上千块钱的欠条。单位盈利迅速上升，个人负债却一再累加，欠的差旅费只能从工资扣。林常平的妻子是民办教师，家里的两个女儿需要养育，夫妻两人的工资加起来才80块钱，再被单位扣除二三十元，家里的日子就显得非常困难了，这就是摆在林常平面前的现实。

妻子虽然没有埋怨林常平，但家里的生活却越来越困难。她知道丈夫的不容易，在外地联系事儿，要请人吃饭，要住店，要买些小礼品送人，有些是不能够报销的，都要靠林常平自己掏腰包。妻子越是不说什么，林常平心里越是愧疚。

1981 年的春天，霞浦在不知不觉中变化着，大街小巷尤其是市场里，那些没有工作的人、渔民、农民，悄悄地摆起了地摊，队伍越来越壮大，两三天就能赚到林常平一个月工资那么多。林常平看在眼中，急在心里。自己一个国家公务人员，一天到晚忙得摸不着家门，大家物质丰富了，他自己却背了一身债。这样拼死拼活地干，到头来养活不了家小。

林常平在心里自问：难道我就甘愿做一个连家小都养活不起的人吗？那我还是个男人吗？

何去何从，成了困扰他这个大男人的问题。但是，就好像雨天蹰躇在屋檐下的一个人，突然有人过来送了一把伞，令林常平欣喜的是，这时候国家对国有企业职工推出了"停薪留职"的措施。

"停薪留职"是 20 世纪 80 年代的新事物，是"中国特色"之一，准确地说，它是计划经济向市场经济过渡转型的产物。在计划经济时代，包括企事业单位正式职工、党政机关工作人员在内的一群人，手里端的是摔不破的"铁饭碗"；而当市场经济大潮来临之时，其中一些人辞职下海了，或由于其他原因离开了原来的工作岗位。可由于转型没有完成，计划与市场仍处于交汇期，于是这些人的"铁饭碗"还被保留着，计划与市场两头好处都占着，虽然停了薪水却随时可以"上岸"，重新端起"铁饭碗"。

"停薪留职"的政策大大地鼓励了有能力的人去市场上闯荡，既可以繁荣经济，也可以解决国企人力资源过剩的问题。林常平认为改变命运的时候到了，干一番大事的机会来了。

就在这一年，林常平的一个小小决定，在霞浦掀起了巨浪："林常平停薪留职了"……

改革开放之初，为给妻子和女儿带来幸福生活，林常平毅然"下海"

和弊端，做出了超常之举。

放在改革开放40多年后的今天，别说从国企辞职，就是公务员辞职也没什么大惊小怪的，但是，当时的国企是"铁饭碗"，能守着职位干到退休，是一种天大的荣耀啊。林常平以前瞻的眼光看到了"铁饭碗"的局限

留职停薪的决心其实是难以下定的。林常平考虑最多的是，妻子桂玉能不能同意，关键是不但要她同意，还要请她出马向老丈人家借钱办公司。

"留职停薪？下海？办公司？"这一连串的新名词，让桂玉有些蒙。

林常平解释说："现在全中国都在喊着下海，几十万人都走出乡村和工厂创业了，北京一家科学院的技术人员也都辞职成立了科贸公司，人家都不怕，我怕什么？"

桂玉一向是听林常平的，她认为丈夫做事绝对可靠，而且她也知道丈夫是个会经营的人才。

"我要当老板，要搞贸易，要成立公司。"林常平掷地有声地说道。

"当老板？搞贸易？成立公司？你的钱哪来呀？怎么成立公司？搞什么贸易？"桂玉提了一连串的问题。

"在供销社，我的想法不能得到各级领导的全部认可，我认为好卖的东西，他们不让进，我认为不好卖的东西，他们非要进。他们不到商家去，也不到工厂去，不懂产品，也不懂经营，有的好想法没有

办法实施，我没有权力，我做不了'大领导'的主。所以我要成立一个公司，自己当老板，自己做主，实施我的理想和抱负。"林常平摸了摸脑袋，"至于搞什么贸易，什么赚钱搞什么，我们靠着海边，当然要搞海产品，一是我们懂行，进货出货骗不了；二是霞浦有丰富的海洋资源，霞浦本地的海鲜比山东、海南、天津的都要好吃，我们有霞浦优质海产品，在霞浦都不算贵，在其他地区就更有优势了，这其中的差价就是我们的盈利点；三是我有渠道，全国各地都有朋友，有进货渠道，有出货渠道，更重要的是我有好的信誉。做生意的条件咱们都具备了，你还担心咱们的公司不挣钱？"

林常平一大堆话，说得桂玉哑口无言。她太了解自己的丈夫了，只要他想好的事，多艰难他也不会向困难低头，同时她也了解丈夫的聪明才智，她心里明白得很，丈夫是个经商奇才，在供销社的确是屈才了。

桂玉知道找谁借钱都不如找母亲借钱更容易，因为母亲最疼爱她。当她把要支持常平办公司，向亲戚们借一万块钱的话都说完后，母亲像是听到了天方夜谭，这信息量太大了，除了借钱外都是新东西，办公司、搞贸易，这些词让一个年近六旬的老人怎么能够马上接受呢？

"女儿，一万块不是小数目，一旦要有个三长两短的，咱们家的日子可就没法过了。"母亲的担心不为过，"桂玉啊，这事情……你看这事到底行不行啊，常平这事到底靠不靠谱啊？"

桂玉蹲在妈妈的面前说："妈，您相信我，我的眼光不会错，我相信常平，他不是心血来潮，更不是拿着家里钱胡乱花的人，他认准的事，也一定能够干成，您就瞧好吧。"

"妈，您帮助我借一万块，赚了钱我还您两万。"

母亲心痛闺女，咬咬牙，拿出家里所有的积蓄又向亲戚借了钱。正是这得来不易的一万元钱让30岁出头、血气方刚的林常平迎来了命运的转折点。

闽东冒出一"倒爷"

在改革开放初期，"倒爷""个体户"是全国各地一群群满身朝气加财气的群体。就是这些数以百万计的具有良好流动性的群体，以"蚂蚁雄兵"的方式，推倒了计划经济体制的堤坝。

林常平就是这"蚂蚁雄兵"中的一员，他拿着妻子从岳母家借来的一万块钱，成立了长春贸易公司。当时尽管他停薪留职了，但仍然是供销社一员，他心系着单位，公司成立之初，自然主要生意就是把供销社积压的商品推销出去。海产品有海蜇皮、虾皮、海带，等等，但这些都是小打小闹，挣不到多少钱。因为卖供销社积压产品，赚了钱后还要给供销社，两下子一分，林常平就没有什么钱可赚了。

他遇到了瓶颈，而且是两道难题，卖供销社的积压产品，显然只是权宜之计，要想挣大钱，求发展，就要寻找更大的商机和货源，不然公司不会有大的发展前景。如果想做挣大钱的生意，一定是紧俏的、品质好的货物，但这又存在另外一个问题，你没有雄厚的资金作为后盾，就很难做成，即使做成了，也做不大。

林常平那几日失眠了。从岳母那里借的一万块钱还不上，再想借钱就更难了。他思来想去，如果能再有资金到手，他的棋也就活了。一不做二不休，再去筹钱。可资金到哪里去找呢？银行贷款？路已经堵死了，他这个新公司无信誉，银行不借。找政府借钱？位卑言轻，谁肯借他钱呢？

借酒消愁，他大脑飞速地转着，将自己的朋友圈子进行了一次大扫描。两个生活在乡下的哥哥绝无余钱，身边的同事、领导也都是上有老下有小，几十元的工资日子过得紧巴巴的。

他把精力集中到外围的朋友圈了，可是打了几个电话，都是各种理由借不到一分钱。几天下来，林常平深深地体会到借钱难，难于上青天。空有一腔抱负的林常平，在无钱的路上真是叫天天不应，叫地地不灵，他跺着脚发誓：有一天我要是有钱了，一定要让需要实现自己理想的人能够贷得到钱。这也是林常平日后为何破除万难成立小额贷款公司的缘由了。

借钱是件难事，但林常平并没有灰心，他仍然还在寻找着机会。把目光撒向一些活跃的朋友。在前些年当采购员的时候，结交了许多各行各业的朋友，他知道这些朋友中有能拔刀相助的，也有做生意赚了钱的。他坚信一点：天无绝人之路。

这期间林常平频繁出现在朋友聚会和朋友间的往来中，功夫不负有心人。在一次朋友聚会上，宁德来的朋友中有一位吸引了他的目光。这位朋友气势非凡，穿戴都十分讲究，推杯换盏间林常平了解到他母亲经销电子表和小型计算器，这两样东西当时在大陆还未生产，都是从台湾经香港转口过来的，这买卖当时做的人很少，自然赚到大钱了。

林常平顿时眼前一亮，在敬酒的时候，他对那位朋友说，我刚刚停薪留职，想做点生意。可眼下就是缺"币子"，希望得到朋友的支持，利息从优。这位朋友看了看林常平问："你需要多少?"林常平也不用客气，开口就说："2万元。"在 20 世纪 80 年代，万元户是不得了的事，林常平开口就借 2 万元，气魄不小。这位年轻人却当即表示可以解决，但要五厘的月息。林常平在脑子里飞快地计算着，5 厘的月息，就是 2 万的千分之五，就是每月 100 元的利息，嗯，还可以，他伸出手说："行，没问题。"

林常平拿到这笔来之不易的借款，兴奋不已。钱有了，他可以大展宏图了，他想到那位年轻人的母亲，她做的都是从台湾经香港转口过来的新东西，都是紧俏货。"可我不懂电子技术，又无渠道。"林常平没有头脑发昏，经过思考，他确定了今后的行动方向："找靠谱的朋友，做自己熟悉的行当。"

林常平抓住商品缺少流通环节的症结，平价买入，溢价卖出，即消化了计划内滞销的商品，又活跃了计划外死气沉沉的市场。

林常平下海小试牛刀可以说成绩可喜可贺。这时候他没有想怎么样把自己的事业做大，还心心念念地想把供销社的业务做大。林常平喜滋滋地回到单位，与他的顶头上司供销社主任吴初宝说："我已经在外面闯出了一条路子，咱们供销社也跟进来，按我的方式做，肯定很快业务量就会暴涨，用不了多长时间业绩就能翻番。"

吴初宝也觉得这是搞活经营，让老百姓买到更多又好又便宜的商品的新路子，于是就向公社领导和霞浦县总社反映，想开始搞小量商品的自主经营。各级领导几乎口径一致地回绝了。主要的意思是，改革开放还没有全面铺开，自主经营的风险太大，还是看看形势再说。

林常平的才干与一腔热血并没有得到认可。林常平性格中的一个突出特点，就是敢于冒风险，越是别人不敢做的事，他干起来越有激情；常人叫他"林大胆"，其实概括起来应该叫"开拓创新型人才"。

有钱了，立刻兑现曾经的承诺

林常平成立的长春经贸公司在一年之内生意风生水起，他成功淘得第一桶金。皓月当空，繁星默默，但那一双双的眼睛仿佛都在看着林常平。此时的林常平想到了一个人，大和尚——塔岗禅寺的住持释杰英大师。只因为当年大师的一句话，让林常平一直铭记在心，不敢忘怀，定要兑现自己的承诺。如今赚到了钱，他第一件事就是拿出16.8万元钱，将塔岗路——从山下到塔岗禅寺的那段路铺成石板路，完成师父的遗愿：让老百姓能够安全上山，不再有摔倒或山坡滑落之险。塔岗禅寺建于北宋开宝元年（968）。后来因山前有塔，旁边有独特的小院，故取名为"明宗塔院"。古寺几经清康熙十五年、雍正元年（1723）、乾隆二十年（1755）和光绪二十八年（1902）重修，定为"塔岗寺"。

在霞浦县城正北的塔岗禅寺，在"文化大革命"期间几乎被夷为平地，但仍有一些信众上山祭拜。1977年时政府将禅寺重建，又在1980年时重修了一次。长期以来，附近的信重步行上山的时候就会想起林常平，因为那条用上千块条石铺就的林间小路，是林常平出资修建的。

林常平一直心心念念着释法师叮嘱他的话，有钱了，一定要把通往寺庙的那条路修好。正是师父的这个心愿，让他时刻不敢忘。当他从杜老板那里挣来第一笔钱的时候，就琢磨着怎么修这条路。

修路架桥都是政府的事，这条上山的路在1980年政府重修禅寺的时候，曾经夯出了一条土路，但那条土路经历了这几年的风吹雨淋，早就恢复了原状。别说政府没有再修这条路的资金，就算林常平把钱捧到政府大门口，政府没再修这条路的计划，与其说跟政府这边拉锯，不如自己找个草台班子干起来。

农村盖房铺路都是自己找来工匠做，林常平也照方抓药。于是他对比了几家工匠，找到满意的后，便大张旗鼓地干起来了。这事全县城的人都知道，县政府也知道，林常平总共花了近17万元钱，还从邻省购来了加工好的条石，一块一块地从山下铺到山上，铺到了庙门口。现在人们再上山，可以踏着条石迈着台阶，平稳自如地山下塔岗山了。

林常平在修建塔岗路的时候，天天在塔岗禅寺里走上几圈，面对乡亲和领导的询问，他只是轻描淡写地说："这样一个具有千年历史的古寺，凝结了厚重的传统文化，也是世代霞浦人精神所依之所，为这样一座古寺捐资修路，也不仅仅是完成老和尚的遗愿，其实是一件积累功德的大好事。这是我为霞浦修得第一条路，做的第一件有意义的事，我会永远做下去，像这古寺一样长久。"

　　至今人们还记着林常平修的塔岗路是徒步登山的小路，每天早晚都有许多百姓兴致勃勃地健步走，特别是在周末和星期天，人们穿着各色运动服和宽松的衣服，健步止山，情景非常壮观。到了古寺前瞻，那块塔岗禅寺的广场上可以尽览霞浦县城的秀丽风光，可怀古亦赞今，心生诸多慨叹的同时，也可以憧憬美好的未来。

　　新的霞浦县医院在林常平被捕前不久落成了。林常平和县委的领导们站在第一排，为这所新医院剪彩。当时鞭炮齐鸣，掌声雷动。林常平的妻子张桂玉带着两个女儿也去看了剪彩，人们用羡慕的目光盯着母女三人，不住地上下打量着，这可羞坏了张桂玉，她红着一张圆圆脸，拉着两个女儿，不知是该站在这儿，还是该一溜烟儿地跑回家。

　　旧的霞浦县医院已经不知道是什么年代的修的了，还是木质的屋顶，经年的虫蛀鼠咬，一下大雨，医院里就滴滴答答的，几道水帘子弄得满地的流水，有时汇聚起来，竟像一条疾驰的小溪。让躺在病床上的病人们提心吊胆。

　　一次，县委书记胡良基住进了这所似乎摇摇欲坠的医院。他正倚在病床上津津有味地看着报纸，林常平推开病房门，提着些应季的水果走了进来。

　　"胡书记，您觉得怎么样了？"

　　胡良基抬起头："呦！林总！百忙之中，大驾光临呀！"说着，向林常平使劲招了两下手。

　　林常平坐到病床边的凳子上，把手里的水果往床头的小柜子上一搁，说："书记，瞧您说的，这不是在打我的脸嘛！没有政府的支持，我哪会有今天哟！"

　　胡书记把报纸叠了两下，塞进枕头下，笑盈盈地一双眼，看着林常平说："谢谢林总来看我。"

　　林常平马上欠起身："您别叫我林总，我就是一个买卖人，不是什么总。"

胡书记摆摆手，"听说你修了上塔岗山的路？"

林常平点点头，刚把嘴张开，胡书记一脸严肃，问："和我说句实话，你做生意，挣了多少？"

林常平低下头，眼睛直勾勾地盯着胡良基放在床边的那双鞋，那是一双已经快露脚指头的军用胶鞋，林常平已经想象不出那双鞋曾经崭新的样子，他的鼻子突然有些发酸，一股热乎乎的东西涌进了双眼，他使劲地眨了眨眼睛，抬起头说："大几百万。"

胡书记微微地睁大了些眼睛，眼珠子一闪一闪的，嘴角微微上翘，露出笑容，说："不错呀！"他坐直身体，拉着林常平的手，说："你曾经说过一句话，我是霞浦人要为霞浦的经济发展做贡献。你看，咱们的县医院，都快塌了。你能修一条上山的路，能不能也为这家县医院做点贡献？"他抬起头，扬起眼，看了看破败的屋顶，说："小林，你出多少，县政府就出多少，咱们一起把医院急诊部改建起来，造福咱们霞浦的百姓，怎么样？"

林常平愣住了，他瞪着一双大眼，脑子里飞快地转着。修路，他花了近17万，一所医院需要多少钱？他一时很难估算出来。大几百万，照这样花下去，很快就没了。

"你回去好好想想，和老婆商量商量，不要太为难，我知道，你是做大事的人。"

林常平走在回家的路上，觉得自己忽忽悠悠的，站在塔岗山下，看着正在忙活的工人们，手搭凉棚扬起头看见那座还插在林间的虎镇塔，在它的底下就是塔岗禅寺，当年释法师的身影似乎飘到了他的眼前，法师冲着他说："那是我要走的路，你，有你要走的路。"林常平似乎被醍醐灌顶一样，全身激灵了一下，起了一层的鸡皮疙瘩。

他一路跑着回了医院，推开病房门，"腾腾"两步跨到胡良基面前，大喘着气，说："我出 50 万，政府也出 50 万，一共 100 万，建一家新的医院门诊部，如果还不够，我来补。"

胡良基望着林常平，哈哈大笑："好啊，林总，就听你的！"

医院的门诊部，一层一层的建起来了，楼是新的，设备是新的，病床是新的，单子也是新的，一切都是新的，干干净净、整整齐齐。每当人们路过医院，每当有人来看病，都会想起林常平。

霞浦一中的新教学楼还没有竣工，就停在了那里，老师们、学生们每天都要穿过一片乱糟糟的工地，去老教学楼上课。林常平直接从银行里提出来 7.5 万元的现金，放到了一中校长的桌子上。接着林常平又支援了 10 吨的钢筋。

可林常平还没有等新教学楼竣工，就进去了。人们窃窃私语着，议论着，等待着。

林常平淘来了第一桶金，在妻子张桂玉家人和朋友的支持下开启了一段不平凡的历程。几乎是一夜之间，以霞浦黄瓜鱼、石斑鱼为龙头的海鲜火了起来，滩涂的天赐之物海带、紫菜和各种的海鲜等等，天下皆知了。而霞浦本地紧俏的货物又经林常平之手，从四面八方源源不断地涌入进来。长春贸易公司扬帆起航，在商海劈波斩浪，走出了一路风景，一路凯歌。

林常平商业嗅觉十分灵敏。他向海内外寻寻觅觅，每一次商机闪现，他都像闪电般牢牢抓在手中，想全力地扑将上去一击获胜。但是，风里浪里航行，翻船的事也会发生。

那是 1982 年的初夏，林常平收购十几车的海鱼运往杭州。由于当时霞浦到杭州没有高速路，乡间道路七十九道湾很难走，选择走海路相对快一些，但是需要轮渡，可码头上排起了长队。不曾想那日竟然烈日炎炎，当司机排了几个小时后把车开到船上去，再日夜奔波运到杭州时，车上的鱼臭气熏天——全部腐烂了。这次的失败，不但没有挣到钱还险些被罚款，几万元就这样打了水漂。

第一次做了亏本生意的林常平，感到经营海产品受交通、气候的制约等因素影响，海鲜一旦烂掉将无计可施。失败让林常平痛定思痛，俗语说靠山吃山，靠海吃海，可我林常就把海鲜生意做砸了。如果不做海鲜生意，我能做什么呢？

连着几个晚上林常平吃过饭都在街上漫无目的地走着，他边走边思考。突然一声汽车的喇叭响，把林常平吓了一跳。只见一辆装满水泥的大货车在躲避一辆逆行的摩托车时，司机紧急地按响了喇叭，一个急刹车横在了林常平的眼前。

水泥？当这两个字跃进林常平的脑海后，他幡然醒悟：做钢筋水泥呀！这东西不容易坏掉，交通呀、气候呀都不受限制。

那一夜林常平睡了个好觉。但第二天醒来他突然自问，虽然影响生意的天气交通问题绕开了，那新的问题又来了。水泥钢筋没有大笔的资金投入，就凭自己手里的几万元钱，就是孙悟空的七十二变，也做不出大规模，而规模上不去，就赚不到大钱，自己下海经商的价值就打了折扣。

就在他为自己将何去何从不得其解时，福建省的两个经济发展方向为他书写商海传奇创造了有利条件。

一是开放对台贸易，促进经济发展。

2018 年第 10 期《党史博览》杂志，题为《项书记主闽开创对台工作新局面》一文中有这样的讲述：

项书记说，新中国成立后福建一直被当作"解放台湾"的前线，准备打起仗来"破罐破摔"，所以从没有投资进行大的项目建设。"前线"这个大包袱福建一背就是 30 年，以致工业基础极为单薄。"一个小的原因是福建地处祖国前哨，国家投资少，但根本原因则是'左'的路线干扰、'左'的思想的束缚。这个观念不改变，坐等台湾解放，福建只能永远落后。极左思想不清除，哪里还谈得上改革开放？"

项书记给大家的不全是悲观的信息，他话锋一转，提出福建要与台湾展开竞赛："福建是前线，难道台湾就不是前线？为何台湾可以搞十大建设，福建就不能搞？我们经济上暂时是落后，但军事上是福建怕台湾还是台湾怕福建？是厦门怕金门还是金门怕厦门？"

中华人民共和国成立30多年来，福建省领导人首次提出福建要与台湾展开经济竞赛，不啻石破天惊。项书记并非异想天开，他显得胸有成竹："中央给福建特殊政策、灵活措施，等于给我们身上安了两个翅膀，长了翅膀还不能飞，这就说不过去了。"

福建人民是勤劳的，而且富有创造精神，中国大陆的资源也比中国台湾地区要丰富，他们能够做的，为什么我们不敢做？这样一比，知道差距，并不是要甘居落后，而是可以比出志气，可以自强不息，奋起直追。

只要我们解放思想，继续清除"左"的思想影响，抓住有利时机，实行特殊政策、灵活措施，就一定会有生产力的大发展，使我们的经济大大地加快发展速度，就能赶上甚至超过台湾的水平。项书记对此深信不疑，且充满自信。

正是由于国家和福建省在对台贸易方面的支持，出现了非常活跃的情景。在此之前，两岸渔民的接触像是搞地下工作，偷偷摸摸。所谓的生意，也只是以货易货，两岸货币无法通用，只能以此方式进行，都交换些什么呢？大陆渔民从台湾渔民手中拿到这边当时稀缺的电子手表、收录机，台湾渔民从大陆渔民手中交换到那边中意的海产品、土特产等，额度很小，自给自足。随着两岸关系逐渐和缓，海上贸易也渐趋活跃。

在这种几乎要全福建省的商人都参与对台贸易的背景下，如果说哪个商人还视而不见，不是个老顽固，也是脑筋出了问题，而对于有商业天赋的林常平来说，他不仅"下海"游泳，肯定还要做一个劈波斩浪的弄潮儿。

念"山海经"，兔毛、桐油走俏

林常平已是名声远扬了。这时他命运中的一个重要人物出现了，一位财大气粗，在八闽大地红极一时的大老板瞄上了正在迅猛上升时期的林常平。此人有国企工作背景，家里人大多数在境外，改革开放后经营着几家大型贸易公司。

改革开放之初，在缺少对外经济交往经验、国内法律体系不健全的形势下，设立经济特区，无疑为国内的进一步改革和开放、扩大对外经济交流起到了极为重要的作用。

《第一财经日报》记者马晓华于2008年6月采访了原福建省省长胡平，文章中说道：

"我们的经济在'文化大革命'后，已经走到了一个困境，必须想方设法地予以摆脱，从而实现社会主义现代化。而党的十一届三中全会的召开，为中国的下一步发展明确指出了新的方向，即需要进行改革开放。当时，广东、福建两省改革开放的步子迈得相对大些，允许全省搞特殊政策灵活措施，因为这两个省地处东南沿海，临近港澳台，华侨也比较多。实际上，福建省搞经济特区，面对的一个较大的困难就是基础设施条件差，也就是说硬件还跟不上。

"一个鲜明的例子就是电话常常打不通。当时都是手摇机式的电话，排队排六七个小时，半

35岁搏击商海的林常平

夜里才能接通香港的电话。这样的例子其实有很多，比如还没有正规专业的美容店、基本上都是中餐而西餐很少、住宿与交通等商务服务设施也比较弱等。

"记得当时在交通环境方面，只有'一条半'的铁路：一条是从鹰潭到厦门，半条是从南平到福州。那时，也没有高速公路，从福州到厦门至少要坐 6 个钟头左右的汽车，弄不好还要 8 个钟头。

"总而言之，道路不行，电话也不通，没有现代化的集装箱，飞机只有福州一个军民两用机场，一两条航线，所以我们必须先搞基础设施建设。但我们的压力之大是可想而知的，毕竟很多地方都是'第一个吃螃蟹'，摸着石头过河。当时买一台电视机要交专利费 8 块钱，我们还背了个搞卖国主义的'恶名'。

"搞经济特区其实是有风险的，一开始就有，只是我们没有觉察到。在 1985 年曾发生三起大事，其中一起就是对台贸易失控。过去海峡两岸有条界线，渔民打鱼也不能超过这条线，可是渔民可以在线的两侧对话。开放改革以后，发展到做起生意来了。台湾地区要大陆的黄花鱼，两岸渔民要交易，不可能拿美元，但人民币他们也没有，我们这方面更不可能用外币去给他换东西了。因此问题出来了：怎么交易呢？于是，台湾地区渔民拿着布袋子，袋子里装的是电子手表，台湾地区已经过剩了，大陆还没有电子手表，一条黄花鱼换一把电子手表。一个手伸进去到布袋子里去摸，摸到几只电子手表就是几只。

"当时政策上不明确，有个政策就是特区自用的商品可以免税进口，厦门特区自己用的可以免税。后来他们是照此执行的，但其他一些地区也开始搞起海上贸易。后来台湾地区的尼龙布，甚至于电视机音响设备都进来了，引起大陆的关注了。福建是在海上走私交换，在无人岛屿里面，船开过去，进行交换。这个立即引起中央的不安。后来，我们制定了 20 多个文件，制止海上走私。制定文件，统一思想，刹住走私。"

胡省长的回忆不轻松，而林常平的回忆则就是痛苦万分了。

1985 年 2 月，一个重大的利好消息在霞浦县传开了。经福建省人民政府批准，霞浦县三沙港、平潭县东澳港、福州市马尾港、莆田县秀屿港、泉州市临海港（前埔港）、东山县东山港（旧城关）、惠安县崇武港、厦门市东渡港、漳浦县旧镇港等 9 个港口成为对台贸易港点，供台湾来闽渔船、商船停靠。

林常平得到此消息后，如沐春风，更激发起他大干一场的斗志。他马上将这大好消息告诉了与他合作的杜老板，他兴奋地在电话里说："现在鼓励对台贸易，将来我们的货物可以直接从各个港口出港了！"林常平与杜老板的合作范围越来越大，贸易额也越来越大。

林常平成了霞浦县的新闻人物，得到福建省委省政府、市委市政府、行署和霞浦县委县政府大力支持。

1984 年年底，在福州林常平认识了这位大名鼎鼎杜老板，那个时候也正是福建省在全省大力推广蘑菇种植的时候，将各农户的蘑菇收购上来加工成罐头，然后出口创汇。没有想到，杜老板开门见山地对林常平说："我想与你合作，做蘑菇罐头和安哥拉长毛兔的兔毛的出口贸易。"

林常平听到杜老板说要出口这两样货物，并没有在意。因为蘑菇罐头和安哥拉长毛兔的兔毛，在霞浦是再普通不过的东西了。霞浦自古产蘑菇，农民对种植蘑菇也充满了热情。这两年恰巧逢上好年景，蘑菇大丰收。如果单以计划经济的方式统购统销，会形成积压，最后浪费掉。

杜国桢十分看重林常平多年来的采购经验和广泛的人脉关系，便找了个机会拉着林常平天南地北地聊个没够。他建议林常平的公司归到他的旗下，大量收购安格拉兔毛和蘑菇罐头，而他则负责出口创汇。

杜老板似乎觉察出林常平内心的变化，他说："林总，我这可是出口生意，而且不是小本生意。"

林常平问道："要多少？"

"只要质量没有问题，有多少要多少。这样吧，我先给你定金，你找一找货源。"

林常平见过钱，也见过一些大老板，但这位杜老板的大气爽快，还是让他吃惊不小。

就这样两个都是想做大事的人，一拍即合。一笔大单立马签订——林常平只需要当好一个供货商，负责按时提供蘑菇罐头和安哥拉长毛兔的兔毛，一切就没问题了。

这是林常平在创业之初谈成的第一笔大生意，也是谈成的第一笔没有障碍，没有扯皮，没有是非，非常痛快的合作。

蘑菇罐头是当时整个福建省出口的主打产品，每年创外汇在几百万美元。经营公司把蘑菇罐头卖到中国香港和中国台湾，也有一部分转口到美国，大量的出口拉动了农民种蘑菇的积极性和企业加工生产的积极性，也为国家增加了税收，同时也拉动了其他农产品的生产和深加工。

出口蘑菇罐头当时是符合福建省的经济发展战略的，省委省政府提出了全省要念好"山海经"的总战略。

三沙罐头厂的产量成倍增长，但是出口的手续繁杂，导致产品出厂速度相对滞后，政府的管理部门也无计可施，而林常平的长春贸易公司由于有了港商的协调出口变得容易，对于三沙罐头厂来说正如雪中送炭。双方合作卖出了500多万元产品，周围蘑菇种植户很快能拿到销售蘑菇的钱，走出工厂时各个眉开眼笑。

由于蘑菇罐头和安哥拉兔毛的大量出口，使霞浦县的经济搞活了，非常萧条的三沙港一下子就热闹起来了。县委县政府的主要领导以及相关职能部门也给予大力支持，一路保驾护航。眨眼之间，整个霞浦的经济热潮被搅动起来。

1983 年 2 月 3 日《福建日报》，在头版刊登了《福建省人民政府关于搞活农村经济十条规定（要点)》其中的第三条是："放宽购销政策，放手发展合作商业，适当发展个体商业，搞活商品流通。"第九条是："鼓励归侨、侨属兴办农业生产建设项目和基础设施。"这个文件的出台，大大地推高了出口贸易的积极性。而这一年"山海经"高调在福建省的各地越唱调越高，也得到了高层领导的认可。

1983 年 4 月 22 日，《福建日报》发表《闽山招财，东海献宝——福建人民大念"山海经"》一文。开头这样写道："福建有福，福在山海；山是宝山，海是富海。那连绵的群山坡地，盛产木、竹、果、茶、油、药、笋、菇、木耳、香料，可以大养牛、羊、兔、鹅、蜂、蛇……同时郁郁葱葱的森林又是我们赖以生存的生态屏障。那滔滔的东海，有十三万六千平方公里的渔场，一千万亩宜于养殖的浅海、滩涂；内陆还有七十一万亩可养殖的淡水面，这里鱼、虾、蟹、贝、藻，水族众多，海产丰富，是提供动物蛋白的仓库。""三中全会的东风吹，大念'山海经'的号角响。全省人民清除'左'的影响，艰苦奋斗，耕山耘海，成效一年比一年显著，出现了振奋人心的新势头、新气象。"

这一年的 11 月，时任国家主席的李先念到福建考察，也为齐心协力念好"山海经"鼓与呼。1983 年 11 月 7 日《经济日报》曾以题为《李先念在福建沿海和闽北山区考察访问，对福建人民决心大念"山海经"给予很高评价》加以报道，文中写道："福建一人只有七分地，潜力在山上和海洋。这里的山很富，除了经营林业之外，还可以搞多种经营；海里的海鲜品更多了，很有搞头。"李先念还就福建的工业生产、经济特区的建设等方面进行了考察。他指出："经济要适当集中，特别是对外贸易。"

国家的形势有利于林常平和杜国桢的贸易，没过几天，林常平便接到了一个汇款单，是杜国桢发给他的。林常平马上赶到宁德，从银行里提出了 100 万元的现金，这是他第一次见到这么多的钱，简直不知道应该用什么词来形容当时的心情。那个年代里，人民币的最大面额是 10 元，银行干脆把一条专用麻袋给了林常平。面对着实实在在的 100 万元钱，林常平的头发很快就被汗水浸湿了，一绺一绺地粘在头皮上，手心里也往外冒着汗。他坐在银行的大厅里，守着那一麻袋的钱，看着银行外边来来往往的人，手不住地擦着流下来的汗水。

据林常平回忆，他当时找来了公安局的一辆警车，在公安同志的帮助下，才顺利地把这一麻袋的钱运回了霞浦，存进了刚营业不久的工商银行。拿到存折的那一刻他的心才算是踏实了下来。

在短短的几周内，林常平接连收到了共计 500 万元的汇款。有了钱的林常平就像一部上满发条的钟表，每天都滴答滴答不停脚地转着。他从宁德罐头厂定购了一批蘑菇罐头，又从浙江省定购了一批安格拉兔毛和桐油。按照杜老板的要求，他把这些货物都运到了福建省最大的一个岛——平潭岛。这里是离台湾省最近的一个岛屿，与台湾省的新竹港只有 68 海里。

杜老板本想从这里把货物运往台湾，但在 20 世纪 80 年代的时候，平潭岛并未开放对台贸易，所以他又要求林常平把这些货物全部又运往位于霞浦的三沙港。三沙港是第一批被批准的对台小额贸易港，因此，杜老板要做对台贸易，只能从三沙港出发。

于是，林常平便向霞浦县政府汇报了情况，并协商如何把那么多的货物运到三沙。于是乎就出现了一辆一辆绿色的军车，浩浩荡荡地来到了三沙港，卸货、装船、通关、出港……轰轰烈烈的场面。

当林常平的车队进入三沙港时，前来迎接的是时任霞浦县委书记杨有志和县长。林常平在头车的驾驶室里看到眼前这么大的阵势，那颗心就像个兔子似的"咚咚咚"猛烈地敲击着胸骨，令他有一点眩晕。他整了整衣领，捋了捋头发，深深地吸了一口气，刚要拉开车门时，车门已经开了。杨有志书记笑盈盈地向他伸出一只手，下了车，双手紧紧地握住了他的手，像荡秋千似的悠来荡去，许久才松开。"小林呀，你的胆子够大，好样的。"说完就用力地拍了拍林常平的肩。

县长正忙着组织人员解绳子卸车。一阵阵热烈的鞭炮声回荡在三沙港码头，浓烈的火药味，裹着硝烟慢慢地向大海的方向散去。第一批订单就这样顺利出港了。

林常平成了霞浦县的新闻人物，他兴冲冲地来找吴初宝，一进门就说："吴主任，怎么样，我做得这一单。"吴初宝放下报纸，从办公桌后站起身笑眯眯地绕出来，伸出一只手，握住了他："老林呀，你厉害呀！盛况空前，前所未有呀！"他指了指沙发。林常平一屁股坐了进去："你知道我一次缴税缴多少，21万，21万呐！"说着他举起两只手，拍打着沙发的扶手，在阳光下飞溅起阵阵尘埃，然后伸出右手的食指向虚空中一甩，"咱们霞浦县开天辟地第一遭。"

吴初宝端着一个刚倒上茶水的搪瓷缸子，迈着小碎步走了过来，他将搪瓷缸子放在了林常平面前的茶几上，笑着说："嗯，我听说了，这可是个大新闻。"

林常平向前欠了欠身，拿起茶缸，说："怎么样，考虑好了没有，咱们企业一起进去做，用不了两年一定能起来。"

吴初宝慢吞吞地拖过来一把椅子，坐在了林常平的对面，双手挂着膝盖，笑眯眯的眼睛垂了下来，一脸严肃地说："不行呀，我向上级汇报了，供销社系统还没放开。"

林常平的身子猛地向后一仰，搪瓷缸子里的水在缸子里翻滚着差点溅出来，"哎呀！太可惜了！"他狠狠地拍了一下自己的大腿，瘪瘪嘴，摇了摇头。

这次谈话后没有多久，林常平又接到杜老板的电话，要他继续组织货源，这次主要是蘑菇罐头，钱款也很快到账。对此，林常平早已是轻车熟路，货很快就到了三沙港。场面还是那么的隆重、热闹。

小罐头大贸易，三沙码头火了

林常平当时春风得意，与杜老板的生意越做越大，越做越顺。长春经贸公司这家社队企业（当时未改称乡镇企业）一跃成为霞浦县纳税大户。尤其是那 21 万元的一次性缴税，是霞浦县近百年来最大一笔行政收入，成为街头巷尾的美谈。

长春经贸公司的货物当时都经由霞浦县的三沙码头发出。这个小小的码头本来十分萧条，只是临时靠岸的台湾渔民与福建人以物换物的地方。长春经贸公司就仿佛是一副兴奋剂，把个小小的三沙码头激活了。

三沙是福建省沿海地区的一个重镇，20 世纪初曾被孙中山纳入了《建国方略》的建设中，可见地理位置十分重要。三沙这个名字的来历，还被演化为一段非常美丽的民间传说。

在很久以前，三沙还只是一片名不见经传的海滩，有很少的渔民在那里居住，白天男人出海打鱼，晚上回家陪老婆孩子，生活过得很安逸。但是，突然有一天，跑来了五只凶猛的老虎，它们每一只都占领了一块地盘，从三沙半岛的东边一直占据到西边。正是由于从远方来了这五只老虎，常年住在了这片海滩上，当地渔民都不敢出门打鱼了，他们生活一落千丈。正当大家被愁苦和恐惧所困时，这里又来了三只凶猛的大狮子。

这三只狮子中有两只跑去揽住圆山，就像双狮抢球那样守着自己的领地，另一只则站在排塘岭上，有时仰头看天，有时又俯视着三沙海岸。狮子们很快就发现了那五只老虎。而盘踞在海滩上的老虎也看到了狮子。可以想象，两种最凶猛的动物都看上了同一块地盘，恶斗在所难免。它们经常为了地盘和食物互相撕咬，打架。每当狮虎恶战时，海面上就会刮起狂风巨浪，渔民们更是被困家中，不敢出海捕鱼了。

就在一个乌云滚滚、电闪雷鸣的夜晚，三只狮子和五只老虎在海滩上要决一雌雄。狮吼虎啸之时，只见天空狂风大作，飞沙走石如暴雨一般袭来，但这丝毫没有影响两种猛兽的战斗力，经过三天三夜的决斗，狮子战胜了老虎雄霸一方，五只老虎逃跑到了闽江口，在那里占据了五座大山各自为王。这三只狮子分工明确，一只镇着山，两只看着海，与渔民两不相犯，它们还成了三沙的守护神。当地渔民的生活又恢复到了原先的样子，而随着时间的流逝，五只老虎盘踞过的地方，经过海水日夜侵袭，形成了五个美丽的小港湾，就是现在三沙镇的一澳、二澳、三澳、四澳和五澳。

后来人们为了纪念那三只狮子，就将这里命名为"三狮"。由于"狮"字闽南语的谐音似"沙"字，时间久了，两字含混称呼，渐渐"三狮"就变成了"三沙"，一直沿用至今。在霞浦县里凡是四五十岁以上的人，大多会记得 20 世纪 80 年代三沙港的繁荣景象。成箱成箱的蘑菇罐头热闹了港口，富裕了百姓，兴旺了霞浦，大大小小的船只频繁出没于三沙码头，可谓蔚为壮观。

"快来看呀，三沙来了十几只大船……"当人们相互传递着信息时，人们的眼睛里都流露出了不同的色彩，脑袋里都在扒拉着不同的小算盘。这么多的蘑菇罐头，一批一批地被一辆辆绿色的军车运来，整整齐齐地码放在港口，等待着登船、出港。

自从第一次浩浩荡荡的车队来到三沙港，自从第一次轰轰烈烈的场面出现在三沙港，林常平的身影就经常在这里摇晃，他已经连续忙活了好几个月，现在仍然不能放松，一条条熬出来的血丝布满双眼，让他的眼睛总是会感到干涩疼痛，被阳光一晃还会流出些黏稠的泪液。

林常平在三沙港的码头上巡视着自己的货物，如血的夕阳将他的影子拉得老长，一艘艘停靠在港湾的货轮像是被镀上了一层跳跃的边儿，一闪一闪地泛着红铜色的光晕，这光晕让林常平有些目眩。他走到一个石墩前慢慢地坐下来，看着在货轮间的阴影里蹦跳的海水，听着这海水相互拍打的声音，他觉得有些困倦。

是呀，他觉得自己好累，近半年的时间里似乎做了自己半辈子的事情，他想自己是不是走得太快了，步子迈得有点儿大，会不会摔跟头？如果就这样走下去了，还会再发生什么事？他深深地吸了一口夹杂着港口柴油味的大海的气息，坐直身体望着艳丽炫彩的夕阳缓慢地沉入紫罗兰色的大海，当太阳最后一点晃动的身影消失后，天空和海面也迅速地暗了下来，从海上吹来的风也清凉了不少。这个时候他很想找一个人好好聊聊，于是站起身，向家的方向走去。

林常平住的还是供销社的宿舍楼，这里有很多熟人，他猛一抬头，正巧吴初宝眯缝着一双笑眼，冲着他走过来，他上前一把抓住，拽着就往家走。吴初宝被林常平拽了一个趔趄，"哎哟"了一声，笑眯眯地在后面说："老林，又有一阵子没见，发大财了吧！县委书记亲自拉车门哟！"林常平扭回头来，说："你可别笑话我了，我心里不是滋味。"林常平把吴初宝拽进家门，妻子张桂玉已经做好了家常的晚饭，一看吴初宝来了，便转身进了厨房，很快又做出几个小凉菜来。

吴初宝被林常平用力地按在椅子上，说什么也要和他喝上两盅。张桂玉立马从柜橱里拿出一瓶霞浦酒厂产的"福宁白干"来，吴初宝笑眯眯地指着张桂玉，说："小嫂子，你们夫妻俩是商量好的吧！"张桂玉一抿嘴，看了林常平一眼，便盛了些饭菜赶着两个女儿进里间去了。

看着妻子和女儿们隐身在里屋门后，林常平端起酒满上了两小盅，将其中一盅推向了吴初宝，脸上似有一丝愁云掠过。吴初宝很敏锐地捕捉到这一丝丝的变化，收起了笑眯眯的一双眼，盯着林常平黝黑的脸。他发现林常平脑门上已经有了一条深深的褶皱，鼻头泛着油，在灯光下点点闪着光，一双深不见底的、黑黑亮亮的眼珠子盯着酒盅里有些淡淡发黄的福宁白干。林常平举起酒盅，吴初宝赶紧迎了上去，酒盅相碰，声音有些发闷。林常平一仰头福宁白干就下了肚，火辣的一团从嗓子眼到喉咙，然后进入了胃，那一团的火辣在胃里散开，在灼烧完每一个角落后，慢慢地平静了下来。

林常平吧唧了一下嘴，拿起筷子夹了一口菜，在嘴里津津有味地嚼着，好像刚才掠过脸上的那一丝愁云是吴初宝的一个幻觉。吴初宝咂了一口酒，龇牙咧嘴地咽了下去，说："你好像有心事呀！"

林常平放下筷子看着吴初宝，叹了一口气："我心里有点儿慌。"

吴初宝大睁着一双眯眯眼，问："怎么了？感觉不好？"

"嗯！"林常平深深地点了一下头，说："那天，县委书记杨有志，亲自给我拉车门。"说着用手指了指自己的心，"心里不舒服，感觉不好。"

吴初宝哈哈哈地笑着，身子都快仰过去了，他拍着林常平的肩膀说："老林，县委书记都亲自给你拉车门，你还有什么不舒服的，我们想都不敢想呀。"

林常平又给自己倒了一盅酒，一仰脖儿又进去了，那种灼烧感又刺激了他一下，脑门上渗出了点点亮光。他看着笑眯眯的吴初宝，说："不是这么回事，我觉得是不是有点太冒进了。"

吴初宝一下子收起了笑容，说："不然，见好就收。你还是回供销社干，踏实。"

林常平把夹起的菜放进嘴里，细细地嚼着，慢慢地摇了摇头，然后抬起头对着吴初宝，说："可我觉得这事没错。这样干不仅我可以挣钱，还可以让那些种蘑菇的村民挣到钱，罐头厂也挣钱，国家就有税收，这不是挺好吗，大家都有饭吃，有钱挣，生活不就越来越好吗？"

吴初宝点了点头，沉思了片刻，说："那你担心什么？"

林常平又倒上了一盅白干，抿了一口，看着里间的房门，说：

"说不上担心什么，但就是有点不踏实。现在想要什么就有什么，一切来得太容易，前面没遮没拦的，别说前面没有路，就连个脚印都没有呀！"

吴初宝也抿了一口酒，直了直脖子，咽了下去，点了点头，看着林常平，叹了一口气。

林常平突然拍了一下大腿，说："去他的，不管那么多了，喝！"举起酒盅一饮而尽，夹起一口菜塞进嘴里。边狼吞虎咽边说："我现在走的这条路，方向是正确的，我林常平是凭良心做事的，在这条路上摔了跟头也好，掉进坑里也罢，我都要走，我都要走出去。让那些有学问的人去总结出个子丑寅卯来，我也不算白走了这条路。没有风浪，没意思，有风有浪，才能看清楚路在哪里。"

吴初宝把他那双眯眯眼瞪得圆圆的，拍着林常平的肩膀，说："老林——"然后点了点头，端起酒盅，把剩下的酒一饮而尽。

一顿酒过后并没有解开林常平心中的结，这个结就像一根坚硬的鱼刺卡着他，他每天都会跑到码头去看看那些蘑菇罐头，他抚摸着一个个的箱子，看着海天间的那条线，希望它们能早日离开。

蘑菇罐头开始一批一批的登船、通关、离港，一切看上去都很完美。林常平又开始忙碌起来。忙碌让林常平有一种快感和满足感，他可以暂时感觉不到那根坚硬的鱼刺的存在。

吴初宝也一直在注意着林常平的动向，因为供销社里有几个年轻的采购员被林常平拉去一起合作。先开始他觉得这也没什么大不了的，国家已经允许个人停薪留职自谋出路，即便是没有像林常平那样正式申请，只要不耽误工作就行。可是渐渐地就有一阵阵的风声时不常地往他耳朵里灌，让他的心里也有了一种说不清的不安感。他思来想去还是要把这种"百爪挠心"的感觉和林常平说道说道。

他们两个人相约在霞浦干部招待所里见面。吴初宝准备了两个菜，还有一瓶福宁白干。林常平大步流星地准时进了屋，看见桌上的酒菜，嘿嘿一笑，说："哟！吴主任，今天这是怎么啦？又有菜又有酒。"吴初宝抬抬屁股，欠了欠身，向林常平招招手，说："快点入座！快点入座！"

林常平拉了拉椅子坐下来，收起了刚刚的笑容，两条胳膊拄在桌子上，托着他那颗大大的脑袋，两腮和眼睛都变了形地向两边拉扯着。吴初宝觉得，此时林常平的那颗脑袋若不是被双手擎着，好像就要从脖子上掉下来似的，格外沉重。他递过去一杯茶，说："老林，怎么了，累成这样，要注意身体呀！"林常平腾出左手，脑袋向右一歪，端起杯子放到唇边轻轻地抿了一下，眼睛似乎都快睁不开了。他坐直身子，放下茶杯，说："没什么事，这几天累的。"

吴初宝向林常平的碗里布了些菜，说："老林，我最近听到些不好的风声。你怎么看？""什么风声？""外面有人说，你是无证经营，违反国家政策。还说——你这是暴利，还有你是靠着几个领导干部才起来的，长不了。"林常平歪着头，手指敲着桌子，一双眼睛黑漆漆地盯着面前的那瓶福宁白干。突然他伸出手抓住酒瓶猛力地扭开瓶盖，对着嘴喝了一大口。吴初宝"腾"地一下从椅子上跳起来，双手夺过酒瓶。林常平鼓着腮帮子，像是往下按什么尖利的东西似的，面部扭曲着把那口酒死命地按进了喉咙里，接着张开大嘴，喷出一股酒气。这股酒气熏得吴初宝打了一个响嗝。

吴初宝抱着福宁白干坐下来，说："老林，你这是干什么？"

林常平夹了一口碗里的菜，说："我也听到了一些，我不在乎他们说什么。"他手持筷子挥舞了一下，接着说，"我做的事没有错。我对得起自己的良心。"

吴初宝拧着两道眉，说："老林，你知道现在政策不明晰，好多东西都说不清楚、讲不明白的，你现在可是众矢之的呀。"

"我修了路，帮着政府改建了医院，我捐钱给学校。我有钱，但我没做坏事呀，我做的都是良心事。他们有什么好说的！"

"话是这样说，但你现在做得太大了，我真的担心呀！"

林常平挺直身子，放下筷子，一伸手从吴初宝的怀里抢过酒瓶，倒了两杯，说："有酒还不让人喝？"

他把酒杯推到吴初宝面前，说："谢谢你，吴主任，我现在只能往前走，我这是摸着石头过河，你知道这个滋味吗？"

吴初宝茫然地摇了摇头。

"对，你不知道，我知道，水很冰，就像在乡下我为了5块钱跳到水库里捞轮胎时的水一样冰，可以说比那还冰。但我不能饿肚子，没有钱，我就要饿肚子。那时是我一个人，现在我有老婆还有两个女儿。我不能让她们跟着我一起饿肚子。"

吴初宝低下头端起酒杯，敬了敬面前的林常平，一仰脖，咕咚一下灌了进去。"好！老林，我支持你！"

让吴书宝、林常平还有所有人万万没想到的是，几周后，在码头忙碌的林常平被带上了冰冷的手铐，在妻子张桂玉和两个女儿一双双惊恐的泪眼中被带离码头。

没有来得及出港的货物被没收、查封了。三沙港、霞浦县乃至整个宁德市一下子安静了。不管是那些支持林常平的，还是曾经羡慕林常平的，或是嫉妒林常平的人们，一个个都闭紧了嘴，大街小巷死气沉沉，就像一场正在蔓延的瘟疫，让一切都静悄悄的，人们似乎在等待着什么，又似乎在害怕着什么的降临。林常平就这样被带走了，大家开始回想他都做过些什么。

折戟商海，"菜刀论"惊四座

天有不测风云，任何事物都有盛极而衰的现象出现。

让所有人始料不及的是，热闹非凡的三沙港竟然一夜之间被公安和警察包围了起来。货物封存，船只禁止离港，林常平与杜国祯的贸易在轰轰烈烈一派繁荣景象后，戛然而止。

情况比人们想象的要丰富得多刺激得多，杜老板被逮捕后的一周，林常平也带上了冰冷的手铐，被押上了警车。

林常平初试商海就弄得大浪滔天，然而经历了短暂的天遂人愿之后迅速地落幕了。

"530……"

警察将一件囚服塞到林常平的怀里，这时林常平低头看了看方才明白，囚服赫然印着"530"，这是自己名字的代号。

"530"，他在心里重复了一遍，然后竟然露出一丝苦笑，这三个数字加起来不就是个"八"吗。广州人说"八"是发的意思，可古人说"七上八下"，逢"八"必下呀。林常平从不迷信，但他对古人的智慧是信服的。他当时只知道上，为上升或者长官为上，下，为落，就是落败的意思。

终于等到了开庭的这一天，1986 年 3 月福州市中级人民法院开庭审理了以杜老板为首的经济犯罪案等人。当张桂玉在法庭上再一次见到林常平的时候，眼泪流成了河。她看见自己只有 35 岁的丈夫林常平已是一头的白发，在众多的被告人中格外的显眼，她看不清林常平当时是什么样的表情，但是她知道丈夫已是心力交瘁。张桂玉双手捂住胸口，心就像被一只铁掌狠命地捏了一把，短暂而急剧的疼痛差点让她晕厥过去。

林常平站在被告席上不停地搜寻着妻子，他终于看到了被人搀扶着的张桂玉，眼泪一下子涌了上来。他发现妻子正望向他的方向，他想举起手向妻子招招手，但被两侧的法警迅速而坚决地制止了。林常平使劲地咽了一口吐沫，抬了抬头，阻止眼泪的流出，然后看向妻子，努力地笑了笑。

这应该算是一场旷日持久的审判，直到 1986 年底才最终定案。整个庭审的过程如其他所有庭审一样冗长。但是到现在 30 多年过去了，人们一谈到这次庭审却总是念念不忘。

当时被牵扯进"杜案"的还有霞浦县的两任县委书记、宁德市的一个副专员、福州区委的一个副书记、福州外经委主任、宁德罐头厂厂长等100多人，呼呼啦啦地都和林常平一起坐在被告席上，可算是极为壮观了。

在法庭上，林常平不断地整理自己的衣服，捋顺自己的头发。自从被捕他就没睡过一个整觉，没踏踏实实地吃过一顿饭，他不知道自己做错了什么。取证阶段，他知道了自己是巨额走私案的犯罪嫌疑人，而且还涉嫌行贿，这一切就像一个炸雷轰在他的头顶，火星四射。过往的一切像电影胶片一样在他的眼前掠过，他回忆着自己的每一个细节、每一个瞬间。他坚信自己没有做错。

当林常平再一次在镜中审视自己的时候，他惊异地发现，一头黑发已如七十岁的老者一样银白。一对红肿的眼睛里充满了如蛛丝般的红线。红黑的面颊也只剩下了黑，干干巴巴的没有一星半点的光泽。双腮凹陷了进去，几道皱纹显露无余地趴在额头上。他被自己的样子吓坏了，他陡然想起妻子张桂玉，简直不敢想象自己如果站在她面前，会发生什么！

林常平尽量让自己看上去精神些，他不想给法官留下不好的印象。但一审判决让他非常惊恐。

他被判了死刑。听到宣判的时候，林常平的脑袋里一片空白，他看着法官，看着书记员，看着法庭上的一切，这一切似乎离他越来越远，那些声音让他觉得很陌生。他好像可以看到空气就像一条七彩的河在缓慢地流动着，那里有无数细小而美丽的颗粒。法官的嘴一开一合的，喷射出了一条怪兽，那怪兽正张着血盆大口，划过七彩的河向他直扑过来。那血盆大口一下子咬住了他的喉咙，剧痛钻心，让他窒息。

他不敢想象妻子张桂玉的感受，她还那么年轻，那么漂亮，如果他死了，张桂玉将如何面对今后的一切？他没有勇气想这些，也没有时间想这些。他不能就这样让自己的妻子成为寡妇，让自己的女儿们失去父亲，也不能就这样让自己年轻的生命付之东流，他要上诉。

在二审中，林常平申请了自我申辩。他虽然不懂法律，但他知道，在这个法庭上他是有说话的权利。

林常平拉了拉衣角，甩了甩头发，抬头挺胸，雄赳赳气昂昂地走上前，深深地向法官鞠了一躬，清了清嗓子，开始了自己的申辩：

"法官同志，各位领导，大家好，我是林常平，我请问，一个卖菜刀的买卖人，把菜刀卖给了一个买菜刀的人。菜刀是做饭时切菜切肉的工具，卖菜刀的人自然认为买菜刀的人也是为了做饭用，但那个买菜刀的人，却拿着菜刀去砍人、杀人。那个买菜刀的人没用在切菜上，却拿菜刀杀了人，当然就是杀人犯，但怎么能说，卖菜刀的也是杀人犯呢。

"我林常平，以前是个采购员，现在还是，以前我为供销社采购，供销社发给我工资和奖金，最近几年我为杜老板采购，我把采购来的货物卖给杜老板所经营的公司，从中赚取相应的报酬，与我从供销社领到工资和奖金，在性质上有什么不同吗？杜老板的公司把从我这里买走的货物用作什么，他又是通过什么方式、什么渠道再卖出去的，我林常平不知道。固然，他们有违法行为，那也是在他们的环节上违法，而不是在我的环节上违法。

"我林常平，就如同刚才讲的那个卖菜刀的人一样，不能因为买我菜刀的人杀了人，就说我也杀了人。这样，对我林常平来说，非常不公平，也非常不公正。"

……

此时林常平的精神已经基本恢复了原本的样子，在他的心里没有什么豁不出去的了，生命仅此一次，他还没有活够。在林常平的脑子里，从来没有感觉到自己真的会死，哪怕是在动乱时期那么艰难的日子里，他也没有想过死的问题。

死，所包含的内容太多了，太广了，而他林常平太渺小了，他还没有强大到可以直面死亡。而今，在死亡的面前，林常平要拼死一搏。他的目光中带着火辣辣的光芒，却射出了如冰锥一样的利剑，扫视着整个法庭。

法庭上，令人意外地爆发出如滚雷一样的掌声。法官宣布休庭。

在休庭期间，风声四起，而这些风声，据说都是从内部刮出来的。人们也纷纷议论，这个案子成了当年霞浦县、宁德市热议的话题。

一会儿刮来一阵风，说是林常平还是死刑，要维持原判，人们都背着手，摇着头，叹着气。过了几天又刮来一阵风，说是林常平被判无罪，马上就要被释放了，人们的眼睛一个个地瞪得老大，七嘴八舌地要问出个究竟，但谁也讲不清楚。再过些日子，一阵风又刮来了，说是林常平被判了无期，将要老死在狱中了。人们又发出唏嘘的声音。

最后，终于宣判了：林常平因犯投机倒把罪，判处死刑缓期两年执行。另外，罐头厂厂长无罪释放。县委书记杨有志降职处理，其他人等均被判刑两年左右不等。

尘埃落定，林常平胸中憋闷，一口鲜血喷涌而出。想来无人能描绘出他那时的复杂心境，但林常平在法庭上的那段"菜刀论"却流传了下来。

商海解语：试水者的伤痛

自从第一笔大宗买卖顺利成交，几百万就这样轻轻松松地进账了。林常平大喜过望，他宴请蘑菇罐头的厂长、提供安哥拉长毛兔兔毛的供应商共进晚餐，庆祝合作成功。推杯换盏，几个轮回下来，豪爽无比的林常平的醉意便如那夜晚的月亮一般朦朦胧胧了。

　　司机把林常平送到楼下，他摇摇晃晃地走到家门口，一脚踩着一团软绵绵的东西，然后从脚下发出一声惨叫。林常平的酒劲瞬间被吓醒了。他定睛一看，原来是一只未成年的小花猫。

　　林常平打开房门，那只猫在不停地叫着，叫得有些凄惨。他对妻子张桂玉说："在咱们家门口蹲着一只猫，可能是天气太冷，或者是没有食物吃了吧。"

　　张桂玉打开门，将那只小花猫抱进屋来。花猫似乎有些认生，不停地喵喵叫着，张桂玉仔细一看，原来这只猫是被人打伤了。左腿在流血，她马上找药盒来，给花猫上药、包扎。一切治疗好后，林常平悄悄地到厨房找了个碗，盛了些米饭和菜拌了拌，放在了猫的眼前。花猫依然认生，只是喝了点水。

　　第二天，妻子张桂玉看着那花猫可怜，心想要是在家里长住，还需要给它找个猫窝，至少要等这猫的伤养好。

　　一个星期后，花猫的伤势见好，走路仍然一瘸一拐。林常平出差几天后回来，发现花猫蹲在窗户那儿，脸朝着窗外大叫。窗台很高，林常平知道花猫的腿已经好了，能够自己跳到窗台上朝外看了。但花猫总是叫个不停，引起了林常平的注意。

　　"你是不是想出去呀？"林常平在问花猫，"喵……"花猫似在回答。林常平看着花猫向渴望出去的样子，再看看窗外，阳光很明媚，霞浦的冬天不像北方的冬天那么寒冷，像猫这样的小动物那一身的毛，绝对不会有问题。

　　"我知道你想出去了，外边属于你，你渴望自由，不希望望被人豢养。"林常平第一次在这只花猫的身上悟到了"自由"二字。动物属于大自然，大自然就是自由的象征。

　　两只小鸟鸣叫着、打闹着落到了林常平窗前的那株大树枝上，然后又飞走了。

　　鸟是自由的，猫也应该是自由的。林常平抱起花猫，把它放在了门口，他知道，于花猫而言自由胜过活着……

　　忘记过去就意味着背叛。林常平从"停薪留职"到毅然下海，他渴望的是自由，渴望的是冲破重重阻碍，勇敢地成为打开对台贸易大门的人。林常平的目标实现了，被省领导称之为"以贸易促发展、以贸易促和平"的先行者。以物换物，是当年林常平对台贸易的成功之处，短短两年时间，他的营业额竟达几千万元，单一次性纳税达21万元，打破了当年宁德地区纳税最高纪录。在20世纪80年代的宁德地区，一时成为街头巷尾的美谈。

第四章

"投机倒把"——误了美好前程

人生从来没有真正的绝境。无论遭受多少艰辛，无论经历多少苦难，只要一个人的心中还怀着一颗信念的种子，那么总有一天，他就能走出困境，让生命重新开花结果。

生命中最伟大的光辉不在于永不坠落，而是坠落后总能再度升起。

——题记

从申诉抗议，到轻装前进

2019 年的夏天，当我提出要采访林常平，想知道他在监狱里遇到的事情时，特意观察他的脸色，然而他并没有任何的改变，只是沉默了几分钟，或者他是在寻找一个切入点吧。我们就这样静静地坐在那里，大约过了一分钟，他点燃一支烟说："那段经历占据了我最美好的 20 年时光，是刻骨铭心的。我是不愿意回首往事的人，我喜欢忘掉一些事情，轻装前进。"

好一个轻装前进！他说得如此云淡风轻，却又如此铿锵有力。

"您因投机倒把罪被福建省中级人民法院判处死刑缓刑两年，我知道这个罪名在 20 世纪 90 年代初期从刑法中去掉了。"

"的确如此，但我也没有什么报怨，监狱也坐了，大好年华也逝去了，女儿也失去了，我现在只想简单地生活，因为简单的生活才是幸福的。人要知足，知足才能常乐，人要学会宽容，宽容别人，才能放过自己。什么事情都不能被复杂化，繁杂了，心灵的负荷就重了，要定期对记忆进行删除，把不愉快的事一一抛弃。"

林常平的这段话让我感动而赞叹，他停顿片刻告诉我说，他有记日记的习惯，"把日记给你看看吧。"

那天上午，我和林常平都没有再见面，我不知道他此时此刻在想什么，是在痛苦中回忆着什么，还是在痛苦中思索着什么？抑或正如他所说的，他根本没有时间想过去的事儿，又投入到了他新开发的项目中了。

作为作家,我却不得不想,不得不探寻采访人的心灵深处。如果不把一个传主心灵深处的东西挖出来,不把他的痛、他的快乐、他的成功、他的失误和他的经验写出来,这本书就不算成功。

23本日记,厚厚的,虽是陈旧的,却也是沉甸甸的。当我面对这些尘封已久的"老"物件,似乎已经闻到了某种令人难以想象的味道。

躺在看守所的床上,那种味道,那种境遇,让林常平无法入梦。眼睛毫无目的地盯着那面墙壁,思绪万千……

1978年,对于林常平有两大喜事,一个是他喜得长女林晓晖,他林常平是有女儿的人啦,是做父亲的人啦。这喜悦仍在热烈地延续中,十一届三中全会胜利召开了。林常平听广播,看报纸,他时刻捕捉着任何一条新鲜的、让他耳目一新的政策,让他敏锐地嗅到了风向的改变——中国将迎来前所未有的改变。这种改变是日新月异的、是前所未有的、是百年不遇的,是让他全身血液沸腾的,是需要他快马加鞭,追上这个改变的风头的。

1979年的春节是喜气洋洋的,从福建省又传来一大喜讯:在三沙设立了首个台胞接待站,首个台轮停泊点,率先开展对台小额贸易和渔工劳务输出,还开放了除三沙以外4个对台贸易二类口岸。

1980年厦门成为第一批经济特区,1984年国家又开放了福州市等14个沿海经济开放区。这一切都给了林常平一个重要信号,改革开放是真刀真枪的,而不是一句口号,更不是一句空话。

20世纪80年代初,林常平便把霞浦的鱼贩到了东北,又一路贩回了钢材和香烟,这是他第一次真正地接触到贸易。后来,回到供销社,他将自己的经验全部用于工作,这让他更加懂得经济对于社会发展的重要。

在1984年他遇到了杜老板,就大刀阔斧地干了起来。但当他的事业刚刚起步，浪头刚刚涌起的时候，面前却出现了一个高耸的断崖，他无处可躲迎面撞了上去，可想而知，那断崖将这浪头击得粉碎。他不甘心，却又无能为力。他第一次感到自己的弱小与无助。

现在他所要面对的，却是无尽的黑暗，和漫长的岁月，他觉得自己就像一只被蜘蛛网网住的小虫子，越是挣扎越是动弹不得。

从看守所出来，他立即被押送到了福建省的重刑犯监狱——建阳监狱。那里属于闽北，在武夷山南麓，风景秀丽，高山流水。那里有一座座的茶山和成片的果林，还有像海一样翻滚着绿色波涛的翠竹。早在宋代，建阳就以"图书之府""理学名邦"闻名于世。

林常平从来不知道在这么一个让人心旷神怡、吊古寻幽的地方，会有这么一所重刑犯监狱，也从未想到自己会成为这所监狱中的一名犯人，而且是刑罚最重的那种。

他坐在囚车里，一路颠簸，恍恍惚惚、迷迷瞪瞪的。他不时地看着车窗外的绿水青山，阳光普照，生机盎然，瞬间脑子里竟是一片空白，耳朵里一直响着像蜜蜂翅膀震动空气时发出的那种"嗡嗡"声，这种声音吵得他心烦意乱，怒火中烧。他感到自己十分的疲劳和困倦，但坐在车上，却怎么也睡不着。头好像要炸开似的，一蹦一蹦地跳着痛，血管里流淌的已经不是血液而是炽热的岩浆了。胸口不时传来一阵一阵的闷痛，汗珠从每一个毛孔里慢慢地渗了出来。他感到呼吸不畅，口舌发干，心脏极其不舒服。他把身子仰靠在座椅上，强迫自己看着外面的世界，什么都不想，这样渐渐地，疼痛散去，汗水浸湿的衣服冰凉凉地贴在身上，于不知不觉中睡着了。

不知过了多久，林常平觉得地动山摇，他猛地睁开眼睛，一个警察双手正不断地摇着他的肩膀，一双炯炯的眼睛正向他射来两柄利剑，不自觉地打了一个激灵，"腾"地坐了起来。"你没事吧，到了，下车。"警察高声说道。

林常平眯着一双睡眼，微弱的光线射入瞳孔，此时已是黄昏，西落的太阳早已隐在了群山之后，只露出了些惨淡的余晖，映着西方小半拉的天空，东方的天空已是灰暗的一片幽蓝，几颗明亮的星星伴随着一轮小小的淡黄色的残月。此时的凄凉，倒让林常平觉得清爽了很多。他奇怪自己竟然没有做梦，没有梦到妻子张桂玉，也没有梦到两个可爱的女儿，为此，他不禁又增添了几分愧疚。

监狱的铁门都是一样的，只是宽度与厚度和样式各不相同。当一整套的入监手续办完后，林常平拿着自己的物品，换上监服，跟在管教的身后，走进了一道又一道的铁栅栏门。那一道又一道的铁栅栏门在管教的面前被一扇扇地打开，然后又他在身后"咣当当"地被关上，接着"哗啦啦"地落了锁。林常平低着头，看着穿着一身威武警服的管教的脚后跟儿，听着身前身后大铁栅栏门的开开合合，那声音让他心里一惊一惊的，双腿像灌了铅一样。终于，到了监房，居然是两个人的监房，这让林常平有点感动。

当监房的门在林常平身后关上时，他才注意到有一个花白头发的老头儿正笔直地站在床边，静静地看着他。林常平似笑非笑地冲着那个人看了一眼，点点头，便放下东西，倒在自己的铺位上。

其实他并没有睡，因为根本睡不着。此时林常平格外地想念妻子和两个女儿，满脑子都是妻子和女儿们的样子，她们欢笑的脸，她们调皮的脸，她们闪烁着晶莹泪珠的脸……可是渐渐地，他突然发现自己似乎已经想不起她们脸的样子了，在脑子里，这三张脸一下子变得像毛玻璃似的模糊不清，突然，连这块毛玻璃也四分五裂了。他使劲地闭着眼睛，在自己的脑子里搜寻着每一个角落，想去把那些碎片重新拼合，但却怎么也无法回到原来的样子。一串串的泪珠洇湿了一大片枕巾。

当走进监狱的那一刻，许多犯人的心里防线都会崩溃，甚至会垮掉。林常平也曾有过一瞬间的愤怒和暴躁，但很快林常平就表现出一种与常人不一样的精神状态。"衡量一个人的成功标志，不是看他登

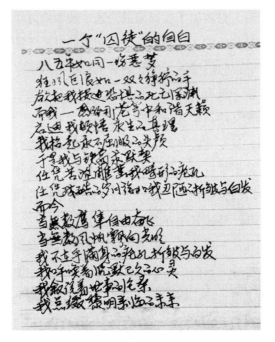

第一篇日记诗

到顶峰的高度，而是看他跌到低谷的反弹力。这个反弹力，决定你在遭受挫折的时候，能否经得起打击和压力。"他忘记这是谁说过的话，但这句话留在了他心底。

林常平回忆这段监狱生涯时，就像揭开了一道深深的伤疤上刚刚结上的血痂，那被掀起的痂下还在向外不断地渗着一层细小的血珠儿，而他仍能感觉到一阵阵皮肉离骨般的疼痛。这疼痛不是为他那近 20 年的光阴，而是为他那挚爱着的骨肉。

刚入狱的那些时日，林常平还是激愤的，他不服，他觉得自己没错，更不认为自己违法。一个死缓的大帽子简直要把他压扁了，他一定要奋力地站起来，就像童年、青年时的艰难岁月，不也走过来了吗？现在，他也一定能走出去。

他"奋笔疾书"写下了千余字的申诉书，拜托他的一个堂兄以电报的形式，发给各级法院。

每当林常平回想起这件事情，心情都会十分复杂。当时拍电报，三分钱一个字，一千多字的申诉书就要三十多块钱。这是一笔不小的开销呀。全国上下，可能也只有他林常平能做出这种事来。

申诉书是递上去了，头几天，林常平很兴奋，想象着自己昂首挺胸地走出监狱大门时的情景。想象着妻子女儿们那激动热情的泪眼，和挂着晶莹泪珠的笑脸。想象着朋友们和他拥抱，想象着那些幸灾乐祸的人们的一双双妒火中烧的红眼睛……他想象着一切在他被无罪释放时，可能发生的所有的事情和所有的情景。但是，什么也没发生，一天过去了，一个星期又一个星期过去了，一个月又一个月过去了。那封申诉书就如同石沉大海，不见了踪影。

林常平沮丧、懊恼、愤怒、无奈、烦躁……一时间无法让自己平静下来。厚厚的舌苔和通红的舌尖让林常平觉得无论吃什么喝什么，嘴里都是苦的，他尽自己最大的努力不去迁怒身边的人和事，而把所有的火气，都在自己的身上燃烧着。

这一切都看在了林常平那个同屋——一头花白头发的小老头儿的眼睛里。那人也不说什么话，只是默默地关注着他，默默地关心着他，静静地听着林常平像祥林嫂似的诉说，有时在林常平心情好的时候，拉着他一起下棋。这个人姓陈，林常平听到这个名字时心里一惊。他抬眼看了看这位花白头发的老者，林常平心里颇不是滋味。老陈曾任副省级领导，改革开放后便销声匿迹，原来他在这里。

林常平一时不知道该以什么样的心情或是什么样的精神面貌来面对他。老陈却好像是个没事人似的，该说说，该笑笑，该下棋时就下棋，输赢间一笑了之。因为他知道，只有这样林常平才会慢慢转变心态。时间是一把磨刀石，渐渐的，林常平就像一座已经爆发完的火山似的，慢慢地冷却了。血管里蹦跳的"岩浆"也慢慢地恢复了常态。他整个人开始平静下来。这时，林常平才注意到他的这位同屋狱友。

林常平不问，他也从不主动地去讲那些往昔旧事。让林常平觉得，老陈是一个豁达开朗的人，甚至有些身在红尘外的超凡之感。这让他想起了那位塔岗禅寺的释法师。他们三个人那时、此时、未来都在走着自己的路，这条路是他们各自选的，自然要各自去走，路上的短暂相遇，是偶然也是必然，是缘分也是巧合……不管怎样，他林常平此时此刻应该，也是必须要面对现实了。

对于投机倒把罪他并非心服口服，他认为自己做的是正当的生意，一宗再普通不过的民间贸易。既没有偷税漏税，也没有欺骗讹诈，还繁荣了霞浦当地的农业经济。林常平想不通，他是按照商业规则行事的，杜老板要货，他组织货源，怎么就成了"投机倒把分子"了呢？

面对铁窗和那一身的囚服，林常平从心里佩服老陈了，他凭借着自己早年沐浴风雨的强壮身体和顽强的毅力，以及一颗好学求知的心，决心在监狱里活出精彩。

他在日记里这样写道："在我人生最为难忍的时候，不是失去母亲时候，不是被他人毒打奄奄一息的时候，而是此时此刻，竟然被关押在监狱里。我纳税几百万元，却落个投机倒把分子的罪名；我当年孑然一身，而现在我有妻子、有两个可爱的女儿，我不在她们身边，我不能尽父亲和丈夫的义务，她们的日子怎么过呀？多少个日夜不能入睡，换来的是什么呢？那天我梦见了释法师，他站在我眼前，说，孩子，人生在世如身处荆棘之中，心不动，人则不妄动，不动则不伤；如心动则人妄动，伤其身痛其骨，于是体会到世间诸般痛苦。虽然我们不能改变周遭的环境，我们就只好改变自己，用慈悲心和智慧心来面对这一切。好好保重自己，孩子。"

南柯一梦，说的是"一场空欢喜"，而林常平这场梦，让他如梦初醒。反复琢磨梦中释法师的话，幡然醒悟，我们执着什么，就会被什么所骗。我们执着谁，就会被谁所伤害。所以我们要学会放下，凡事看淡一些，不牵挂，不计较，是是非非无所谓。无论失去什么，都不要失去好心情和希望之光。

他将做的梦讲给狱友老陈，老陈笑笑说，我给你讲一个故事吧。这是在《后汉书》时读到一则"破甑不顾"的故事：一个叫郭泰的人走在路上，看到一个人背着瓦罐，走着走着，瓦罐突然掉落，碎了一地。那个赶路人，头也不回，看也不看，继续走路，像什么事也没有发生一样。郭泰上前问他："为什么你的瓦罐摔碎了，你连瞅一眼都不瞅呢？"那人声音洪亮地回答说："破都破了，再看还有何用？！"郭泰觉得这是个人才，问他叫什么，他说叫孟敏。郭泰就劝他好好学习。孟敏见郭泰一表人才，就听从了他的建议。进行长达十年的求学，终有所成，名扬天下。

这个故事让林常平感受颇深，人要往前看，既然东西摔碎了，就义无反顾地向前走，不后悔，就像孟敏一样终成大事。

这是一个美好而明媚的早晨，林常平像换了个人似的，重新面对自己，面对一切。

女儿哭求："爸爸，我们回家吧。"

在林常平入狱后不久，吴初宝便从供销社调走了。吴初宝走后，林常平的妻子张桂玉和两个女儿就离开了供销社的家属宿舍。原因很简单，林常平已经不是供销社的职工了，而一直努力护着她们娘儿仨的吴初宝也走了，她们那套宿舍自然要被腾空，分给其他的职工。张桂玉带着两个女儿一时无处可去，只得回到娘家暂住。

张桂玉本来就腼腆不善言辞，面对两个年幼的女儿和一对年迈的父母，她更加不能表现出自己的悲伤，一肚子的苦水没地方倒。她总是咬紧牙关，将苦涩的泪水直接咽进肚子里。她有些意外地发现，自从丈夫林常平入狱后，她就几乎没有再哭过。但她却能真切地感觉到自己的心在不停地流着泪，甚至流着血。人们看她的眼神说不上怪，也说不上正常，先开始她还自觉或是不自觉的躲躲闪闪，一段时间后，她就不在乎了。张桂玉想：我总不能为了别人的眼神而活着，我还有两个女儿在身边，还有爸妈，还有哥嫂，还有朋友，还有远在建阳的林常平。

　　建阳监狱实在太远了，离霞浦有 300 多公里的山路。一来一回最快也要两天的时间。她不可能想去就去。她要计划好时间，她还要带着两个女儿一起去看她们的爸爸。她总是默默地想：常平，等着我带着你的两个漂亮女儿去看你，我们的心永远都在一起。

　　在林常平入狱后的第一个寒假，张桂玉风尘仆仆地带着两个女儿来到了建阳监狱。一大清早她们就从霞浦出发了，一路坐着长途汽车，那破旧的长途汽车像蚂蚁爬似的在山间公路上吭哧吭哧的行进着，车内的柴油味混杂着机油味，还有各种从人身体里散发出的气味，把张桂玉弄得有些晕车，她小心翼翼地把车窗拉开了一条缝儿，外面的新鲜空气一下灌了进来，那是一股潮湿的，带着绿叶清香的味道。她把鼻子凑近那道缝儿，使劲地呼吸着。

　　车窗外一片片的墨绿色，显得沉甸甸的，时常有掩映在墨绿间的几抹红色的叶子，慢吞吞地被甩在了身后。冬天的山里很少有鸟叫，偶尔一两声清脆的鸟鸣，和着啄木鸟啄木的嗒嗒声，让外面的这个世界格外的宁静而悠远。为了赶车，这天起得很早，此时两个女儿已经相互依偎着睡着了。

　　到达南平时已经是傍晚时分，她们就在车站旁边找了一个小旅店里住下了。

　　第二天一大早，她们赶着最早一班去建阳监狱的班车，来到了位于深山中的那所监狱。在监狱的大操场上，张桂玉看见了自己的丈夫林常平，眼泪一下子涨满了双眼，不择路径地倾泻而下。

　　点完名后，林常平冲着他们走过来，在张桂玉眼里，他老了，又黑又瘦，此时在这个空旷的大操场上，在黑压压的群山的包围下，在一阵阵潮湿阴冷的寒风中，就像一根被烧得黑乎乎的柴火棍儿顶着一头白雪，晃晃悠悠地朝着他们走过来了。

　　两个女儿挣脱了妈妈的手，伸着两双小手，颠着两对小辫子，像两只扑棱着翅膀的小蝴蝶，一下子就抱住了林常平的两条腿。一声又一声稚嫩地喊着:"爸爸,我们回家吧,爸爸,我们回家吧……"

林常平两条腿被两个女儿死死地抱住,他已无法再迈动一步。在泪光中,他看着妻子那张秀美的脸,心里如翻江倒海,如巨浪滔天……他的喉咙好像被堵住了,胸口好像被一个钝器猛击了一下,钻心的痛。

他何尝不想回家呢,他多么希望今天她们娘儿仨是来接他回家的。林常平回头看了看不远处的监狱大楼,他不情愿地但却十分明确地知道,他将在那里度过他的大半生。他说不上自己当时是懊恼还是悔恨,总之有一个巨大的、坚硬的东西塞住了他的胸口,吐不出来也咽不下去。此时塔岗禅寺那个释法师的话仿佛又在耳边:你有你要走的路。没错,自己的路只能自己走,既然眼下这是一条可走的路,那就要坚强地走下去。

林常平蹲下身子,用力地搂着两个女儿,两个幼小的身躯也紧紧地依偎在林常平的怀里,他能感受到两个女儿的小心脏在一蹦一蹦的,像两颗春芽在不断地拱着头顶上的那层冻土。他亲吻着两个女儿像鸡蛋清似的光滑的脸颊,他知道,他将不能看到这两颗春芽破土而出时的样子。

林常平的心又是一阵的绞痛。他从脖子上摘下两个女儿紧锁着的小胳膊,站起来面对着张桂玉。张桂玉用一双已经有些红肿的眼睛望着他,脸上的泪还没干,被潮湿阴冷的风吹着,犹如针刺。她从丈夫的眼神里似乎看出了什么,她用上门牙咬住下嘴唇,使劲地摇了摇头,忍住喉咙里的呜咽,说:"常平,我不会和你离婚的。这辈子你都别想。"说完,眼泪又夺眶而出,再也收不住了。

四个人抱在一起,谁也没能说出一句整话,他们的哭声与操场上其他探监的声音交融在一起,在山林中飘荡着、撞击着,升上了湛蓝高远的天空,与白云交缠在一起,飞向远方。

妻子带着女儿来探监后,林常平一直沉浸在痛苦的回忆里,每每泪水无助地流下来，他不得不重新思考自己的过去、现在和未来。这次会面，使林常平心里产生了一种动力，这动力就是为了两个女儿，他要努力做好自己，遵守监规，加强改造，争取早日回归社会，回家陪伴女儿的成长。

两个女儿是他的未来与希望。家里没有男人，他最担心的是两个女儿被人欺负，更害怕那些坏了心肠的人，打他女儿的主意，让孩子受委屈。窗外的月光如此姣好，两个女儿可爱漂亮的笑脸在月光下出现，林常平突然诗兴大发，写下了这样的句子一：

"当你们在外面玩耍，千万不要和陌生人讲话。有些人阴险狡诈，有些人尖声唬吓。你们应该靠近家门口玩耍，如果有陌生人同你讲话，必须赶快奔回家。不认识的汽车千万不要往里爬，你们不能随便离开家，你们在哪儿玩，应该随时告诉妈妈。你们是爸爸的心肝，爸爸盼望你们平安长大，千万要记住爸爸的话。"诗，写完了，泪水也湿了信纸。一个人一旦将事情想明白了，想透彻了，他身上就会出现一股巨大的潜能。回想自己做生意这几年，没有坑蒙拐骗，没有偷税漏税，没有违反国家的政策法规。但我林常平为何还是被关进了监狱？他翻了个身，看着冷凉的墙壁，他意识到自己一心想把公司做大，把生意做大，却忽视了自己和合作者是否违法违规。

"我错误犯在这里？犯就犯在缺乏法律知识，缺乏品牌意识，缺乏商标意识，缺乏做事稳中求胜的意识。"林常平自言自语着，也是在自我总结着自己这半生的得失。他从不后悔，今天他却慨叹，如果早些研究各种法律法规，不至于落到如此地步。

林常平"投机倒把"事件过去 30 年后，一位当年与林常平共同经历过此事的老领导，在一次企业家联欢会上说："现在社会，有人在自身所处的领域独领风骚，有的成为世界知名企业家，但是你们想过一个问题吗？今天的一切，是多少前辈的流泪、流血、牺牲的代价换来的？林常平就是改革开放初期的试水者、先行者和冒险者。……所以，我希望你们，要尊重这些为今天的繁荣贡献青春和热血的人。你们要牢记这一点，忘记前辈的努力和先辈付出的代价，生意做得再大，不过是个挣钱的机器。中国人都讲究青史留名，无非是后辈记住前辈，一辈一辈地传承。"

20年的铁窗生涯，让林常平明白了一个道理，如果哪一天自己出去了，还要克服艰难险阻去创业。把企业做好，把慈善事业做好，是他后半生的使命。他仿佛看到了改革开放40多年的社会变迁；他也看到了今后的成功轨迹和方向，他将不负众望。

摔倒！记住痛打自己的鞭子

妻子和女儿来探监前，林常平本想提出离婚，却被妻子一句话给挡了回来。这让他既高兴又痛苦，既兴奋又沮丧。总之，他也想不清楚自己到底是个什么感觉。从道义上讲，他应该给妻子自由，因为她还那么年轻，她比他要小整整11岁。他不应该霸占着妻子的名分，不应该让张桂玉守着一个可能永远也回不来的男人。但是他也不愿意让妻子背负着一个所谓"忘恩负义""人走茶凉"或诸如此类的骂名。再从另外一个方面讲，妻子实在是太难了，一个人带着两个女儿暂住在娘家，她将会承受多大的压力，如果在名分上她再失去了丈夫，那么张桂玉将会怎样，将能怎样呢？林常平不敢想了，也想不下去了，因为想来想去都是毫无意义的。

林常平永远不会忘记那个冬日的傍晚，窗外薄暮冥冥，西沉的太阳将西天上的几朵残云染得通红，他脑海中忽然闪出"苍山如海，残阳如血"的诗句，这大概是此时此刻最好的写照吧？他不由得翻开《毛泽东的诗词》，他一字一句地读道："《忆秦娥·娄山关》：西风烈，长空雁叫霜晨月。霜晨月，马蹄声碎，喇叭声咽。雄关漫道真如铁，而今迈步从头越。从头越，苍山如海，残阳如血。"

1935 年，在取得娄山关战役的胜利后，毛泽东写下了这首慷慨悲烈、雄伟壮阔的词。全词最有气势的是"雄关漫道真如铁，而今迈步从头越"两句。这种举重若轻的革命浪漫主义和乐观精神，是毛泽东领导中国人民走向胜利的法宝。

这首词让林常平激动不已，并且让他一夜难眠，他想了许多，悟出了许多。林常平自语："我是从毛泽东时代走过来的人，但我要正确衡量自己，审视自己。错已铸，狱已入，心不悔，人要安。"

想到此，林常平突然如释重负，心跳平缓了，他在心里对着自己许下诺言：安下心来进行劳动改造，不浪费在监狱里的一分一秒的时光——"雄关漫道真如铁，而今迈步从头越！"

是的，他不能再让自己的妻子和女儿们再次看到他自怨自艾的样子。他要振作起来，他必须争取减刑、减刑再减刑。但减刑可不是件容易的事，不是只要积极改造、努力劳动就能办到的。它绝对是可遇而不可求的。既然是可遇而不可求的，林常平想，那就慢慢地等待机会吧，他要为每一个可能出现的机会做足充分的准备。不是有句话叫"机会总是留给有准备的人"吗。

林常平知道自己的身体可能有问题了，而问题大半是在心脏，因为从年轻时起，便时不时地会觉得心口压迫着疼，但从没像那天从福州被送到建阳监狱的路上时犯的那样重。他没有和任何人说，林常平想，既然身体有问题那就锻炼吧，增强体魄。

林常平每天早晨 5 点钟就起床，在监室里伸伸胳膊踢踢腿。监狱每天都要出操。他出操一板一眼的，跑步是跑步，做操是做操，动作标准。管教们都看在眼里，还时不时拿林常平做标杆。有的管教也会和林常平拉家常，说实话，监狱这个地方就是一个小社会，它与外面的社会有所不同，也有所相同。

"我的心安静下来了，既来之则安之，我要好好为现实生活活着，考虑好我如何度过这漫长的岁月。"林常平在日记中这样写道："锻炼、锻炼、再锻炼，是我在监狱生活中不变的习惯。"

漫长的监狱生活不仅打造了林常平忍耐、宽容、坚毅的个性，也让他养成了有规律的生活习惯。林常平既然想明白了自己的现实和将来，他就向管教提出，如果参加劳动的话，请让他在户外劳动，种菜啥的都行。

监狱中队长看着这个黑瘦的林常平，他有些不解，一般的犯人都愿意在房间里工作，风吹不到，雨雪打不到，太阳晒不到。而户外劳动，风吹日晒，夏天热，冬天冷，许多犯人最不愿干的，没有想到眼前这位经济犯，却愿意到户外劳动。这是因为，除了劳动，林常平最重视锻炼身体，他知道，没有一个好身体，即使有一天出去了，也是无用之人，他要想再干一番事业，首先要将身体锻炼好，有一个健康的体魄，使他活得更有信心。

他每天早晨在关押的牢房中原地跑步 30 分钟，然后做 50 个俯卧撑，50 个仰卧起坐，50 个下蹲起立，打空拳 100 个，打空掌 100 个，左腿踢 100 下，右腿踢 100 下，浑身拍打 100 下，最后还要打一趟释法师教的少林拳。

2019 年，林常平已经 70 岁了，但他的双臂仍然肌肉很紧，很硬，就是一般小伙子与他交手都不会占着便宜。他每天工作十几个小时，精力充沛，办公室的人都说，跟不上林总的节奏。

林常平每每听后笑着说："人生就是这样，阴阳好坏各有其所，不是什么都是对的，也没有什么都是错的，对与错，阴与晴，都有其道理。被关监狱是不好，没有人愿意去那个地方，但我在那里却拿到了大学法律文凭，身体锻炼得像小伙子一样。如果在外边，我 20 年会把企业做得很大，但我不会自学考试得到文凭，更不会把身体锻炼得这么健康，天天喝酒，应酬，身体或许早就垮了。这就是辩证法，这就是我从毛泽东著作里学来的看问题要一分为二的经验。

"监狱生活是我独一无二的经历，我没有怀恨，没有抱怨，没有丧失信心，没有破罐破摔，反而在监狱这座大熔炉里，百炼成钢了。我增长了知识，受到了启发，这20年的经历，将凝练成我前进时的不竭动力。"

23本日记，揭开多难企业家的心智奥秘

林常平的心灵轨迹都记录在高高的一摞日记里。

我翻看着，感悟着当时林常平的此时此心："好好活着，就要心灵上放飞自己。自由，是我最渴望的，即使在监狱里，行动上失去了自由，但我的思想是自由的，我的心灵是自由的。从活下去到活得好，到心灵和思想的自由驰骋，才是一个强者所应有的所作所为。"

"……一个狱友跟我谈自由，说一旦自由了，一定想吃什么就吃什么，想去哪儿玩就去哪儿玩。我想起了曾经在我家住了些天的那只小花猫。花猫渴望自由，它的自由是回归大自然，可以上房，可以爬树，但我的自由是可以作对社会、对家庭、对人民有益的事。尽管在监狱，有了美好的想法，也是可以实现的，因为是好事，是善事，社会的哪个地方都提倡。"

这段日记，让我看到了林常平的内心，对"自由"两字的大彻大悟。可以肯定地说，每个人都是渴望自由的，只是当他们失去自由时才知道最需要"自由"了。

在自由面前，各有各的心态和表现。林常平身在监狱，已然失去了常人理解中的自由，但他却依然认为自己是"自由"的，这是他能够身体健康、心灵健全、收获颇丰地度过20年的监狱生活的根本，从犯人到法律专业大学生，从犯人到舍己救人的模范，从犯人到为狱警与犯人的生活提供丰富的食品与物品，他这个"犯人"做得很出色。

不难想象，为何他走出监狱后，能够迅速崛起。

"……从一个自由人到失去自由的人，我望着铁窗和铁窗外的阳光，内心五味杂陈。然而，我很快就平静下来了，既然走进了这里，就要勇敢地面对这里，好在我从死刑缓刑两年执行，这消息对于我是不幸中的万幸，没有被执行枪决！"

这篇日记的关键词居然是"没有被执行枪决！"

翻看林常平的日记，令我跳动的心脏感受到了那烈火一样的文字，字字灼心。"没有被执行枪决！"这是多么的幸运——他还活着；这又是多么的不幸——意味着他将在监狱当中熬过漫长的岁月。但是活着，总有希望，总有一天会出去，会重获自由。

"……对于自由的人，长夜、明月、清风……是多么美好的景色呀。可漫漫长夜，对于一个失去与家人团聚、与社会隔绝的人而言，却是如此的恐怖，如此的心惊，如此的漫长。我没有眼泪了，没有悲伤了，更没有怨恨了；因为我的狱友给我讲述了一个人的故事，一个曾经也同样受过许多大磨难的人，他就是给予了中国新的生命、给了我林常平新生的伟大领袖毛泽东。"林常平在日记中写道。

救火立功，迎来命运转机

太阳每天都会照常升起，按时落下。

林常平天天都在数着日子，他知道两年缓刑期满，将要面临新的裁决，最大的可能就是减刑为无期。难道他一个五尺男儿真的要在这里耗费掉余生吗？他不怕孤独，不怕寂寞，当年他一个人住在破庙的时候不也是孤独寂寞的吗！夜晚躺在破庙前的小片空地上，看着群星闪烁，拍打着"嗡嗡"叫的蚊子，听着肚子里时常会发出的"咕噜咕噜"的声音，跷着二郎腿，想象着明天就能吃上大鱼大肉。

在那些日子里，他从没害怕过，从没悲伤过，他永远对明天充满着希望，甚至是一种急切的渴望。可现在他被高墙禁锢着，夜晚，他也可以透过窗户望到外边满天的星斗，屋子里的几只蚊子一两天前就被他拍在了墙上，每天都能吃饱，肚子已经很久没唱过空城计了，可他的心却是空的，他知道明天会发生什么，他知道明天的明天会和今天一模一样，他在不断地重复着，可以说，将要永远这样重复下去，几乎一成不变的生活，会将他一直带入到死亡……他又开始了对妻子和女儿们的思念，每当夜深人静的时候，这种思念就愈发的强烈，强烈得几乎要把他吞没。

他觉得胸口一阵绞痛，浑身大汗淋漓。他慢慢地坐起身，靠着冰冷的墙面，半个小时后，疼痛得到缓解。这次疼痛同上次一样，让他感到浑身疲惫，一歪身，倒在床上，很快就睡过去了。

第一声公鸡的鸣叫伴随着第一缕曙光刺破长空，同时也叫醒了林常平。他睡眼惺忪，有些懒得起，但他还是起来了。他不断地告诫自己，要想获得新生，第一步就是要做一个持之以恒的人。无论前途一片光明，还是前途未卜，都要做好眼下的事情。

林常平不觉得浅笑了一下，这是一种在外人看来很不明显的笑，连林常平自己都在怀疑嘴角是否上扬过，但他知道，自己确实笑了一下。他笑自己的自相矛盾，即便是前途未卜，那也是有前途的。而他呢，根本就谈不上什么前途，为何还要认真地做好眼下的事呢？他用鼻孔使劲地呼出一口气，粗糙的双手使劲地胡噜了一把脸，顺势挠了几下头皮，薅下了几根头发，看着夹在指缝间的那根根白发，鼻子一酸，一歪身，又躺了回去。

大概半个小时后，公鸡第二遍打鸣，天已经亮了大半，晨曦正在驱赶着黑夜，西边的天空中还挂着几颗残留的星星。林常平突然坐了起来，他觉得很是懊恼。每个人的脚下都有路，就是看你怎么走，看你走不走，看你能走上哪条路。每条路都能通向远方，未来的事谁会知道，但迈出的步子是自己的，要踏得坚实才能迈出第二步。

林常平下了床，开始认真地整理内务。

这一天如同往日一样，出操、早饭、进车间劳动，政治学习或进行法制教育，然后午饭……林常平所在的这个小组在进行完了法制教育后，由几名管教带领着准备回监房，他无意间抬眼向北面的群山望了望，觉得有什么地方和平时不太一样。

建阳产竹，监狱里便建了一个加工竹制品的车间，前不久刚刚购进了一批原料，就存放在北边的那个库房里。林常平又向那个方向看了一眼，还是觉得哪里不对劲儿。库房的一角正往外冒着白烟，飘飘袅袅的就像农家烟囱里的炊烟。林常平习惯地抽了抽了鼻子，此时是东南风，微风里只有些淡淡的树木和青草的味道。那烟一股一股的，仿佛预示着大难就要临头。

"林常平，你不好好走路，歪着脑袋看什么呢?"管教大声地喊道。

"报告管教，库房那边有情况。"林常平边说边指向库房的方向。所有人都向北望去，此时一股一股的白烟已经变成了一团团的灰烟，仔细看，似乎还有火苗蹿出。

"着火啦——"林常平大声喊道，接着冲出了队伍。

一个管教想抓住他，但已经来不及了，就紧追了上去。其他的几个管教维持着队伍。此时这个小队已经乱成一团，有的犯人像木头一样站在那儿，有的挥舞着双臂大喊:"着火了，着火了……"其余的人想冲出去，却又不敢。

林常平飞快地跑着，他知道在库房的旁边有一个水龙头，还有一个消防箱，箱里有几个红色的灭火器，然后在库房里还有一个消防栓。

他听到身后的管教在大声地叫他站住。

监狱里响起了刺耳的警报声，他可以感觉到在他身后的管教的身后，已经呼啦啦地跑过来了很多人。

　　他没有时间回头看，更没有时间停下来，他撒开了双腿拼命地跑着，就好像要逃离这座监狱一样。也许在高高的围墙边上，站在那座高高的岗楼里的哨兵，已经将枪口对准了他，他知道肯定已经对准了他。

　　但他仍然没有停下来，他一口气跑到了消防箱旁边，一脚端开了箱子上的那把破锁，抓起一个红色的灭火器就冲进了库房。

　　这是他第一次用灭火器，但他在供销社工作时曾经做过消防演习，所以他知道如何使用。只见林常平一只手拎着灭火器，另一只手握紧喷枪，随后从喷枪里喷出一股白色的东西。此时追着他的那个管教也拎着一个红罐子冲了进来，又一股白色的喷雾喷了出去。大批人员随后赶到，拿笤帚扑打的，拎水桶泼水的……

　　火势在众人的打压下并没有退却，还引燃了库房里的一些纸箱。火苗子在库房的更深处蹿了起来。林常平手里的灭火器已经喷不出东西来了，他一扭头，看见了门边墙上的消防栓箱，便用力地将手中的灭火器砸了过去，哗啦啦，消防栓箱的玻璃门粉碎，林常平迅速地接上消防水带和喷枪，抱着水带向火中跑去。火苗已经快蹿到房顶，浓烟冒起。

　　林常平此时在想什么，谁也不知道，可能连他自己都不知道，他的迅速与敏捷，他的奋不顾身，他不回头也不犹豫，这些让在场的人都大吃一惊。

　　林常平再次冲进火场，烈焰喷吐出的气浪一波一波地舔着他的脸，汗水顺着白色的发迹淌下来，映着红红的火焰，鼻头火辣辣的。他大喊一声"开水——"一瞬间水从喷枪里射出，巨大的冲力差点让林常平一屁股坐在地上，他用力抱住不安分的水枪，水柱像跳舞一样地在摇摆着。

　　身后传来管教的喊声，"稳住，一定要稳住——"林常平咬紧后槽牙，咧着嘴，怒瞪着红色的火焰。他右手死死地把住还在跳跃的喷枪，左手掌握着水柱的方向。很快，这只喷枪便被林常平征服了，顺从的就像一个孩子。火苗也渐渐地被强有力的水柱压服，吱吱地冒着灰色的烟。

人们举着大大的扫帚拍打着湿漉漉地灰烬。消火栓被关上了，林常平还抱着已经瘪了的水带，把着还在滴水的喷枪，全身松软，"啪叽"一下坐进了散发着焦煳味的黑色的水里，茫然地看着四周的一切，耳朵里嗡嗡地响着。

刺耳的警报声停了，库房里救火的人们一个个都熏成了包公脸。一双双灵动的眼睛，翻着眼白相互看着。

"林常平，林常平，你在哪儿？"管教大声叫着。

"到！"林常平顶着一头灰扑扑的头发，湿漉漉的，风尘仆仆地从一堆还冒着烟的，已经烧焦的竹子后面走出来。

管教看着他，不觉得笑了起来，库房里所有的人都笑了，露出一口白白的牙……

因为这次突出的优秀表现，再加上林常平平时的积极努力，在1988 年缓刑期满后，再一次裁定时，根据《中华人民共和国刑法》第四十六条规定，他被直接减刑为有期徒刑 20 年。

刑期被重新裁定为有期徒刑，这给林常平一个巨大的希望，也是一个巨大的动力。就如同一个迷失在茫茫大海上的人，突然看到了海平面上出现的一根根随着海浪起伏的桅杆，渐渐听到了码头工人们卸货的吆喝声，还有越来越近的熙熙攘攘的喧闹声，及孩子们发出的刺耳但欢快的尖叫声一样的兴奋与激动。连续好几天林常平都处在一种亢奋的状态中。哪怕外面下着瓢泼大雨，哪怕外面电闪雷鸣，哪怕狂风刮断了树枝……他都觉得那是一种无比美妙的音乐，那是一个无比动人心魄的世界。他甚至希望此时自己就站在那风雨中，去感受大自然的捶打，去承受雷电的冲击……

林常平迫不及待地把这个好消息写信告诉了妻子张桂玉。张桂玉拿着这封信，眼泪止不住地流，她昏天黑地地哭了好一阵儿，一直堵在心里的一块石头，慢慢地被她的泪水融化了，一时间觉得好畅快。

不过一想还有 20 年的光阴，她的眉头又锁了起来。这 20 年里她要靠着自己的双手抚养两个女儿，她要靠自己的肩头撑起这个家。过去的两年里她已经承受了太多的精神上和身体上的双重压力，她还能再承受 20 年吗？不知为何，张桂玉开始怀疑自己了。

太多的人在她的耳边说："桂玉呀，离婚吧。就算不再找一个，一个人怎么都能过。"

"两个女儿是林家的人，就交给林家养吧。"

"你还这么年轻，图什么呀!"……

张桂玉脑子里一片混乱，耳朵里响着各种声音，她手里捏着丈夫的这封家书，有些字迹已经被泪水浸湿，变得模模糊糊的了。她觉得心里好累呀，一紧一紧地像是痉挛。她抬眼扫视着桌子上女儿们摆放整齐的课本，另一边，是她摊开的教案。

她们娘儿仨已不住在乡下的娘家了，为了孩子们上学方便，她们在霞浦县城租了一间小屋子，娘儿仨挤在一起。张桂玉四下打量着自己现在的安身之所，深深地叹了一口气，不知什么时候就又要搬家了。

林常平很快就收到了张桂玉的回信，一个个娟秀的字迹，一行行地向林常平诉说着妻子的心声。张桂玉并没有向林常平倒苦水，而是字里行间流露着无限的思念。她还向林常平汇报了女儿们的情况，似乎大女儿的心事很重，令她有些担心。希望在下次探监时，作为父亲的林常平能够好好地开导开导她。

林常平看完信，将信重新折好，仔细地放进了自己的柜子。随手拿起一本他订阅的杂志翻看起来，书是崭新的，还散发着油墨和纸张混合的香味，这股清香让他想起了妻子张桂玉每个新学年都会从学校里领来一套新的教辅大纲，这股清香还让他想起了大女儿林晓晖上小学一年级时的那套课本。女儿兴奋地把新课本从那个军绿色的小书包里掏出来，小心翼翼地一本一本地整整齐齐地摆在桌子上。

林晓晖扬起小红苹果一样的小脸，冲着他说："爸爸，老师要家长帮着把书皮包上，您会包书皮吗？老师教过我们了，我来教您吧！"林常平便会从床铺底下拿出早就压平整的几张牛皮纸。女儿则开始像模像样地在那张牛皮纸上比画着……

林常平的眼睛潮湿了，鼻子有些发酸，眼泪聚集在眼窝里，他不想让眼泪浸湿散发着美丽回忆的书页，一扬头，用粗壮的手指拭去了泪水。

那晚他特别想念母亲，忆起母亲对他的一次教诲。

有一次他被几个大孩子欺负后，母亲一边安慰他，一边对他说："咱们生在海边，你应该知道珍珠值钱吧？"小常平点点头，母亲接着说，"但你并不知道珍珠是怎样长成的。那是因为沙粒进入蚌的身体内后，蚌觉得不舒服，但又无法把沙粒排出。蚌并不怨天尤人，而是逐步用体内的营养把沙粒包围起来，这样它身体就不难受了，天长日久，而那沙粒也就渐渐变成了美丽的珍珠。妈妈不可能照顾你一辈子，你要像蚌那样，设法适应生活，利用自己无法改变的环境，以'蚌'的肚量去包容一切不如意的境遇。"

母亲的话是他驱走心魔的一剂解药。他学会了适应一切逆境，因为他已深深悟出了"一个人的心胸和格局也都是被痛苦和委屈给撑大的"。

"刑期变学期"，获大学法律文凭

1989 年的春天，仍旧是山花烂漫，白云飘动在蓝天上。林常平像往常一样，看着报纸。一条消息让他眼前突然一亮。他急切地盯住那行字，看一遍不行，又看了一遍，他的嘴角上扬，两眼放光，呼吸也跟着急促了起来。

每天读报是林常平的必修课，这天当他翻看《人民日报》的时候，一行字突然进入眼帘："国家鼓励在监人员通过自学考试来加强对自己的改造……把刑期变成学期……同时还可以减刑……"

那一夜林常平真的是"彻夜难眠"，十年前被毁掉的大学梦在铁窗内升起了希望之光。

林常平翻来覆去地睡不着，想着自己将拥有大学毕业证书的美好情景，也想着自己掌握法律知识可以给狱友们宣传国家政策，上法律课，进行法律法规的宣传教育。

林常平经常反思自己在经商历程中，对法律法规的意识淡薄。于是他才有了自学法律知识，废寝忘食地读报刊上的法律文章的习惯。就在他在学习上遇到许多瓶颈，对一些问题感到困惑的时候，读到了华东政法学院曹建明教授的文章，让他有了茅塞顿开之感，获益匪浅。他经常想，如果自己能系统地学些法律知识，出去后再创业，不就能少走弯路、少犯错误了吗？

由于林常平在一次车间工作时犯了心脏病，经监狱领导开会研究，同意将他的下车间劳动，改为在监给犯人们进行法制教育宣传。这下林常平的工作强度一下子就减轻了许多，时间也一下子多出了许多。

他利用这些空出来的时间，除了认真地、定期地看法制杂志外，还研读毛泽东选集和马克思的著作。其实他一早就为自己的学习做了规划，现在又看见了这条消息，更加使他兴奋。

自学考试的专业他当然要选择法律，这样，他就可以真正系统而全面地学习法律了。他要让自己成为一个有法制观念的人，他要自己说的每一句话、做的每一件事都是在法律范围之内的，不能再有下一次"杜案"了。

　　林常平从 1989 年开始了法律专业的学习，他要求自己在四年内完成并通过所有的考试科目，拿到法学专业的本科学历和法学学士学位。监狱方面给予了林常平大力支持。很快他就拿到了一整套的教科书和考试参考资料。他按照正常的考试进度，一板一眼地学了起来。

　　"刑期变学期"说来简单，做起来是很不容易的。法律很枯燥，一条一条，一款一款的法律条文都要烂熟于心，倒背如流。它不像诗歌那么有感情、有色彩，不像那些理科公式，前后左右的都有很明显的逻辑关系，它完全是单独存在的，有时候还会觉得前言不搭后语。好在林常平有大把的时间，他有的时候会把一天的时间分成几大块，有的时候会把时间切碎，他认为这样可以很好的调剂一下他的大脑，以防止大脑过度疲劳。

　　监狱领导对于林常平的学习高度重视，并给予了所能提供的一切帮助。他可以自由地穿梭于各个监室之间，去做社会调查，去了解犯人们的犯罪过程，从犯罪心理上去分析那些案件，从法理上，从量刑上去反思。在这个过程中林常平帮助不少犯人写过申诉书，帮他们分析案情，帮他们解读法律，这些为他最后的那篇毕业论文提供了大量的现实素材。

　　在常人的眼里，监狱是一个戒备森严、隔绝于世的地方，很难想象服刑人员在刑满释放走出监狱大门时，能怀揣大专或本科学历的毕业证书，完成一次巨大的蜕变。更为可喜的是，凡参加自学考试或参加考试通过相应课程的犯人，均可获得一定的奖励分，并因此得到减刑 2 年的奖励。林常平是最早在监狱里参加法律专业自学考试，并获得本科文凭的服刑人员。

　　林常平创业成功后，经常被监狱邀请回去做励志报告。有一次他语重心长地说："非常感谢监狱提供了这样一个学习的好平台，使我能沉下心来学习，拿到了大学文凭，有了回归社会后奋力创业的文化基础。我希望你们通过自学考试提高了自身素质，认真反思自己犯过的错误，能够从心灵深处来一个彻底的改变，为今后更好地生活、为社会服务做出自己的贡献。"

人生最美心无恨，心胸如海踏浪行。

巧遇老领导，暖心话焐热冰冷的心

马上就要放暑假了，林常平急切地想见到妻子张桂玉和两个女儿。今年，大女儿应该11岁了，小女儿也10岁了。她们现在是什么样子呢？一定又长高了。在妻子的信里，不止一次地提到过大女儿林晓晖情绪不对头的问题，她到底是怎么了？这次再见，一定要好好和女儿谈谈心。林常平一想到这些，脸上就会绽放出甜蜜的笑容，心里就会有一丝丝的痛惜。

外面的世界已经发生了巨大的变化，林常平在上次出监看病的时候就深有体会，在他的眼里，短短两三年的工夫很多事情都变了，人心也变了。人们的眼神里充斥着一些疯狂和一些狡猾，这让他很不适应。与1985年时相比，不能说是天壤之别吧，但社会的发展速度之快，让他觉得自己好像是从外太空来的一个怪物。他虽然不喜欢他所看到的或是感觉到的一些社会上的风气，但他更不愿接受他与这个世界之间的距离越来越长。

上次出监是因为林常平在车间劳动时突发了心脏病，当时的情景可是把人吓坏了。他一头栽倒在地，双手用力地捂着胸口，想让那迅速扩散的疼痛能停下来，却无济于事。

疼痛从心脏快速地蔓延到了左肩和后背，然后再反射回来，似万箭穿心。他觉得自己的头像是一个在炉火里焖烤的红薯，头皮都快裂开了，一会儿又觉得头像是被千年的寒冰冻成了一个沉重的冰坨子。也不知什么东西勒住了他的气管，让他憋闷得快要吐了。耳朵里除了一阵阵巨大的轰鸣声，什么都听不见。他看见很多人向他跑过来，有身边的狱友，还有几个身穿警服的管教。管教们尽力地维持着秩序，其中一个蹲下身，一把把林常平的上衣扯来，然后大声呼喊着……林常平渐渐地松开了捂住胸口的手，全身的肌肉开始松弛，大脑中一片空白，耳边响起了长鸣声，他觉得好累呀，终于可以好好地休息了……渐渐地他失去了意识。

醒来的时候，林常平躺在一张铺着白色床单的病床上，鼻子里一下灌进了大量消毒水的味道，迫使他使劲地咳嗽了几下。他觉得胳膊上一紧一紧的，睁开眼，一个身穿白大褂儿，下面露着半截墨绿色警裤的医生，正半坐在床边给他测血压。旁边还站着一个表情严肃的警官。

"哧"一声像自行车撒气的声音，林常平的胳膊一下子热了，刚才被绷带阻隔的血液猛地流到了手指尖儿。白大褂医生摘下听诊器，熟练地卷起塞进白大褂的兜里，一边站起来，一边解下林常平胳膊上血压仪的绷带，扭头对着那个一脸严肃的警官说："现在没事了，刚才是面积比较大的一次心梗。应该带他去省里的大医院好好检查检查，不知道他是否还有陈旧型心梗。"林常平想要坐起身子，被医生阻止了，警官也说了一句"好好躺着休息，别乱动"。

这件事后，林常平便从车间里的劳动撤出，开始了他的法制宣传的新工作。也使他有机会走出监狱，去看了看外面的那个他已经有些陌生的世界。

经过一系列的检查、报告、审核、研究……根据南平市定点医院给出的报告，建议林常平去福州的医院再做进一步的检查和治疗。这样林常平便跟随着两名狱警和一名管教，一路风尘仆仆地又来到了福州。

这个福州与当年林常平离开时的那个福州不一样了，马路宽了，楼高了，人也多了，车也多了。路边五颜六色、花花绿绿的招牌一家挨着一家，人们好像一下子变得忙忙碌碌的，一个个都那么的行色匆匆。他们一行四人进了一家挂着"福建渔乡大饭店"（虚拟名）招牌的门。

　　店内很雅致，人并不多，一个个的包间倒是"人满为患"。两位狱警和林常平走进了唯一一间包间，小间里沉积着各种饭菜的味道，被潮湿的空气挤压在一起，沉甸甸的充斥着每一个角落。墙上那曾经辉煌过的墙纸咧开了一个口子，露出了斑驳的霉点。四个人刚坐下，一个满头狮子卷儿，扎着小花围裙，喇叭腿儿裤高跟鞋，穿着粉色蝙蝠衫的，满脸稚气的小姑娘，咯噔咯噔地走了进来。林常平看到这个女孩子心里有些不是滋味，他脑子里一下子跳出了两个女儿的脸，和妻子张桂玉的影子，便借口尿急出走了包间，身后一个狱警跟了出来。

　　在狭小的洗手间里，林常平无意中碰到了一位领导，他们互为惊讶地在镜子里对视着。"林常平！"老领导脱口而出，然后压低声音，"你怎么在这儿？"随即递过来一个眼神，说，"跑出来的？"林常平被他的最后一问点了笑穴，无可奈何地摇了摇头，说："老领导，我可不是那种人，我出来看病。"他用手指了指自己的胸口。老领导呈恍然大悟状。

　　老领导拉着林常平也不顾身后的狱警，就进了他们的包间，热情地向包间里的人们介绍说："这就是林常平，霞浦县大名鼎鼎的那个林常平，当年'杜案'所涉及的企业家。"包间里的几个人都向着林常平点点头，招招手。老领导一一向林常平介绍在座的各位，当介绍到一位比较年轻的领导人时，特意说："这位是宁德新来的市委书记。你们认识下。"年轻的市委书记和蔼地伸出了手，紧紧地握住了林常平的手。林常平觉得那手好暖，像一个冬日里的暖水袋，一下子暖到了心里。后来林常平再跟人说起这件事的时候，心里依旧很骄傲，还特别自豪，他还有一个心愿，就是能再跟这位市委书记握一次手。

这次意外的偶遇，让林常平心里滚烫，因为老领导没有忘记他，这说明他可能有过，但更有功，不然老领导不会把他隆重地介绍给年轻的市委书记。从这一点，他更加体味到：苦难并不是敌人，是一笔财富；它锻炼了意志，磨炼了筋骨，升华了心灵。当经历了这些以后，就要感谢它们教会了自己隐忍，让自己坚持有价值感地活着。

幼女大喊，"不许诋毁我的父亲"

终于盼到了探视的日子，张桂玉就要带着两个女儿来了。大女儿林晓晖到底是怎么了？小小的年纪，成天闹什么情绪？不会学坏了吧？不会的，桂玉不会让女儿学坏的……林常平止不住地想这些，哪怕是在他学习的时候，这些东西也会不知不觉地从脑子的缝隙处溜进来。

那天天空有些阴沉，朦朦胧胧的太阳在云里捉迷藏似的时隐时现，群山中蒸腾起淡淡的雾气，将建阳监狱罩了起来，云边不时地会展现出一节一节的七色彩虹。林常平在操场上排队等着点名，远远地看见来探视的人群在远处集结。他快速地扫视着远处的那些人，但太远了，实在看不清楚。

张桂玉和两个女儿站在了指定的地方静静地等待着，林晓晖急切地向操场另一边望去，明亮的黑眼睛水汪汪的，映着一个凸形的操场和弧形的大楼还有一排排矮胖的小黑点点。眼珠在眼眶里快速地闪动着，突然它定住了，放射出彩虹般的光芒。林晓晖举起手和妹妹一起蹦跳着，高喊着。林常平在队伍里睁大了眼睛看着她们，心里像春天的花儿一样，怒放了。

四个人又拥抱在了一起，他们相互抚摸着，感受着彼此的存在。

"晓晖，你和妹妹想我了吗？"林常平轻声地问着。

林晓晖使劲地点了一下头，眼睛里含着泪花。

"学习好吗？给爸爸带成绩单了没？"

"姐姐的成绩好着呢。"妹妹大声地说，然后看了妈妈一眼，小声说，"爸爸，姐姐跟同学打架了。"

林常平睁着一双惊讶的眼睛，疑惑地看着大女儿。

林晓晖狠狠地瞪了妹妹一眼，低下了头，撅着红嘟嘟的小嘴，不说一句话。妹妹胆怯地把小身躯藏在妈妈张桂玉的身后，只探出了一个小脑袋。

"林晓晖，怎么可以和同学打架呢？"林常平看向张桂玉，想从她那找到答案。

张桂玉也看着林常平，眼睛里透出一丝的担忧。

"晓晖很听话，就是脾气有点暴。像你。"

林常平探寻地望着大女儿的眼睛，而林晓晖的眼睛始终低垂着，似乎在聚精会神地研究着十个手指头。

突然，林晓晖抬起头，冲着林常平说："我恨他们，他们骂爸爸是罪犯，他们都不是好人。"

"谁？你说谁都不是好人？"

"把爸爸送进监狱的人——"林常平一下捂住了女儿的小嘴，好像要把她已经脱口而出的话塞回去似的。他四下里看了看，并没有人注意到他们。

张桂玉也吓了一大跳，一巴掌打在了林晓晖的屁股上。林常平马上把林晓晖揽进了怀里，隔着小裙子揉着她的小屁股，说："不怕不怕，妈妈打人不对。"

"晓晖，告诉爸爸，你为什么说他们不是好人呀？"

"因为是他们不让爸爸回家的。"

林常平的眼睛潮了，鼻子像是被人用力打了一下似的，酸了。他使劲咽了一口从胸腔顶上来的一股气，说："晓晖，以后不要这样说话，不是他们使你烦恼，而是你拿他们来烦恼自己。不要恨他们，是爸爸做错了事，犯了错误才被关在这里的，要检查自己的言行，自己做好了，别人也不会冤枉你的。"

林晓晖似懂非懂地点了点头，小声嘀咕着："我知道了，爸爸。"

"以后不要再这么说了好吗？"林晓晖使劲地点了点头。林常平使劲地搂着大女儿，在她的小脸蛋上亲了一下。

这件事虽然过去了，但林常平心里始终拧着一个疙瘩，他连续给妻子写了好几封信，问女儿的情况，回信总是说，一切都好，让他放心。直到女儿亲笔给他写了一封信："爸爸，您放心吧。妈妈告诉我说，要学会宽容别人，更应'严于律己'。"这时的林常平才真正地放下心来。

其实，他的心却有些隐隐的痛。由于自己的过失，让女儿不开心，让一个家不能够团圆，这痛苦是用什么也无法弥补的。

与老陈下最后一盘棋

林常平已经通过了一多半科目的考试，看来四年读完法律专业不是一个遥不可及的奢望。他和女儿们通过书信比拼着学习热情和学习成绩，尽自己最大的可能做好一个父亲的事情。他知道女儿们很不容易，在学校，被一些同学看不起，甚至辱骂。他还是最担心大女儿，因为从各方面看，大女儿似乎是他的一个翻版，脾气火暴，看到不好的事情就会冲上去打抱不平，更是无法忍受有人欺负她的妹妹。

但是令林常平最欣慰的也是他的大女儿，自从上次在监狱操场上的谈话后，林晓晖就像变了一个人，把更多的精力都放在了努力学习上，还会帮着妈妈做些力所能及的事，不管去哪儿都会带上妹妹，遇到那些欺负她们的人，就躲着走。这也让林常平的心里更加的痛。张桂玉在信里从来都是报喜不报忧，但他从女儿们的信里还是能看出些端倪的。这一切都让林常平更加加倍地努力学习，努力改造，他要尽一切的可能，早日回到家人的身边。

　　建阳监狱实在是离霞浦太远了，在 20 世纪 90 年代，中国开始建设全国公路网，但是由于福建省的特殊地理位置，公路特别是高速公路发展缓慢。每次林常平都十分盼望着张桂玉她们娘儿仨来，但每次又都提心吊胆地怕她们来不了，这种矛盾心理呈周期性地折磨着他。于是，他向监狱提出了调换申请，希望能调到福州监狱，一是气候环境好一些，对他的心脏病有益处，二是可以离霞浦近一些，家属探视不用再翻山越岭。申请递上去了，却迟迟没有回音，林常平也会经常向狱警询问，但他们也只是不置可否地顾左右而言他。林常平没有办法，这几年的监狱生活，让他学会忍耐和等待。

　　一个休息日，林常平看了一上午的书，学了一上午的法律专业课程，觉得眼冒金星，口干舌燥，脖子发硬。他已经开始准备论文阶段了，这几年对狱友的案例分析对他的学习大有裨益，他也从中体会到了在改革开放初期，法律方面尚不完善，一些地方用制度来代替法律，也许就是因为这些，才有了他当年的案件。

　　林常平站起身看着窗外的骄阳，和远处被骄阳晒得热气蒸腾的绿色山林，闷热潮湿的空气从窗外流进，充满了整个监室。操场上几个不怕热的年轻人正在打篮球，土黄色的囚衣在阳光下有些耀眼，"噔噔噔……"的篮球与水泥地面的撞击声，在湿热的空气中震颤着传动着。林常平用力地伸了一个懒腰，然后扭头看着正在摆棋谱的老陈。

　　林常平刚入狱的时候，老陈的头发还是花白的，这几年过去了，竟是找不出几根黑发来了。他挪到老陈身旁看着红黑双方的对阵，双手叉腰，前后左右地扭动着腰，舒展着。而老陈则聚精会神，纹丝不动，一手举着棋谱，一手摆着阵法。

　　"老了，老陈又老了。"林常平想，这么多年，如果没有老陈的陪伴和鼓励，不知道自己会是个什么样子？如果在早些年认识老陈，也许我们会成为对立面吧，而现在我们同处一室，成了好朋友。时间只能向前而不能折返，过去发生的事，就是在时间上打的一个结，无论是活结还是死结，都无法再被解开。纠结那些结就是在浪费自己的生命。已过去的事无法改变，更无法重来，放下放不下的，它都已是过眼的烟云。向前，跟上时间，抓住时间，将来不可知，但可预期，这就是生活的意义，也是生活的动力。

"老陈，谢谢你。"林常平在心里感叹着，把目光从棋盘上收回来的时候，发现老陈正目不转睛地盯着他的脸。他马上用手胡噜了一下，说："怎么了，脸上有东西？"老陈眨了眨眼说："这是我新布的棋阵，咱俩来一盘儿！"林常平重新把眼光投向棋盘，才发现这阵式的确有些怪异。

这几年他们俩经常下棋，先开始林常平还会顾忌老陈的面子，让他几手，可后来便"大开杀戒"。老陈倒也不以为然，输了就认罚，反倒以此为乐。他们的惩罚机制是"喝水，钻桌子"，谁输了就连喝一大缸子白开水，然后再在桌子底下钻上四个来回。自从林常平"大开杀戒"后，老陈的肚子里就总是汪着水，钻桌子时，胃腹部忽悠悠地随着身体前后摇摆。有时候林常平也会替老陈喝下大半缸子，再减免两个钻桌来回。每次钻桌子，两个人就像两只欢快的兔子，拍手顿足哈哈大笑个不停。

经过一番胶着，林常平输了，这让老陈格外的兴奋。他拍着桌子张着大嘴，一阵嘶嘶声从他的喉咙里发出来，就像是被卡住了鸡毛。这是他们在监室里大笑的方式，一是不会招来狱警严厉地询问和警惕的眼神，二是可以向对方表示一种轻蔑。

林常平挠着头，几根白发飘落到棋盘上。他嘿嘿地笑着："我来喝它一缸子。"端起晾好的白开水，咕咚咕咚地灌了下去，然后是四个来回的桌底爬行。"再来！"林常平高声说道。随即两个人噼里啪啦地重新摆好了棋盘。

这一回林常平走得特别小心，刚才在钻桌子的时候，他又回放了一下棋局。林常平的记忆力很好，他几乎可以默背下每步棋，但还是没能找到此阵的破绽。下着下着，林常平突然目光炯炯，他坐直身子，把一个手指横在了两唇之间，另一只手不自觉地敲击着桌面，发出"哒哒哒"的声音，如同在发电报。

老陈一脸得意地看着林常平："走呀，小林，这可是破局的关键！"

林常平"啪"的一下，放弃了吃子，果断地跳马。

老陈一拍大腿，"哎呀！"怪叫一声，"没事，我这是连环阵。"

一来二去，林常平破了老陈的重重阵式，直逼帅府，最后老陈的老帅无处可逃，只得甩子认输。这下，林常平的嗓子里也跟卡了鸡毛似的"嘶嘶"作响。

老陈端起茶缸子，咕嘟咕嘟地灌着，两股溪流顺着他两边的嘴角淌了下来。老陈横着胳膊，在嘴上一抹，喘着粗气说："小林呀，高抬贵手，我实在喝不下了。"

林常平哈哈地笑着，端起缸子一仰头，咕嘟咕嘟地喝了几口，说"行了，老陈，意思意思就行了，剩下的咱都不喝了。"

"好！我钻桌子。"

"你悠着点，钻一下就成了。"

"这可不行，水没喝够数，再不钻桌子，成何体统。"说着老陈便双膝跪地，双手撑地，开始钻桌子。

一个来回，两个来回，钻第三个来回的时候，老陈突然十分痛苦地趴在了地上，随即仰过身，面朝天花板，扭曲的脸已经有些发青，紧咬着牙关。林常平被吓了一跳，他跪在地上大声呼喊着"老陈，老陈——"这是心梗的反应，林常平深有体会，他赶紧大声地喊狱警，一边迅速地从老陈的衣服口袋里掏出了速效救心丸。

此时林常平的手有些发抖，心一紧一紧地，刚才喝下的水在小腹中胀满。他小声念叨着："老伙计，你可要坚持住呀——"

狱警赶到了，速效救心丸也塞进了老陈的舌下。一股苦涩冰凉的感觉顺着老陈的两腮迅速地向下蔓延，他觉得心口堵着的一团物体一下子打开了，老陈深喘了一口气，手紧紧地握着林常平的手："伙计，你救了我一命啊！"

老陈被抬走了，再也没有回来，他没死，而是保外就医了。这件事让林常平深感愧疚，但能够保外就医，对于老陈来说，也算是一件大好事。

老陈走了，林常平开始最后的论文阶段。对于他来说实例虽然不少，却有些杂乱，他要把这些案例归类，加以区分，进一步地做深化的研究与分析；另外，从哪个角度来论证他的观点也很重要。对于手头上的这些案例该如何取舍，曾一度让林常平很为难。

实在烦了他就扔下课本，在桌子上铺开一整张报纸，从墨汁瓶中将乌黑的墨汁倒进一个白色的小瓷盘儿里，这个小瓷盘是两个女儿攒钱给他买的，他格外珍惜。

看着墨汁在白色的瓷盘中缓慢的晕开，白与黑都闪烁着光点，黑与白之间界线分明，不由想起了《周易》中的八卦图。黑白分明却又白中有黑，黑中有白，这黑白间竟囊括着天地、水火、风雷还有山泽，这黑白间竟可以孕育出世间的万物，这黑白间更有着太多的道理和耐人寻味的人生。这黑白与这天地同生、同存。而我林常平不过是这黑白间的一个转瞬，还不如那滴墨汁上的光点明亮，但却要在这高墙中，荒度 20 年的光阴岁月。于天地这 20 年不过弹指，于我林常平，这 20 年则是人生的春夏。他看着窗外如血的黄昏，不觉得眼睛又潮湿了。举起老陈走时留下的一枝狼毫，使劲地蘸了蘸小瓷盘中的墨汁，在报纸上挥毫写下了"天地人生"四个大字。

几个月后，林常平如愿以偿地拿到了盖着钢印的华东政法学院的毕业证书和学位证书。也因此而获批减刑 2 年。他此时的心情异常激动，在那间牢房里徘徊着，走着，写下了这样的一段话："我住在监狱的那间房子里，又是 8 年，这间房子俨然成为我的朋友，在我流泪时，它不嘲笑我，在我喜欢时，它也不会压抑我，总之，我有喜有乐有悲有痛时，它都可以默默地承受，任我肆恣宣泄。"

商海解语：默诵《海燕》，鼓起精神迎风破浪

从三十四岁到五十四岁，20 年的监狱生活，林常平的身上年轻人那样的冲劲与干劲没有丧失，他仍然犹如在暴风雨中翱翔的海燕，在时代的浪潮中勇往直前。在监狱中他不知读了多少遍高尔基的《海燕》，那些激励他的句子让他渡过了无数个难眠之夜。

"愚蠢的企鹅，畏缩地把肥胖的身体躲藏在峭崖底下……只有那高傲的海燕，勇敢地，自由自在地，在翻起白沫的大海上飞翔！"

"这是勇敢的海燕，在闪电之间，在怒吼的大海上高傲地飞翔。这是胜利的预言家在叫喊：让暴风雨来得更猛烈些吧！"

"这个敏感的精灵，——它从雷声的震怒里，早就听出了困乏，它深信，乌云遮不住太阳，——是的，遮不住的！"

苏轼《晁错论》说"古之立大事者，不惟有超世之才，亦必有坚韧不拔之志"。监狱生活是常人难以忍受和想象的，林常平在劳动的海洋里战风斗浪 20 年，练就了一身的本事——坚韧不拔的精神，他就像海燕一样，等待着自由飞翔的那一天。

这一天他一定会等到。正如李嘉诚说："如果你想过普通的生活，就会遇到普通的挫折。你想要过更好的生活，就会遇上最强的伤害，这世界很公平，想要最好，就一定给你最痛。"

逆境显身手
——企业家的经营梦从未中断

俄罗斯著名历史学家克柳切夫斯基说:"如果丧失对历史的记忆,我们的心灵就会在黑暗中迷失。"

——题记

烤鳗鱼，"诱"来外商

林常平的身体近几年连续"报警"，心脏几次出现问题，幸亏抢救及时才保住了一条命。建阳地区的气候实在是不利于林常平的健康，为此林常平多次申请调换监狱，然而他的请求总是石沉大海。

林常平心脏又犯了一次病，他躺在医务室的病床上，忍受着心口的疼痛，狱医坐在床边说："老林，你申请保外就医吧，我给你开证明，再加上你在省里医院的诊断，应该可以。"林常平的心一动，是呀，既然不能调换监狱，那就申请保外就医。

之所以能申请保外就医，因为林常平的心脏病确实是一件麻烦事，监狱里的医务室无法解决，也不能总是派人带他去福州检查就医，再加上林常平多少在监狱也是个名人，在积极努力改造，又拿下了法律本科文凭，在领导那儿他是"有一号"的。如果他因病得不到治疗而死在监狱里，那可不是一件小事，监狱要承担管理不善的后果。所以林常平的保外就医申请顺利地批下来了。

1995年林常平回到霞浦，在他曾经出资建设的霞浦县医院里住了一段时间治疗心脏病。这段时间里，老朋友一个接着一个地去医院看望他，最开心的当然是妻子张桂玉和他的两个女儿。每天张桂玉都变着花样给林常平做好吃的，希望他能快些好起来。

保外就医的时间最长一年，一年以后如果身体还没有恢复，可以再延长半年或是一年，这是法律上的规定。林常平想通过这一年与妻子和女儿享受家庭生活的温暖，也多帮助他们做些事情。于是，他顾不上医生的唠叨，匆匆地出院了。

保外就医对于林常平是个非常难得的机会，他可以利用这段时间了解社会。林常要用眼睛看，用鼻子闻，用脚去丈量，用心去感受当下的中国，与他离开的11年前相比，社会的发展不知快了多少倍。

林常平已然嗅到了随着改革开放的进程一步步深入，人们的思想要比以前活跃多了。但制度的步子跟不上经济的步伐，导致一些国有企业倒闭或转产，使得大批产业工人下岗。霞浦的许多人从最初的迷茫和恐惧中走出来，做着各自的小买卖，寻找着各自的出路。

林常平有个名叫陈强的朋友注册了一家平安实业有限公司，但是经营得不算好，听说他保外就医了，就来求当年霞浦大名鼎鼎的"倒爷"给自己帮帮忙，希望自己的生意能有些起色。陈强是个重情重义的朋友，经常去监狱看望林常平，20世纪80年代物资还很缺乏，陈强每次大包小包地带来的各种食品，着实为林常平解了馋。当时林常平就想，如果陈强有天有求自己，一定鼎力相助。陈强的平安公司经营的主要业务是做一些旧摩托车、旧空调等大件旧电器的买进卖出，与林常早期刚下海时做的生意没什么两样，林常平见他有求于自己，经常给他出谋划策，缺人的时候也过去搭把手，短短几个月他便有了几十万的赢利。有一天，陈强和林常平说，霞浦现在鳗鱼的养殖量很大，有些养殖户愁销路，可不可以做一做这方面的销路。

鳗鱼喜欢在清洁、无污染的水域栖身，是海产品中数得上的纯净水中生物。在台湾海峡和福建沿海地区有大量洄游到淡水河溪里生长的鳗鱼。又因为霞浦几乎没有工业的污染，是洄游回来的鳗鱼最佳的生长地。当时政府号召渔民大量养殖鳗鱼，然后将活鳗鱼出口到鳗鱼消费大国日本。所以，当时霞浦的活鳗产量很高，质量也很好。据说，日本人喜欢霞浦的鳗鱼是因为没有土腥味儿，吃起来肉质鲜美细嫩。

经营活鳗要有比较雄厚的资金，林常平四处找朋友多方筹措，争取能帮助陈强吸纳到足够的资金，不过他也知道做活鳗鱼有极大的风险。

早在20世纪80年代初，林常平贩鱼到杭州就曾因道路堵塞而赔得一败涂地。但他这个人有冒险的瘾，他不喜欢走别人已经走过了的路。

林常平开始帮陈强做活鳗鱼生意，成本不低，而且一辆专用的水产品运输车也运不了多少。从霞浦运到厦门，再加氧出口到日本，整个过程中鳗鱼的死亡率很难控制。鳗鱼一旦死了，价钱就大打折扣，往返的辛苦有时就付诸东流了。这让林常平又进入了思考当中。

林常平在厦门经朋友介绍认识了一位日本商人，从他那里了解到，从中国过去的鳗鱼基本上都要进入当地烤鳗厂，加工成可以即食的熟鳗。在日本家庭中这种即食鳗鱼是很受欢迎的，而且，这种烤鳗的价格也比较贵。

这让林常平的脑子像刚上了油的飞轮儿，飞快地旋转着。他同时打听到，宁德市政府正跟一个日本的投资商洽谈投资建烤鳗厂的消息。

这个消息又给林常平和陈强打了一针兴奋剂，尤其是林常平血液开始沸腾了，也似乎嗅到了什么，这种味道他曾经也嗅到过，并且有深刻的体会，这次一定要小心翼翼地对待，周密地盘算。林常平知道，现在整个霞浦都在大搞特搞招商引资，但由于霞浦的地理位置，政府号召下的招商引资进展很慢，或者可以说根本没见什么成效。

霞浦的东侧有着绵延的海岸线，而西北侧则是绵延的群山，这里山海相连，风景秀丽，物产丰富。但是随着社会的发展，因为公路的极其不发达，所以霞浦渐渐地成了一个"世外桃源"。

20世纪末，从福建省省会福州市开车到霞浦县城需要翻过三条大岭，每条大岭都有几十道弯，没有高速公路，只有312国道的一小部分掠过山岭。如果司机的车技好，需要6个小时，如果司机是个慢性子，那就要在这山岭间耗费一天的光景了。

霞浦县的一个原副县长笑谈，那个时期的招商引资"全是凭着一张嘴的忽悠"。但就是这么忽悠来忽悠去的，也没忽悠来一分钱的投资，倒是忽悠掉了不少的招待费。

话说当年，要想把一个有投资意向的港商、外商忽悠到霞浦来，可不是一件容易的事。一把手亲自出马，带着一班子的人风尘仆仆地来到福州与事先约好的投资商接洽。见面寒暄过后便吃饭，中午吃了喝了，晚上接着吃、接着喝。看看时间和火候差不多了，相互递个眼色，便架着投资商上车，打道回霞浦。一路上忽忽悠悠的，一路上弯弯绕绕的，一路上黑乎乎的，投资商像是坐船似的昏昏欲睡，或是已经呼呼大睡，一夜到了霞浦，进了招待所。

第二天，投资商醒来，县里好吃好喝好招待，有人陪着四处考察。这里民风淳朴，热情好客，风景宜人……一切都好，一切都符合投资条件。双方都高高兴兴的，开开心心的，霞浦县递上投资意向书，投资商拔出派克钢笔，唰唰唰地签上大名，啪，盖上大印。一切顺理成章。

但回去的时候港商或者是外商需要从福州乘飞机返回，不能喝得酩酊大醉，于是乎，又坐上汽车，仍然是一路上忽忽悠悠的，一路上弯弯绕绕的，但是人没喝酒，一路上头脑明明白白的。他们经过"九十九"道弯的山路回到了福州，了解了交通不便利这个严重问题。结果，港商、外商都有来无回，再也没了消息。

林常平再次投入到市场经济的大海去了，他鼓足勇气决心大力拼搏一番。一旦下到波涛汹涌的海里，林常平就像一条金枪鱼，永不停息地向前冲去。

林常平当年到底有什么本事，用了什么办法，说服了已经与宁德市签了投资意向书的日本投资商，最终放弃了宁德而把钱投到了霞浦的呢？每个人都有自己的猜测。但是用林常平的话说："很简单，我就是给日本商人算了一笔账。"大家都是生意场的"老江湖",想必都会算经济账,可是为什么日本商人就听进林常平的话了呢?这个谁也说不清楚,林常平只是嘿嘿地笑笑,神秘地低下了头。

也许每个成功的企业家都有他成功的秘密。但这些所谓的秘密,在企业家本人看来,并不是什么秘密,而是再普通不过的想法,或者说再简单不过的道理。那应该就是坚持,或者是叫持之以恒。另外,生意是双方的,双方得利才能握手言欢,才能长长久久。

当时霞浦虽没有一条通往外界的优质公路,但有着通往大海的优良港口。鳗鱼从海上来,烤鳗从海上去,来来去去的畅通无阻,省去了活鳗运到宁德的艰辛路途,提高了烤鳗的质量,这笔账还是很划算的。想来那个日本投资商也是很会算账的。

不管怎么说,烤鳗厂要在霞浦落户了,这是事实,也是当年的大喜事。由于林常平招商引资成功,还因此得到了3万元的政府奖金。据说,霞浦县自从设立了这个政府

安平实业有限公司引凤筑巢

霞浦报

安平实业有限公司引进日本、厦门合资的"杏林烤鳗有限公司"的烤鳗新项目,对促进我县养鳗业的发展将起积极作用。

安平实业有限公司成立于去年8月18日。该公司以"引进外来资金,开发本地区资源"为宗旨,经过几个月的考察、联系,于今年2月6日引进中日合资"杏林烤鳗有限公司"。在我县工业桃园建一座配套齐全、集烤鳗、水农产品保鲜于一体的多功能烤鳗厂,占地面积13000平方米,总投资九千万元。目前资金已到位四千万元。3月16日破土动工,今年7月可竣工投产。

同时该公司还配套成立了收购站和鱼油、饲料及治疗鳗鱼疾病药物经销部,为广大养鳗户提供鳗苗、饲料、治疗鳗病药物,收购成鳗,等一条龙服务。解决养鳗户的饲料、鳗病、成鳗销售和资金等问题,促进养鳗业健康发展。

(本报记者高玉如、吴暖)

1995年3月26《霞浦报》介绍烤鳗厂的文章

奖金后，只有林常平一人领到过。

像是变魔术似的，林常平一夜之间又有小车坐了，手里拿着一部最流行的摩托罗拉手机，包里还装着一部诺基亚。出出进进的货物像流水般涌来，又像流水般涌出去。虽然他只是为朋友帮忙，但是他神秘得两眼放光，在生活这张纷繁的大网里来回穿梭，竟不知疲倦为何物了。各路朋友早在以前的相处之中，大大认可了他的人品。当林常平重整旗鼓披挂上阵的时候，他们便闻声而来，痛痛快快地做起了生意。"林常平"这三个字就是一块金字招牌，他的人格魅力就像一块吸铁石，吸引了许多同道。他的名声再一次飞出了霞浦，飞出了八闽大地，甚至有许多外商都直奔他而来了。

林常平虽然服刑十多年了，但是他在高墙里一直关注着国家经济的发展，关注着家乡各方面的建设，干大事业的情怀从未泯灭。短短几个月之内，凭着他以前积攒的人脉，和他过去诚信经营的好口碑，他把难做的生意做得轰轰烈烈。

奔！奔！"奔"进了高墙

在几十年前，谁要是能开上奔驰汽车，那么他就算得上是富豪级别的人物。所以林常平与那些有钱人一样，钟情于奔驰。然而，开奔驰车并没有给他带来多少荣耀和显赫的地位，反而让他两次"奔"进了监狱。天底下哪有这么巧合的呢？

林常平是在笑着回忆这段说来真是好笑的往事："我对奔驰车情有独钟。第一次下海经商时，我成功了，我毫不犹豫地买了一辆奔驰；保外就医时引来外商投资，建起了出口鳗鱼的'烤鳗厂'，我又成功了。我买的还是奔驰。我第三次创业成功后，我买了奥迪、路虎，再也不买奔驰了，为什么？它让我伤透了心。第一次买了大奔，结果奔进了监狱；第二次又买了大奔，结果再次进了监狱。我老了，我再也不想'奔'进监狱了。"林常平的这段话说得幽默风趣，是来自亲身感受的搞笑"段子"，听者无不捧腹大笑。

林常平与老上级吴初宝缘分不浅，兜兜转转兄弟俩又见面了。

林常平入狱后不久，吴初宝就被调离了长春供销社，那是1986年的事情了。9年过去了，他们再没见过面。看见林常平又出现在自己的办公室，吴初宝吃了一惊，他记得林常平最后减刑为20年，算算时间还早呢，怎么会……

林常平看着吴初宝惊讶的样子觉得有些好笑："吴主任，我又回来啦！"说着走上前用紧握的拳头，轻轻地捶了一下吴初宝的肩头，"我这是保外就医。"

吴初宝这才合上了一直张开的大嘴，咽了一口吐沫："身体怎么啦？不要紧吧！"吴初宝抱住林常平的双臂，瞪圆了一双眯眯眼，上上下下地打量着。

林常平拍拍胸口说："没什么事，就是这里出了点儿问题。"

"哦，那要注意了。你才40多岁。"吴初宝松开林常平，拿起暖壶，倒了一杯水递到林常平的手里，然后扶着林常平坐在了沙发上。

"县里给你任务，要你8个月建成烤鳗厂，吴主任，没问题吧！"

吴初宝上上下下地看着林常平，说："烤鳗厂是你引进来的？"

林常平低头笑了笑，不语，喝了一口水。

"你都保外了，还搞这些。不好好休养？"

林常平挺起胸脯，双眼炯炯，吴初宝甚至感觉到一股股的火苗子从林常平的眼睛里窜了出来，耳边像响起了闷雷，嗡嗡的。

"保外也是出来了，我就是想创业。我这是带病搞事业，时间不等人呀，吴主任。"林常平放下水杯，看着对面白花花的墙面，说："我在霞浦摔倒了，我就要在这里站起来。——我要证明，我林常平是一个奋斗者。"吴初宝知道，林常平是不会休息的，他一定会干一番大事业。

林常平把日本商人成功引入到霞浦投资建烤鳗厂，搅动了整个霞浦，也搅动了国内外目光锐利的商人。地方政府方面，乃至银行、税务、工商全都鼎力支持，共同投资 9000 万元。这其中，没有一个人是林常平鬼鬼祟祟私下里用钱去收买的，诚信和信誉才是他一再立于不败之地的真正的金字招牌。

县里要求时间紧，外商要求质量高，这是吴初宝上任后最大的一项政府工程，他安排工人三班倒，24 小时不停息地工作。而林常平也在忙活着，组织货源，检查鳗鱼的质量和工程的质量，组织安装机器设备，安排技术人员前来调试，组织招工，安排学习培训……他要做的事情实在是太多了。林常平就是这么一个人，一旦着手了一项工作，他就会用出自己的全部精力，夜以继日，精益求精，力争在任何细微之处做到最好。

8 个月的时间很快就过去了，在这 8 个月里，每一个参与其中的人、部门、单位都拿出了前所未有的办事效率，各种文件、审批在部门、单位和接手人之间以极快的速度传递着，一个一个的红色大印"啪啪——"地欢快地被盖在了各种文件和审批报告上。

当一切都结束时，林常平看着崭新的烤鳗厂，心中的甜酸苦辣，全部涌了上来……这个厂一年内可以给国家上缴税收 1000 多万元，这在当年，这在小小的交通闭塞的霞浦县城，是前所未有的。

林常平站那里，看着人们对他展开的笑脸，收纳起人们向他投来的各种饱含喜悦的目光，他真想大声喊，我是一个奋斗者、开拓者，我要用我那长满老茧的双手和双脚，为大家开辟出一条新的发展之路……

烤鳗厂的厂房已经起来了，国外订购的机器也运来了。所有的环节都在加快节奏。哪一个环节都必须一丝不苟，决不能出丝毫差错，更不能失了诚信。也就在这个时候，有朋友悄悄地来告诉他，有些心术不正的人眼瞅着他林常平如龙腾飞，眼红得几乎要冒血了，都暗暗地盯上他了，背地里说什么的都有。

俗话说"无巧不成书"，烤鳗厂落成投产了，整个县城的人们都沉浸在一片欢乐和兴奋当中。林常平更是忙碌不休，要接待洽谈生意的人，又要负责生产和质量，这时他接到县领导的电话，说省领导从福州坐船到三沙港考察，想借他们的高级轿车，看看能不能让省领导来咱们霞浦指导工作。

林常平爽快地答应了。途中，县领导向省领导们汇报说，霞浦成功引进一个日本商人投资烤鳗厂，年产值能达到亿元，税收可以达到千万以上。全部资金都是企业自己搞到的，没用政府投资。省领导高兴地说："好哇，去厂里看看！"

县委书记林阿彩马上给林常平打来电话："老林呀，省领导要去视察你们厂，还要听汇报，请你准备一下。"

林常平满口答应，并没有多想什么，做企业的向领导汇报工作是件极正常的事情。让林常平感到意外的是，这次来的不是几个领导，而是一个"大部队"，他的轿车打头，后面跟着十几辆小轿车和面包车、采访车，报社、电视台的记者一行十几个人。

林常平边陪同省领导参观、考察，边介绍着烤鳗厂建设情况，以及他对这个厂对整个霞浦经济的拉动作用。林常平侃侃而谈，从容不迫，两眼放光，一身成功企业家的豪气。

当天晚上，工厂的所有员工围拢在电视机旁收看了新闻，看林常平出现在电视里的风采。张桂玉也在家里收看了新闻，她看着雄心勃勃的丈夫，像一个指挥若定的将帅，不知怎的，桂玉的眉头却越皱越紧，她感到眼前一阵眩晕……

省新闻报道力度很大，监狱、检察院也看到了。真是"无巧不成书"，就在前几天，一个监狱的两名犯人在保外就医期间，不但犯案还抢劫杀人，所以检察院接到上级的命令，凡没有生命危险的，原则上全部要重新收监。林常平也不能成为例外，他再一次被收监了。

1996 年，林常平在短暂的近一年半的保外就医期间，为霞浦县留下了一个可以年创收 1000 多万元的烤鳗厂，又一次成了整个霞浦的传奇人物。令人惋惜的是，没有林常平掌舵，企业因管理不善，不久便资金链断裂，企业几度转手，热热闹闹的加工厂最终停产倒闭了。

时任霞浦县长副县长的陈合昭在谈到林常平这次招商引资成功的商业案例时说："招商成功不仅带动了霞浦的产业发展，同时也给当地招商活动带来很好的促进作用。在政府的主导下，发动民间、亲朋好友一块去招商起到很好的成效。以商招商、以亲招商、以友会商，靠外部力量为地方经济发展招商，不仅可以把好的项目做起来，也改变了人们的思想观念。林常平在当时的状态下能做成这个项目，与他在高墙里面孜孜不倦学习和一生做事业的执着精神有直接关系。不然，出来就好好休息，与朋友、好哥们儿聚一聚，不也是过得很潇洒吗？但是，他没有这样做，他以敏锐的商业眼光做成了一件大事。"

千古经典，国学打开心灵之窗

林常平万万没有想到，一切刚刚初见成效，竟然被一个电视台的采访梦断蓝海。当他再次走进监狱的大门时几天没有说话。林常平被收监了，这一次他直接被送去了福州监狱。

台风来了。外面风雨交加，这个时候许多人喜欢早早睡觉，可林常平却怎么也睡不着。听着外面的大风叫得如此惨烈，仿佛是在为他鸣不平。

"读史使人明智，读诗使人聪慧，演算使人精密，哲理使人深刻，伦理学使人有修养，逻辑修辞使人善辩。"英国哲学家培根说的话映入脑海。

林常平喜欢读史书，而《二十四史》中，林常平最喜欢读的是《史记》，《史记》中最喜欢读的是司马迁的自传《太史公自序》。

太史公司马迁遭逢李陵之祸，被囚禁狱中。于是喟然而叹道："从前周文王被拘禁羑里，推演了《周易》；孔子遭遇陈蔡的困厄，作有《春秋》；屈原被放逐，著了《离骚》；左丘明双目失明，才编撰了《国语》，孙子的腿受了膑刑，却论述兵法；吕不韦被贬徙蜀郡，世上才流传《吕览》；韩非被囚禁在秦国，才写有《说难》《孤愤》；《诗》三百篇，大都是圣人贤士抒发愤懑而作的。这些人都是心中聚集郁闷忧愁，理想主张不得实现，因而追述往事，考虑未来。"

这篇小文，让林常平感到的是两个字：震撼。他不止读过十几遍，每读一遍都有新的感受。正是因为被囚禁狱中，司马迁才下定决心记述上古以来的历史，而从黄帝开始写起，方才有了千古一书——《史记》。《太史公自序》编在《史记》的最后，但它的分量却比《史记》还要重，使林常平像司马迁一样下定决心，以健康的心态，充满信心的从这里走出去，用自己行动著书立说，成就一番惊天动地的大业。

他徘徊着，思索着，思索着，徘徊着。

突然，《三国志》里李康的那篇《运命论》中的句子跳了出来，"这岂不正符合我当下的处境与心境吗？"林常平一阵兴奋，他背诵起来："木秀于林，风必摧之；堆出于岸，流必湍之；行高于人，众必非之；前鉴不远，覆车继轨。"

忆起释文中的解译，他豁然开朗："树木高出树林，风肯定会把它吹断；土堆突出河岸，急流肯定会把它冲掉；德行高于众人，众人肯定会对他进行诽谤。前车之鉴不远，后来的车也继续翻覆在前车翻覆的路上。凡事都具有两面性，因此必须辩证客观地去对待每一件事。既要勇于不断进取，敢于承担责任，努力做优秀的人才；同时也要注意把握好分寸，做事不能过于锋芒毕露，并且团结好各方力量，处理好人际关系，才能成为一个受人尊敬爱戴的人才，才能立于社会的不败之地。"

"前车之鉴不远"，林常平向空中挥舞着拳头，一个人不能在同样的地方摔倒两次。他分析了眼下自己的处境，想到这次失误的原因，憧憬着出去后如何创业，如何稳稳地把握住自己心志与大的形势，这次虽然失败了，但也为他总结了经验，他已经清晰地看清了自己的人生之途，他也在谋划着更为久远的人生规划……

林常平在日记里这样写道：我所爱的，所憎的，所苦的，所怕的，所愤的，所悲伤的，以及令我难以忍受的烦躁、焦灼、难熬的日子，我都要学着宽容，既然它们来了，就淡然处之。

中国的传统文化能传承几千年而不衰，就是因为其能给人带来鼓舞和奋进的力量。这一点在身处高墙之内的"特殊学员"身上表现得更加明显，林常平在吸收、学习传统文化中获得了巨大的信心和力量，以此对抗精神上可能发生的一日甚一日的萎缩，对抗如魔影一般的异化，让自己的生命不断蓬勃向上。

读书、劳动、锻炼身体、练习书法，这四部曲成了林常平狱中生活的全部内容。"暖被易生懒骨"，每一天，他都提醒自己抓紧那点点滴滴、转瞬即逝的时光，如饥似渴地学习。中队和大队有好几块墙报需要写宣传稿，大队的广播也要写各种稿子，队里领导挑来选去，觉得林常平最合适。从此，这些都成了他一个人的任务。凭借他年轻时走街串巷画棺材、画柜橱的技艺，把每一块板报都办得图文并茂，令人赏心悦目。

林常平的另一种本事——擅长书法，却很少被大家提及。

林常平成为知名企业家后，外出参加慈善、助教、扶贫活动，经常会遇到书法爱好者和收藏家向他索字，他总是非常认真地伏案挥毫写下遒劲有力的行书。可以想象高墙内多年习字的功力，融注于笔端写出的字，就能体现时代的风骨和人文的韵调。

好思路，开超市温暖人心

林常平在福州监狱待了 8 年的时间。8 年对于普通人来说也许承载着浓墨重彩的记忆，也许会像流星一样稍纵即逝。这 8 年对于林常平来说承载着的都是他对妻女的思念，和对自由生活的渴望，他就像一只曾经自由飞翔过的鸟儿，又一次被扣在了笼子里。这 8 年在他的记忆里是深刻的，如同用刀斧在花岗岩上深深雕刻出的图案。

林常平并没有因此灰心丧气，而是寻找时机为监狱的狱友们创造更好一点的生活条件。

因他是生意人，做生意和搞创作、搞科研是一样的，都需要天赋。生意、买卖虽然最终要以赚钱为目的，都要将利益最大化。而动脑筋、想办法，抓住每个转瞬即逝的赚钱机会，即是做生意的基本要领，也是成功生意人自身所必须具备的天赋。

生意人的灵感、天赋，体现在经营上突发奇思妙想，而不是跟风，不是看到别人赚钱也想凑热闹；真正的生意人会敏锐地探测现实生活中人们哪个方面的需求没有得到满足，需要融和资源形成良好的物质流动之潜流。

林常平在拿到法律文凭后，心里仍然放不下的还是他的生意经。他一直在寻找机会，如何将监狱里的生意做起来。因为这么多年来，少有人能够在监狱里念成生意经，他林常平就要做在监狱里念好生意经的人，让监狱成为改造、生活、学习三不误的模范监狱，同时也要让自己的经营理念跟上时代的潮流，自己不能脱离社会太久、太远，要通过这些小的买卖接触社会、接触企业，使自己在出去后，可以尽快地与社会融为一体。

林常平有了这个想法后就等待机会，如何念出自己的生意经，怎样找一个突破口。终于，一个绝好的机会出现了。

20 世纪 80 年代中期，服刑人员不被称为犯人，而是被称为"特殊学员"，亲戚朋友来探视会带一些现金，或者是到邮局汇款，汇几十元或一二百元。每个月有一次探视，以中队为单位接见，今天是这个中队，明天是那个中队。家人有时拿茶叶、鱼干、饼干等食物给自己的亲人。因为没地方煮，东西一般都是熟的，或者是可以直接食用的。由于亲戚朋友来探视的钱都存在中队的户头上，渐渐地钱就多起来了，有时是几万或十几万元。

为了改善狱友们的生活，也体现监狱的人性化管理，方便狱友们在生活上的需求，林常平向中队的领导大胆提出建议说："我们不能这样让钱闲着，狱友们有钱却吃不到东西，买不到日常用品，这既是一种浪费，也不能体现党和政府对狱友们的关心和爱护。"

中队长知道林常平进来时的"罪名"，也知道他是个经营能手，在当时能够做得那么大的生意，想必是一位商业奇才。中队长就问："怎样利用这些钱，既安全又合理还能够让大家受益呢？"

林常平打着比方说："我们现在手里有钱，但是没有东西，怎么办？我们可以到周边老百姓家收购，比如鸡蛋、菜、猪等，每月杀一头猪，让大家改善伙食的，一是可以身材好少生病，二是体现党和政府对我们的关心，三呢，减少大家对家庭和社会的思念，不是有那么一句话'乐不思蜀'吗。"中队长听林常平说得有道理，让他继续说。

林常平心想有门，更大胆地说道："比如我们从老百姓手里买的东西成本是2毛钱，回来后咱们食堂只加5分钱的加工费，变成2毛5分钱一份，狱友们只花这点钱却能够吃到想吃的东西，心情好对改造就有利，这不是一好买三好吗，农民高兴，狱友得到实惠了，监狱改善了大家的生活，一举多得。再者，如果条件成熟，我们可以在监狱里开个小卖店，购进一些生活用品，狱友们会非常感激政府的。"

林常平的建议得到发监狱领导的同意。说干就干，这样做了几次试点买卖后，大家的生活得到了改善，狱友们的心情明显好多了。在那个物资还比较匮乏的年代，能通过做小生意的方式来改善监狱犯人的生活，让他们从中寻找到些乐趣，真是一剂良方妙药。

后来中队领导就让林常平负责外出采购蔬菜水果、饮料、糖果等日常用品，特别是大家写信用的信封、信纸和笔等用品，相当于开了家小百货齐全的小卖店，后来规模也越来越大，变成了一家小超市。

当时的"特殊学员"都在工厂里面劳动，如做铅笔、做铸造工，一个月也可以拿十元、二十元钱，可以来小超市买些食物，牙刷、罐头、生活用品等。从办小超市入手，林常平又将自己节余的钱协助监狱把图书馆办起来了，狱友们又多了精神食粮，工作之余经常有人找林常平来借书，每人先借一本，办好手续，看完了可以来再换一本。这个小小的图书馆很重要，稳定了许多"特殊学员"的情绪，提高了思想认识，更安心于改造。

林常平担任小超市负责人三年多时间，让在监狱里改造的犯人也能随时喝上汽水，吃上各种口味不同的泡面……在生活上尽可能地与外界保持同步。为此，林常平又获减刑一年半。

高墙内20年的生活，林常平在看似"阴暗的人生道路上"走出了让人炫目的精彩，让人为之赞叹。

想爱妻心痛，挂念女儿诗句锥心

许多人都有过这样的人生体验，无意中说出的一句话却真的成为一个预言。这种现象有人管它叫未卜先知，也有人说这是世间的万物存在的定数，将要发生的就一定会发生。这种现象也发生在林常平与妻子桂玉的身上。

林常平满怀激情写下的一首诗，成为两人毕生的爱情坚守，他们两人走过风雨40年，在这40年里他们所经历的坎坷，所经受的压力，所体味到的人生，是常人不能想象的，用一个网络词汇来定义，那就是"骨灰级"的爱情。

在林常平的命运开始急转弯时，妻子张桂玉只有 26 岁。对于一个女人、一个年轻的母亲，她未来生活将会是什么样子？她的幸福将在哪里？她要如何去面对自己，如何面对自己的两个女儿，如何面对家人？更重要的是，她将如何走进这个社会？若是放在一般人的身上，离婚应该是最佳的选择。

林常平写给妻子的诗

那么张桂玉为什么没有选择离婚？她是怎么样的一个人呢？知妻莫如夫，在谈到这个问题时林常平总是会这样说："桂玉是个典型的中国传统女人，妇道在她的心里是根深蒂固的。"这句话听起来很简单，背后潜藏着的，则是一个女人为了孩子、为了家庭独守了二十年岁月的淡定坚持。

林常平说："1983 年入冬时，我收到一笔 100 万元的货款，当时银行转账可没有现在这么方便这么简单，全部是现金，而且人民币最大面值只有 10 元，我用编织袋装好扛回家来，放到了床底下。因为怕来小偷或强盗，我在床边放了根棍子以防万一，一晚上几乎没合眼。第二天才送到银行存上了，将折子给桂玉保存。这笔钱在当时可以说是天文数字，是很能让人想入非非的，尤其是没过多久我就被收监了。如果放在其他女人身上，可能会拿钱跑路的，管它是谁的钱呢，在自己手里就当成自己的钱用。但是桂玉没有，她把这笔钱付给了下游的厂家，按账目清单完成了我这个'中间商'余留下来的工作。"

张桂玉没有"拿钱跑路"，每年却都要跑几次探监的山路去看望丈夫。林常平20年换了三所监狱，每一条路都留下了张桂玉匆忙的身影，和她默默淌下的泪水。

平时她给林常平送衣、送钱，寒暑假还带着两个女儿一起去。20世纪八九十年代福建的路况非常不好，从霞浦到监狱要坐一天的汽车，一路风尘，一路苦累，只为能与林常平见上一面，说上几句早已被泪水打湿的话语。

妻儿这份深重的饱含着泪水和辛酸的爱，让林常平的心更加惭愧，他常常陷入自责中而不能解脱。他有时会用拳头击自己的头，用手指抓挠胸口，想以自伤的形式求得内心的平衡。而心情的起伏就像一个跷跷板，一头是自责，另一头又是对未来的信心和憧憬，他的日子就在这样的起伏中度过，梦想有朝一日，一定要为妻女创造出更好的生活。

林常平"二进宫"以后，十分牵挂两个女儿。他经常用写诗来表达自己的惦念之情。怕她们在学校受到歧视，怕有坏人因家中没有男人对两个女儿动手动脚。好在随着日子地向前推进，桂玉姐姐家的三个男孩子也都长大了，晓晖、晓晴和三个哥哥都在一个小学、一个中学读书，可谓"势力强大"，如果有人想动她们姐妹一个手指头，哥哥们决不会让他站着走出百米。

林常平入狱后，桂玉的亲戚们帮着她拉扯两个女儿。养父家的弟弟以打鱼为生，赚钱较多一些，过年时会来给两个外甥女送千八百元钱，供她们上学和平常生活用；亲生父母家在寒暑假时会把晓晖、晓晴姐妹接过来改善生活；桂玉的大姐家没有女儿，夫妇俩特别喜欢晓晖、晓晴，把他们当成闺女来养，让她们住到家中照顾起居，毕竟桂玉的工作需要四处奔波，而且她代课的学校都在乡下，也有许多不便之处。林常平常常说："桂玉的父母、亲人的恩情我们永生不忘。"

晓晖、晓晴在桂玉和亲戚们的呵护下长大了，她们都顺利地考入了大学。但是，大女儿就在林常平出狱前不幸离世。

悲从天降，惊闻爱女离世

2004年的6月18日早上7点55分，林常平从福州监狱刑满释放。已经54岁的林常平将自己的东西统统分给了狱友们，昂首阔步地迈出了监狱的大门。

"我自由了！"他用力地呼吸着高墙之外那同样是闷热潮湿的空气，但不同的是，似乎还有一丝丝清甜的味道，这股味道是在里面从来没有过的，这是一种自由的味道，这是回归正常生活的味道……

在监狱的大门外，他在空中挥舞着拳头："我叫林常平，我是一个奋斗者，一个开拓者——"他高声喊完几句话后，便头也不回地登上了朋友接他的车，向着思念的家乡——他妻子和女儿们的居住地霞浦驰去。

林常平回想着昨天狱警走到他面前，对他说："你自由了，收拾东西明天出狱。"

那一夜林常平睡得很香，很踏实。他还像往常一样，早早起床依旧是锻炼身体，然后坐下来写日记。他这样写道："今天无论我出狱与否，太阳照样升起，也不因我出狱，西北风刮成了东南风。'你自由了'，其实我何尝失去过自由？有理想在的地方，地狱就是天堂。有希望在的地方，痛苦也成欢乐。别了，这个让我更有理想的地方；别了，这个让我希望不曾泯灭的地方。我属于大自然，我属于社会，我属于我的家庭。我要回家了……"

车上的林常平平静地坐着，他不时地抬眼望一望车窗外的车流、人流。现在的福州市要比8年前热闹了许多。也许是因为他太久没有听到过喧闹的城市的声音，林常平摇下车窗，把耳朵贴过去，侧着头仔细地听着，就像倾听着一场久违了的交响乐。

离开市区，一阵阵清凉的风夹杂着青草绿叶的芳香，迎着面扑撒而来，像一面薄薄的青纱，罩住了林常平的脸。他虚眯着眼睛，看着外面的大山、蓝天还有大朵大朵的白云，高空的风将云的边界撕扯得不很清晰，炽白的阳光在这边界上反复地折射出了七彩的光晕，云缓慢地移动着，显得那样的威武、雄壮，七彩的光晕也时隐时现。大山深处飞出啾啾的鸟鸣，让林常平产生了幻想，这一定是一对恋爱中的鸟儿，它们追逐着，欢叫着，自由自在地飞翔着。

此时此刻林常平特别想见到妻子张桂玉和两个女儿。他不明白为什么她们没有来接他。是呀，也许她们都在忙活着大女儿林晓晖的婚礼吧。林晓晖已经27岁了，她和未婚夫已经领了结婚证，但迟迟没有举办婚礼，就是要等他这个爸爸回家。林常平回想着林晓晖小时候样子，一幕一幕的就像幻灯片。

但那些都是在她在8岁之前的影子，8岁之后的林晓晖在林常平的记忆里是跳跃的，每次他与林晓晖的共同记忆都是一个场景，场景之间都没有衔接，就这样林晓晖一跳一跳地在他的记忆里长大了……

他的这个心尖尖，他的这个小不点儿就要成为新娘了，真快呀！林常平的眼睛潮热起来，他伸出双手用力地搓了搓脸，顺便挤按了两下内眼角，深深地吸了一口气然后吐出，重新把眼光挪向了窗外。他努力地让自己的内心平静下来，就像表面看上去一样的平静。

渐渐的空气中有了那种大海独特的味道，淡淡的咸腥气，还有黏稠的潮湿薄薄地贴附在了林常平黝黑的略有些松弛的皮肤上。他的心跳稍稍有些加速，这是家的气味，"我就要见到她们了，我的亲人。"

家里一片热闹，大哥大嫂，妻子和小女儿还有几个老朋友都在等着他。大家为他准备着丰盛的晚餐。小小的屋子都要没地方下脚了。

面对着一张张的笑脸，林常平用手捋了一下满头的银发，不好意思起来。他的目光有些呆滞迟疑地看着大家，眼神中流露出一种茫然。但这些如白昼里的闪电转瞬即逝，没有人察觉，除了他的妻子张桂玉。

张桂玉在林常平的面前忙碌着，总是找不到时间与林常平叙叙家常。小女儿也帮着妈妈招呼着客人，拾掇着饭菜。所有的人似乎都有很多的事要做，长女林晓晖不在，林常平四处搜寻着。就这么大点儿的房子，她能去哪儿呢？

"对了，她可能跟女婿忙婚礼的事呢！"林常平想着，坐了下来，安静地等待着大家都忙完，都落座。

残阳如血，晚霞映红了大半个天空。屋子里热热闹闹的，可林常平的脑子里却是异常的平静，他看着家中的一切都是那么的陌生。他本以为只要自己获得了自由，只要自己走出了高墙，就能很快地适应外面的一切，就能很快地恢复到从前的样子。是呀，他必须要很快地适应，很快地恢复，因为他还想要再创一番事业，为亲人、为自己、为他的家乡。

那天的晚餐过后客人散尽，一切回到平静。林常平也平平静静地过了几天，他还是每天一早5点来钟就起床，锻炼身体，读书喝茶，等着当天的报纸一到，就开始浏览新闻。张桂玉悉心照顾着他，小女儿也很乖巧，但林常平总觉得哪儿别扭，他觉得妻子张桂玉无论做什么都是小心翼翼的，小女儿也是那么的安静，这几天了，也没谁提到长女林晓晖的婚礼。

林常平憋不住了，在一个晨光撒满大地，整个霞浦还在蒸腾着袅袅晨雾的清早，他一边看报一边问："桂玉呀，晓晖的婚礼定好日子没，还有酒店，搞到什么程度了？"

过了许久也没听到妻子的回音，倒是若隐若现地传过来一阵抽泣声，这哭声是从小厨房的门缝飘过来的。林常平合上报纸仔细地听了会儿，站起身，来到小厨房门前，隔着门问："桂玉，怎么了？是你在哭吗？"

他拉开门，看见妻子背对着他，肩膀一耸一耸的，身体微微地抖动着，一只手撑在灶台上，好像撑住了整个身体的重量；另一只手似乎捂在了嘴上，一阵阵的抽泣声从指缝间不停地挤出来，在空气中回荡着。林常平慢慢地走过去，双手紧紧地握住妻子的双肩，他感到了一阵剧烈的颤抖。妻子的身体开始摇晃起来，像一片在风中摇摆的秋叶。林常平的周身瞬间凉透了，冒着森森的寒气。

"到底出什么事情了啦？"他急切地问着妻子。

桂玉却仍然背对着他，哽咽着："我对不起你，咱们的晓晖走了……"

林常平的心差点蹦出了胸腔，他努力地用力扶住门框，才使自己没有摔倒。

长女林晓晖是林常平的心尖尖，在他出狱前的 4 个月，也就是 2 月 14 日这么一个浪漫的日子里，他的女儿出了意外，在洗澡时由于煤气中毒永远离开了这个世界，离开了她的家，离开了她的父亲、母亲、妹妹，还有未婚夫……没有等到她亲爱的父亲走出监狱的那一刻。

就像一个晴天霹雳，"轰隆"一声炸开了林常平的脑袋，劈开了林常平的脏腑，让他深刻地体味到了彻骨的疼痛。这疼痛让林常平十余天都昏昏沉沉的，他很难走出那噩梦，只要一合上眼睛，晓晖就出现在他的眼前了，"爸爸，回家；爸爸，回家"的喊声就回响在耳边。这时，林常平真觉得自己变成了一个虚弱的老人，已经无力再向上天发问。

他将这一悲剧归罪于自己，归罪于让自己身陷囹圄 20 年的那些七七八八的人，以及他们背后的那团总是散不去的阴影。

人们常说"时间会平息痛苦"，但是，林常平心中的这块痛上加痛，用多久的时间才能真正平息啊？

2005年正月初六是2月14日，是青年人喜爱的情人节。林常平一个人默默地走在街上，此时已有不少的店铺开门营业，街上的行人不多，基本上都是一对对手拉手的年轻人。

林常平停在了一家鲜花店门前，上下打量了一番，走进花店买下了27朵红玫瑰和27支粉色的小蜡烛。他抱着那捧花儿，拎着装着小蜡烛的手提袋，一脸凝重地离开了花店。

林常平拿着这些东西来到霞浦的护城河边，望着东流入海的浑黄的河水，河水映出了女儿的笑脸，林常平想起女儿写给自己的那首诗《女儿眼中的父爱》：

父亲似一坛白酒，辛辣又热烈，让女儿醉在其中；

父亲若一壶清茶，平淡又醇香，让女儿回味无穷；

父亲如一头黄牛，勤劳又忠厚，让女儿有依有靠；

父亲像一件棉袄，暖和又贴身，让女儿如沐春风……

他蹲下身，将那捧玫瑰平放在河堤上，从手提袋里取出27支小蜡烛，一支一支整齐地码放在河堤上，从兜里掏出打火机一一点燃。一阵微风从河上掠过，小小的蜡烛头儿在风中摇摆不定，细小而孱弱。林常平赶紧将身子侧过去，为它们挡住了那风。蜡烛头儿们稳定了，抖擞着一个个向上昂扬着。

林常平静静地看着那些小小的火苗，他闭上眼睛，低下头，双手合十："远在天堂的女儿，你好吗？今天是你的祭日，宝贝，爸爸想你了！"眼泪不住地从眼眶中涌出，在脸上划出了两小片溪流。林常平对着河水，大声地喊道："晓晖，爸爸对不起你，爸爸没有为你遮风挡雨，在你最需要爸爸的时候，爸爸却在监狱里……"林常平痛哭失声，"女儿，爸爸点燃27盏蜡烛，为你照亮天堂的路，愿你在天堂不再孤单，愿你在天堂能感受到温暖……"

他轻轻地拿起躺在河堤上的那捧象征女儿27岁的红色玫瑰，就像轻轻地抱起一个熟睡的婴儿。他温柔地抚摸着那些柔软鲜嫩的花瓣，仔细地看着花瓣上一条条的筋脉，那里同样流动着红色的液体，就像鲜红的血。林常平透过花瓣，仿佛看见女儿那美丽的容颜。

在27支小蜡烛即将燃尽的时候，林常平将玫瑰的花瓣一片一片地撕落，挥手撒进了缓缓流动的河水中。花瓣们在空中划出了一条条美丽的弧线后，纷纷扬扬地落在水面上，顺着水向远方漂去。一团团红色的玫瑰花瓣像是一团团映着红日的彩霞，在空中无声地分散开来，又好似节日里夜空中绽放的礼花。花瓣儿在阳光下闪烁着柔软的光辉，饱含着微笑向着远方飘去。花瓣带去了林常平对长女林晓晖的一片爱，带去了父亲对女儿的思念，带去了父亲对女儿的祝福。

曾经圆满的四口之家。从左至右：**大女儿晓晖、林常平、妻子桂玉、小女儿晓晴**

"晓晖，来世我们还做父女，让我陪伴你长大，再不受别人的欺负、冷眼和嫌弃，爸爸会看着你结婚生子、幸福快乐地生活。晓晖，爸爸会像你希望的一样坚强起来的。我的好女儿，你一路走好！"

一年一次的"2·14"，一年一年的牵挂，一次一次的想念，一分一秒的记忆。经历过生死离别，林常平更懂得爱和珍惜。他会好好善待自己，把握未来，让生命不留下遗憾。

林常平默默地站起身，一头凌乱的白发，任晚风吹拂着，他看着渐渐远去的红色花瓣，目光中透出无比的坚毅。

河水呜咽，风声诉哀，林常平痛到了绝境，他突然双目放光，望着漂向远方的那些蜡光，喃喃自语："为了女儿，我也要好好活着，活出个样子，让女儿在天堂为父亲高兴吧。"

河水静静地流淌着，映衬出失去爱女的林常平的孤独的身影。

"爸爸，您是个顶天立地的男子汉！"女儿的声音激励着他，让他从悲痛中振作起来，开启新的人生旅程。

商海解语：乐观者成功

保外就医后，林常平为家乡引来外资建立了第一个中外合资的烤鳗厂，使一个小小的霞浦县在福建省都声名鹊起！然而由于种种原因，他必须再次回到监狱，继续最后 8 年的改造。

许多受困者，无论是自己还是他人在描写困苦生活时，喜欢用《报任字书》这段文字："盖文王拘而演《周易》；仲尼厄而作《春秋》；屈原放逐，乃赋《离骚》；左丘失明，厥有《国语》；孙子膑脚，《兵法》修列；不韦迁蜀，世传《吕览》；韩非因秦，《说难》《孤愤》；《诗》三百篇，大抵圣贤发愤之所为作也。"但几乎所有的引用者都忽略了前面的几句话："夫人情莫不贪生恶死，念父母，顾妻子，至激于义理者不然，乃有所不得已也。"意思是说，人的本性都是贪恋活着惧怕死亡，牵挂父母、妻儿，至于为正义和公理所激奋的人，则没有儿

女情长和家园清梦，那是因为不得已的缘故

林常平的"不得已的缘故"是什么呢？"我不能就这样的死去，就这样默默无闻地在这个世上消失。"因为他心有不甘，他积蓄着所有的能量，所有的智慧，所有的爱，在等待着出狱的那一天，他要用自己的成功证明给妻子和女儿看，证明给父老乡亲们看，证明给所有认识他或者知道他的人看，证明给霞浦的那山那海看。

"20 年的监狱生活，我没有害怕过，因为我知道这是上苍对我的考验。20 年的监狱生活，我没有后悔过，因为这是对生命、身体、思想、意志的一次洗礼、一次试压、一次炼狱。相反，我对未来充满了信心与希望，因为我爱明天，我敬畏未来。"林常平就是以一种乐观的心态，经历着磨难，向往着未来，迎接着成功的那一天。

从林常平的身上，可以看到一种在寻常人身上没有的特质，我想到了那句至理名言：悲观者往往正确，但乐观者往往成功。我想，这依然是中国成功人士的心法。

第六章

不惧夕阳，54岁再创业

地低方为海，人低可成王。

——题记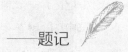

感受北上广，寻找商机再起航

20个春夏秋冬过去，中国大地发生了天翻地覆的变化。福州原本是一座小城市，现在居然变成一个大都市了；霞浦县城原来只有几幢二三层的小楼，如今已高楼林立了。

徘徊在街上，林常平意识到自己与社会的确存在一定的隔膜。20年，真的陌生了，20年，真的疏远了，20年呀，真的有了距离感。他走着想着，自己终于成为一个自由人了，该何去何从？

他仰望霞浦的山，那山永远是青翠的，山上的石头永远是坚硬的；他俯视霞浦的海，那海永远是碧蓝的，海浪永远潮起潮落不会干涸。他环视着整个大街小巷，每一处都充满了家乡的味道，青山不改，绿水长流。

他抬起头看着头顶的这片蓝天，白云在阳光下游走，林常平的心里突然萌生了一个念头，带着妻子张桂玉离开霞浦去外边走走、散散心。一则聊以慰藉失女之痛，二来进行实地调研，看看中国的变化，他要为自己再次找到一个目标，他要用两三年的时间重新创业。

林常平对自己是有信心的，通过一段时间的适应，与社会的隔膜一定会逐渐地减弱，自己的思想意识也完全能跟上这个时代前进的步伐。

他带着妻子张桂玉离开了霞浦，用了半年多的时间走了近半个中国。中国的变化有多大，在林常平的眼里实在是太大了。他用自己的眼睛亲见，用自己的耳朵亲听，这一切都太不一样了，而这种冲击却让他有了一种虚幻的感觉。

林常平觉得，整个中国就像一个大工地，人们干得热火朝天，干得如火如荼，一座座高楼拔地而起，一个个住宅小区像码积木块儿似的连成了片。大中城市的房地产开始悄悄地兴起。这让林常平又进入了思考。报纸上电视上现在关于房地产的广告层出不穷。全中国开始进入一个大建设的新时代。而我林常平该怎么进入这个时代呢？该如何跟上这个时代的脚步？他看着刚 40 多岁的妻子，因长年的操劳而变得暗淡的面容，他紧握着妻子粗糙的长满老茧的手，他感受着妻子手腕上跳动的脉搏，心就像被一只无形的大手使劲攥了一下，缩成了一团。

北京，这是他们此行中的重中之重，北京的发展状况，代表着中国的发展状况，表现出国家的大政方针和发展方向。

林常平牵着妻子的手走在北京的大街小巷。王府井百货大楼，他 20 年前来过，他记得在那里还给妻子和女儿们买过花布和奶糖。可如今的百货大楼却几乎被淹没在了各种购物中心、购物广场之中。人们来到这里多数只是为了怀旧。林常平深切地感觉到，中国变了，彻底地变了。

"不到长城非好汉"——长城就在眼前了，一段段古老的灰色城墙蜿蜒在叠翠飘红的山峦之间，就像一条正在沉睡的苍劲巨龙，一轮初升的金黄耀眼的火球悬在东方的天空中，射出了万道的光芒，在大朵大朵的行云边上，镶上了一层层的金边。这里早已是人头攒动，从一辆一辆的旅游大巴车上下来一队一队的游客。人们熙熙攘攘的，洋溢着灿烂的笑脸，他们指指点点着长城内外，他们蹦蹦跳跳地高声呼喊，沐浴在秋日阳光下的长城却显得静怡安详。

林常平拽着妻子张桂玉的胳膊登上了长城最高点，尽情呼吸着秋日凉爽的空气，尽情地感受着登高望远的豪情。林常平搂着妻子的肩，面向着群山轻声地说："桂玉呀，这些年辛苦你了，放下晓晖吧，就让咱们的女儿安静地去吧！你的丈夫林常平回来了，这个家让我来撑着。"他听到从妻子的嗓子里发出了一阵阵被压抑的哽咽声。妻子将脸转向他，风吹动着她眼里的泪，像一汪秋水，妻子依然是那么的美丽动人。

林常平望着善解人意的妻子，他心里涌出不尽的感激："这 20 年发生了那么多的事，让我明白了一个道理，正如古希腊著名的唯物主义辩证法奠基人赫拉克利特说过：'人不能两次踏进同一条河流'，我不会再做投机倒把的买卖，也不去搞走私那些小打小闹的生意了，要搞就搞实体经济，绝不让你再过一天担惊受怕的日子。"

林常平为何如此有底气？他现在一无资金，二无项目，三无政府背景，东山再起谈何容易。其实他"早有准备"。在监狱的时候，他持续不间断地学习、求知，想方设法地接触社会经商（采购、办超市），以及从事普法教育工作，使自己不脱离社会太远，离正常人不太远，离正常人的心态不太远。故而他认知事物的能力没有降低，经营智慧没有降低，只是仍然需要大强度学习和快速融入社会。

因为林常平知道，他的前面无路径可寻，没有人与他的经历一样，更没有人像他一样经历了那么多后，在 55 岁高龄还要谈再创业，而且不是一般的创业，是实体经济。他知道，妻子桂玉也知道，这有多难。

"其实地上本没有路，走的人多了，也便成了路。"当林常平说出鲁迅小说《故乡》中的这句名言时，张桂玉与他相视一笑。

一个人的成熟，不在于经历过多少事，而在于经历后的沉淀和思考。不要只顾着埋头向前冲，从每一次的经历中有所领悟有所收获，才能在未来的路上走得更远更稳健。

半年的时间过得飞快。林常平依然没有寻找到项目。他心里有些急躁，烟比以往抽得更勤了。星空灿烂，月光如水，他可以清晰地看到月亮上的山脉。他不禁自问，自己真是山重水复没有路了吗？但转念一想，我林常平20年的监狱生涯都熬过来了，这点时间算什么，一定会柳暗花明的。

是的。人总会遇到挫折，会有低潮，会有不被人理解、不顺心、要低声下气的时候，这恰恰是人生最关键的时刻。在这样的时刻，需要耐心等待，满怀信心地去等待，相信生活不会放弃我，命运不会抛弃我，如果耐不住寂寞，我就看不到繁华。

一时兴起，林常平忽然作起诗来："没有哪一个夏天，是这样的渴望秋天的丰收美景；没有哪一个季节，是这样的希望早点过完不在等；没有哪一时刻，更渴望峰回路转，柳暗花明。生命很重，应该活得从容；生命很轻，应该坚强透明。人生很短，活得要有价值如金子般贵重；再创业很难，能难过唐僧？自信沟坎都跨过，我们的前辈九九八十一难，西天仍取回真经……"

在2005年1月的时候林常平曾注册了一家旅游公司。对于旅游行业，当初他想得有些简单，但想要进入实际操作阶段却发现差得东西还很多，旅游就好比一条生产线，任何一个环节出了问题，整条生产线都会受到影响。最重要的是，一旦上了这条生产线，并不是每个环节都是可以控制的。林常平很清楚，这不是他想要的。

时间飞逝，林常平实在沉不住气了。他想起当年县委书记的秘书陈合招，他现在又回到霞浦成了一位副县长。对，林常平想，何不去找他碰碰运气。全国都在大发展，我相信我们霞浦也在其中，一定有机会，就看是不是能找得到。

林常平选了一个万里无云的好天气，穿得整整齐齐，梳洗得利利索索，来到了县委大楼。县委大楼还是那个样子，这么多年了几乎一点儿变化都没有。林常平很容易就找到了副县长陈合招的办公室。他敲了敲门，门里传来了一个熟悉的声音："请进。"

林常平推开门，屋内的一切也如同这座县委大楼一样，没什么改变。办公桌后面坐着一个三四十岁的年轻人，他抬起头，略有些惊讶地张了一下嘴，站起身迎着林常平走过来："老林，你出来了？"他有些怀疑地问。

"对，刑满释放。"

陈合招把林常平让到沙发上，绕回到办公桌后，还没等他坐稳，林常平便粗声大气地说："县长大人，有什么好项目吗？我林常平要创业。"

陈副县长又吃了一惊，这次的嘴巴张得可比刚才大得多，他上下打量着已是满头白发的林常平，说："刚回来，就要创业？"

"对，时不我待。我要为家庭、为霞浦做贡献，陈县长有什么好项目就介绍给我。"林常平就是这样一个急脾气。

陈副县长在自己的座位上坐稳了身子。他在第一眼认出林常平的时候，本以为他是来看望他这个从前的老领导的秘书的，或是来拜访他这个霞浦县的副县长的，再或者是向政府要救济的。可是没有想到的是，林常平是要创业项目来的。陈副县长想起当年老领导评价过他的一句话："林常平是一个有善心、有智慧、有能力的商业人才，我相信只要有机会，他一定还会干出一番大事业来。"

陈副县长笑着看看林常平，由衷地升起了一种钦佩，同时还伴有一种感动。他似乎又看到了那个 20 年前站在法庭上的林常平，还有那个在法庭上侃侃而谈"菜刀论"的林常平。他在心里笑了笑，想，林常平呀林常平，这么多年的牢狱生涯，你竟然一点儿都没变。还是那么风风火火的，一门心思要闯出一番事业。

"老林，县里只要有适合你的项目，我一定先推荐你，县里有责任支持你，支持你就是促进霞浦的经济发展。"

林常平脸上露出了笑容："谢谢陈县长，也请陈县长放心，只要有好的项目，我林常平一定干出点模样来！"

林常平找到陈副县长，其实就是想把他找县领导要项目的事传出去。向大家宣布，我林常平要大干一场了。

事情的转机终于出现了。一天，陈副县长找到林常平，告诉他："城关镇有个水泥搅拌站，已经荒了不少年了，也有很多人想要，但县政府一直没敢撒手，你可以去试试。"

这消息如久旱逢甘霖，林常平听后大笑起来："好呀。我林常平终于有大显身手的时候了。"

关于这个搅拌站，要从2000年说起，那时霞浦县新任县长翁成禄刚到霞浦，霞浦的一切让他吃惊。5个月的公务经费都没发，干部们也是几个月都没有领到工资。从市里拨下来了一笔市政改造款，大部分已被财务处拿去发工资了。这很不符合政策，但面对县里公务经费的困难，翁县长也只能先把此事放放，毕竟这些不是在他任上发生的事情。那么，他来了就要做些什么，就要改变些什么。

霞浦是全国挂了号的贫困县，也是一个农业大县。但农民、渔民并不缺衣少粮，因为霞浦背靠大山，面向大海，向大自然讨生活，对于老百姓来说不是件难事，但对于县政府来说却不容易了。几乎没有工业和大型企业，就意味着财政税收的困境。翁县长要做的就是积极扶持一些能为县财政做出贡献的工业企业。

2001年8月23日福建省政府下发了一个69号政府令，题目是《福建省发展散装水泥管理办法》，这是一个地方性的法规，福建省为了加快发展散装水泥，促进资源节约和技术进步，保护环境，提高社会、经济、环保效益制定了本办法，对行政区域内发展散装水泥的管理工作等做出了明确的规定。

在翁县长的印象里，当时的霞浦到处都在建设，到处都是尘土飞扬。一袋一袋的水泥被人们背扛肩挑着进入各种工地，堆放在烈日之下。那情景就是，一堆堆的袋装水泥笼罩在一团团的烟尘之中，一团团的烟尘相互牵扯着连成了片，追随着来来往往的工人们，工人们的身前身后，都被这些轻飘飘、呛人耳鼻的烟尘所环绕，整个工地都罩在这些水泥的灰尘下，而这些飞尘在不断地上升，不断地蔓延，霞浦似乎都变了天色。若是将水泥从袋中倒出，"噗——"的一下，像是一个土炸弹似的喷发着它的粉尘。

当时在松岗镇有一家小小的搅拌站，生意不温不火，靠着乡政府的支持，基本还能维持。翁县长觉得这很好，省里要大力发展商砼水泥，何不把这家小小的乡镇企业做大，一来可以响应省里的号召，二来可以为霞浦的财政增收，这不就是所谓的企业兴政吗！

翁县长把省里给的那些个好政策统统都用到了这个乡镇的搅拌站上。小小的搅拌站可以说是鸟枪换炮，在重新开张的那天，翁县长带着一班子的人马，热热闹闹地前来剪彩。搅拌站在县里也算是扬名立万了。

令翁县长没想到的是，搅拌站的规模是上去了，可霞浦的老百姓们却还是坚守着自拌水泥的老传统，县里下发规定和政令都不管事，再加上这个企业的经营和自我推销能力太差，只是一味地坐等县里给订单，以为靠上了县政府这棵大树就能衣食无忧了。

就这样扛了几个月后，搅拌站实在坚持不下去，也就关门大吉了。翁县长的企业兴政计划就此泡汤，这个搅拌站就这么着闲置了几年。

这几年当中也有不少人向翁县长提出要买下搅拌站这块地，可这些人本意并不是做商业混凝土，而想将土地性质改变一下来做房地产开发。这件事县里不是没考虑过，因为闲着一块地，不如把它变现增加财政收入，但翁县长却始终没松口。一是因为，改变土地性质并不是他翁县长一个人一张嘴就能说了算数的，二是因为翁县长不甘心，霞浦县虽然不大，但轰轰烈烈的建设已经开始了，怎么就弄不成一个像样的生产商业混凝土的搅拌站呢？

林常平和妻子周游大半个中国的时候发现，北京、上海等大城市的工地使用商业混凝土早已是司空见惯的事情了。那里的建筑工地找不到现场搅拌混凝土，而是用汽车将沙石、水泥与水搅拌好的商业混凝土直接送到施工现场，建筑工地没有成袋的堆得像山一样的水泥，也没有搅拌机在进行尘土飞扬的操作。林常平慨叹，建筑行业的环保已经得到国家的高度重视，这种无尘化商业混凝土会有很大的发展前景。

城关镇这家生产商业混凝土搅拌站，是归属于城关镇政府的集体企业，闲置几年后，霞浦县和城关镇政府经商议后决定，把这块地和地上的资产卖出去，通过招商引资做活商业混凝土，为霞浦县将来城建和房地产业的发展打下良好基础。

林常平在听到"城关搅拌站"将要拍卖时，激动得一夜未眠，他认为这是老天爷在眷顾他，他决定抓住这个机会开始创业之旅。2006春节前，霞浦县通过报纸、电视公布了拍卖"城关搅拌站"的信息。但是，反映不强烈。在霞浦有钱人是有的，但看不上这块"烫手的山芋"，有几拨儿人接管过这家企业，经过衡量后都放弃了，现在即使有想接盘的，因资金掣肘仍举棋不定。

时间在一天天地过去，还是没有人来报名。县领导有些坐不住了，要是没有人接盘，那这事可就流产了。宁德市及至省里的指令如不执行，县里主要领导要被问责，也必然影响将来建筑业发展。上级早已经下文，建筑行业禁止用袋装水泥从事污染环境的作业。

等，对霞浦县的领导在某种程度上就是一种煎熬。但是，等，就给了林常平机会，他经过认真的核算、考查、调研后，决定参加"城关搅拌站"的拍卖。

这天，他又一次来到了县委，走进了翁县长的办公室，一进门看见翁县长正在伏案批阅文件。这是他与翁县长第一次见面。他开门见山，向翁县长提出，他想买下那个搅拌站。

翁县长一愣，他早就知道林常平这个人，一个霞浦的传奇人物。他同所有人一样，最没想到的是林常平刚出狱就能有这么大的干劲儿。看着他一双眼睛里闪烁着灼人的光，翁县长笑了笑，示意让林常平先坐下，然后慢条斯理地说："林常平，我听说过你，你可是个了不起的人呀！"

林常平也笑了笑，坐在办公桌对面的椅子上，说："我没什么了不起的，就是一个一心想创业的'年轻人'而已。"

翁县长将手头的文件推到一边，问："很多人都想要这块地，但他们都不想做企业，不想做混凝土。你也说说，你用这块地想做什么？"

林常平坐直身子，说："我就是要做混凝土。我知道那个69号令，我响应省里的号召，相信我，一定能做好。"

翁县长用怀疑的眼光看着林常平，"69号令？那是2001年的事情了，你怎么……"

"没错，我那时还在监狱里，但我天天读报，我要求自己不管在哪儿都要跟上形势。"

翁县长微微地点了点头，沉思了片刻，说："那你说说吧，你想怎么干。"

林常平一听这话，便来了精神，他仔仔细细、认认真真地给翁县长讲了自己的计划与蓝图。翁县长一边听一边用赞许的眼神看着林常平。林常平嘴里的那些政策政令似乎活了起来，一个字一个字地从纸上跃身而起，在他们的眼前搭建起了一个立体的企业发展框架。按照林常平所讲，他的这家企业在不久的将来将成为霞浦的一个纳税大户。他会助力县委县政府把霞浦变成一个真正的山清水秀的地方。10年，他要力争在10年内完成这一目标。

在林常平之前，翁县长听过很多的豪言壮语，有的比林常平说得要多姿多彩，甚至有几次翁县长都被感动了。但最后，所有的这些豪言壮语都湮没在土地性质上。当他们得知土地性质难以改变，而改变土地性质县委绝不放手的情况时，便全部偃旗息鼓逃之夭夭了。

　　这一次，翁县长也是明明白白地跟林常平讲清楚，不能改变土地性质，也绝不允许'先斩后奏'的事情发生。林常平拍着自己的胸脯说："请县长放心，我林常平说到做到，绝不打诳语。"

　　翁县长很快就把林常平的议案提上了议事日程，拿到了政府工作会议上进行讨论。国家有政策，省里有法令，县里大力扶持的乡镇企业几个月就倒闭了，一停就是好几年，说白了，这让县委县政府很没面子，人民群众都看在眼里。本来看好的一个项目，现在反倒成了一块"烫手的山芋"。虽说如此，但讨论前期议程进行得并不理想。

　　林常平在这期间也没闲着，他不能等着县委有了结果再去筹划，他要未雨绸缪，他要走到前面去，不能被事情推着走，当务之急就是筹款。他翻箱倒柜地把家里的老底儿都翻了出来，也凑不够搅拌站的第一笔款项——土地保证金。

　　于是他找出了以前的电话本和名片夹，一个电话一个电话地打过去，向那些他曾经的朋友们借。关于借钱筹款的事，无论谁问，林常平从来都是一语带过，不愿过多提及，他总是说朋友们你凑一点儿我凑一点儿，就是这么凑出来的。其实人人心里都明白，借钱从来都不会一帆风顺，林常平也是如此。林常平通过这次借钱也着着实实地认清了一些所谓的朋友。不过林常平总是说，人家不借给你钱肯定有各种各样的原因，这不能表明我们就不是朋友了，但那些在你困难的时候肯借给你钱的人，一定是值得信赖的朋友。

　　县里的讨论还在如火如荼地进行中，以翁县长为代表的一班子人是极力支持的，松岗镇政府也表示支持，毕竟那还是一个企业，只不过停产了，要想救活它就必须要有新鲜的血液注入。政府没有这部分资金，何不向社会来拿？林常平的能力霞浦人几乎都知道，大家都在用眼睛看着呢！

　　并非所有的人都对林常平有好感，他竞标成功后，霞浦县政府有的领导对他是否能把企业做下去持怀疑态度。有人当着他的面问道：

"你是不是把这个厂拍下后，先把地上的财产转卖掉，然后再把土地转手卖掉，赚个盆满钵满，好颐养天年呀？"

林常平一听这话就火了："你觉得我岁数大了，不能干事业了是吧？你想错了！我这个年龄想创业就是想干大事。我既然拿下这个老厂子，就是要豁出命也要做出名堂来。"

面对一些人对林常平的怀疑和质疑，翁县长在关键时刻一锤定音。他对林常平这个人进行了多方分析和判断后，觉得他确实是个干事业的人。翁县长说："海水不可斗量，人不可貌相。林常平是咱们霞浦县上下一百年少见的商业奇才。我相信他一定能把企业搞活、做大。"

通过这场争论，林常平肚子里憋了一股劲儿，他暗下决心："一定要把企业搞好，让那些持怀疑态度的人看看。20 年过去，我林常平勇气不减当年，智慧更胜一筹！"

林常平交了第一笔土地保证金后，县委也通过了个人购买松岗镇乡镇企业的议案。最后的公示日期就是当年的腊月二十八，过了这天搅拌站就是林常平的了。

天遂人愿，2006 年林常平过了一个踏踏实实的春节。正月里的那几天他总是不自觉地溜达到那个已经荒废的搅拌站，站在乱七八糟的院子里，林常平思绪万千，时而翻江倒海，时而平静如水。

他知道，这里将是他第三次创业的发端。57 岁了，有谁还会在这个年龄再重新创业呢？有谁还会在这个年纪里有勇气从头再来呢？有谁还会在这个年岁为自己的再创业而流下激动的眼泪呢？也就只有我林常平了吧！记得马克思在 50 岁的时候才开始学习英语，而我林常平比他还要长出 7 岁呢。

雄心壮志人人都有，但是低下头来，脚踏实地地干，可不是一件动嘴皮子就行的事儿。春节刚过林常平就把七拼八凑的土地款一次性向政府交齐，以妻子张桂玉的名义注册了福建鑫磊工贸有限公司，政府也给他提供了所有优惠的政策，他开始大张旗鼓地招兵买马修整厂房。

机遇，机遇！智邀名企打江山

内心强大的人，总会走得从容不迫，将困难当成历练。

林常平如愿以偿地拍到城关搅拌站，可以说有了可施展拳脚的平台。然而进入到实操层面后，林常平将面临两个运营方向的选择：一是利用原有设备继续生产，把这个僵尸企业输血后搞活，所需要的投入也不会很高，企业步入良性循环后也可以实现赢利，只是规模和效益在未来很难有较大的突破。二是把全部机械设备卖掉，打造一个全新的能与时俱进的新企业。这不但需要有胆识更需要大笔资金，还要冒周期长可能失败的风险。

林常平从来不会踩着别人的脚印前行，面对着早已破败不堪的搅拌站，他的脑子里早就有了一张美丽的蓝图。过春节那几天，林常平就把这个搅拌站的环境了解得彻彻底底。未来的办公楼建在哪儿，未来的搅拌站建在哪儿，未来的停车场如何建……未来的整个厂区是个什么样子，这一切早就在他的脑子里转了八百六十个来回了。

林常平周围的一些人都希望他能保守些，稳妥些，小步快走。因为林常平这样的年龄失败不起。林常平却不这样想，商业混凝土并不是一个新兴行业，除了霞浦这个小地方，外面的世界里，商业混凝土已经大行天下了，要想迎头赶上，就必须站在一个高起点上，迈开大步，打造一家全新的现代化企业。

正巧霞浦有家外地企业需要一次性使用混凝土搅拌设备，他便把场区里那几辆旧罐车，和原搅拌站的整套设备，还有些杂七杂八的零部件，一股脑地全部卖给了这家企业。这样他的购买土地的钱就全部回笼了。

林常平手里有了现金底气就足了，好比"手里有粮心里不慌"。他走路、干活都一副兴冲冲的样子，高兴时还会唱上两句，在他的指挥下，大规模的场区的改造开始了。

首先，他要把厂区大门的位置改变一下。原来的大门面向大海，林常平觉这十分不妥。林常平将大门的方向调了个个儿，门前一条大道横向而过，方便了车辆的出入。

在这同时，林常平研究了好几家生产混凝土搅拌设备的企业，从中他选择了湖南的中联三一重工。在厦门的混凝土机器设备展销会上，林常平有幸结识了中联三一重工的董事长梁稳根。

这事说来也巧，不过在林常平这半辈子里巧事实在是太多了，再多这一件也没什么。那天林常平在展销会上围着中联三一重工的那套搅拌设备转来转去，喜欢得有点儿从眼睛里拔不出来了，可是那价钱，他实在买不起。三一重工的一个工作人员早就盯上了他，拿着一个话筒，面带着微笑冲他走了过来："老先生您好，我看您在我们这里转了好几圈了，一定对我们的产品有了想法，一会儿有个互动环节，希望您能够积极参与。"

在互动现场，主持人真的请林常平台上发表感言。林常平自然不会怯场，他用一口福建普通话先是赞扬三一重工的产品在国内属于一流，然后说三一重工的产品让他动心。在场的人当中有一个人被他的即兴演讲深深地吸引住了，这个人就是三一重工的董事长——梁稳根。梁稳根想，这位个头不高声音洪亮的男人，竟然对我们三一的机器设备如此了解，甚至都超过了那个侃侃而谈的销售员，真是了不起呀！

在主办方提供的工作聚餐时，林常平举着酒杯走到了梁稳根的身边，说："梁董，没想到在展销会上能遇到您。我是霞浦的林常平，我敬您一杯。"说着林常平高举酒杯一饮而尽。梁董事长赶紧站起身，也举起酒杯一饮而尽，并拉住林常平让他坐下一起聊聊。这可是林常平求之不得的事，他一屁股坐在了梁董事长的身边，边倒酒边说："我看重了您三一的产品，真想买一套回家呀。"

"哦！林先生是做混凝土生意的？"林常平点点头。

林常平口才非常好，他的思路敏捷，逻辑清晰，一环一扣，有礼有节。他将自己从20世纪80年代初，跟随改革开放的脚步时的那场创业，一直讲到了入狱。再讲，在90年代初保外就医期间的再次创业，和现在出狱后的第三次创业的正在进行时，说得是声情并茂，感人肺腑。

这让梁稳根不禁想起了自己的创业历程。说起来梁董事长也是从1983年开始下海，经历过一次失败、两次失败、三次失败，在1986年时挖到了第一桶金，他的历程与林常平的经历太相似了。

两个相见恨晚的人越聊越投机，梁董突然变换了话题，直切主题："老林，你现在出来再创业，很艰难，我现在已经很好了，你用我的设备，一千万，我只要你三百万现款，你看怎么样。"林常平一听，大喜若狂。他双眼擒泪地向梁董事长敬了一杯。

但事情并未完结。林常平的大脑一直都在飞速地运转着，他现在手头儿上也就三百来万，若全放在了设备上，那其他的事情怎么办？于是，他收住了自己的笑容，严肃地说："梁董，救人救到底，我林常平现在借钱不容易，20%我出得起，剩下的钱我分期还给你。等于你把设备先租给我，我赚得快就还得快，等我把钱都还清了，你的设备就是我的了。"梁稳根哈哈大笑，一拍大腿说："好啊，老林，有你的，——行，OK啦！"两个人紧紧地握住了手。

很快，三一重工的设备和安装人员就到位了，一共折腾了不到5个月，安装、调试全部完成。

林常平又把旧的办公楼拆了，重新又建了一个小三层楼。一切都已妥当，2006年基本就过去了。这一年林常平拿下了搅拌站的霞浦县独家经营权，以极低的价格拿下三一重工的搅拌楼设备，还买了一辆崭新的混凝土罐车。在紧锣密鼓的筹措中，迎来了 2007 年。

电不通，事不顺，借着酒劲"闯条路"

林常平创业的目的是实现人生价值，如果不成功，他的这一生就彻底毁掉了。鑫磊公司创建初期遇到的是相关部门效率低形成的阻碍。林常平跑批文虽然费尽周章，但还总算盖了几十个公章，公司的手续办齐了，眼看着开工之际，没想到最后又卡在了供电上，他在万般无奈的情况下，使出了"耍酒疯"的招数。

这天林常平怀着非常悲壮的心情来到一家街边的小超市，买了一瓶白酒，刚一交完钱就拧开瓶盖儿一扬脖儿咕嘟咕嘟地灌下去好几口。买的时候他也没看一看这是什么酒，几口下肚后，胃里一阵的翻江倒海，喉咙和食道被烧得火辣辣的好像一张口就能喷出一口火来，由于食道的痉挛，最后一口酒还没来得及咽下就像从加了压的喷枪里喷出的雾一样从嘴里射了出来，在阳光下酒雾呈现出了七彩的颜色，一股劣质白酒的味道弥漫在他的周围。

由于酒劲很大，林常平脸色黑红就像一块烧红了的铁。他脚步踉跄地来到县委，找到了县长和副县长，努力扭动着已经有点儿打挺的舌头，瞪着血红的一双眼，伸出右手的食指，捋直了胳膊指着县长的鼻子，说："你们——在报告当中讲，要把投资环境搞好，支持民营企业发展！好！"他收起手，喘了一口粗气，接着说："这——非常的好！你们讲得条条是道——文件也发到各乡镇、各机关单位——去了，可是呢？"林常平又喘了一口气，说："为什么给我办电的什么狗屁部门不买你们的账？嗯，你们说说这是为什么？——我们公司的设备进场了，装了几根电线杆子——来人就给我拆掉了——我到各个部门去讲理，去评理——你们知道嘛，我是去讲理的——结果你推他，他推你，都半个月了，解决了吗？没——有——，没有解决！"林常平定了定自己的身体，又抬起了胳膊，这次是轮流对着县长和副县长的脑门儿指指点点说："今天——我告诉你们，就今天，你们必须给我解决问题，不然——"他摇摇晃晃地挪到了窗户边，咣当一下推开了窗，把身体探出窗外指着下面，然后回过头来笑眯眯地说："不然，我就从这楼上跳下去。老子也来个名留史册……"

林常平晃晃悠悠地转过身来两手抓住了窗框。脚下有点儿拌蒜，好像真的要从这9层高的楼上跳下去似的。办公室的一位秘书一个箭步冲了上去，将他抱住，有些哆哆嗦嗦地说："林总，您别生气，问题马上会得到解决的。"秘书强托着林常平把他拽离了窗户，按在了椅子上。副县长让林常平这一闹弄得张口结舌有些不知所措了，看到了秘书的"壮举"之后一下子醒过闷儿来。他拍案而起："我明天亲自到现场去看看，办事效率怎么会这么低。工作会议上已经再三地强调了，一定要为企业服务好，竟然跟老子玩起猫抓老鼠的游戏来了！太不像话了。"

县里领导发话了，各部门马上响应，向领导保证就是连轴转，就是不吃不喝不睡也要把事情落实下去。果然，不出一个星期，这个原先让各部门都"愁眉苦脸"的供电系统，就这么简单地给建起来了。

林常平每每回想这件事就觉得很可笑，又觉得很无奈。从监狱出来就是想认认真真、踏踏实实地，不违法、不违规地做一番事业，来弥补自己对家庭的亏欠，弥补自己对自己的亏欠。时间对于他这个"劫后余生"的人来说比什么都要重要，比什么都要宝贵。他等不起也靠不起。

信誉＋胆识，玩转资金链

"我们虽然是在偏远的地方，也是一个贫穷的小地方，但要建一座现代化的、花园式的工厂。让工人们进来工作舒心，参观的人进来看得悦心；特别是要让合作者看到他们的伙伴是一个有品位、有修养、有想法、重情义的合作者。有假山流水、有亭台美石，要有各种鲜花，还要有十几种果树和观赏树，午休时可以走走，让工人们赏心悦目，是我最大的心愿。"

林常平当初的想法在办厂的这几年时间里逐一地实现了。现在的厂区果然像一座小型的园林，在这"穷乡僻壤"显得很特殊。院落里有柚子、桃子、橘子、樱桃树，还有青松翠柏和梧桐。除此之外，林常平还在厂子里设立了员工俱乐部，俱乐部里有个健身房，他经常轰着那些坐在办公室里的小青年去健身房锻炼锻炼。他总是说，现在的这些孩子们可不比他们那会儿结实了。

在开业典礼上，林常平对所有的员工和来宾说："我要做儒商，而不是挣钱的机器；我要做一个讲诚信的生意人，当一个有爱心的企业家，而不是见利忘义的人，这是我的人生追求和经商理念。"

俗话说性格决定命运。林常平什么性格？说一不二，说到做到，但令他没有想到的是，他的想法新，设计大气，但兴建一座工厂竟然花钱如流水，设备施工、厂房建设，人吃马喂，没过多久，林常平手中就分文皆无了。这时候整个宁德地区都从环保角度，力推以商业混凝土代替传统的人工自拌混凝土，在政策和资金方面有大幅度地倾斜。这虽然是个利好消息，但没有工地，优惠政策等于零。

其实什么事情都不会是一帆风顺的，在 2006 年初建厂的时候，林常平交完了全部的土地款，手头就没什么钱了。搅拌站加上公司里的行政人员陆陆续续地到位，差不多有二十来人。这二十来人的工资可是一笔不小的数目。林常平手里借来的那几百万块钱，颠来倒去，最后也全部用在购买设备和罐车上了。员工的工资得另想办法。

鑫磊公司刚刚成立，这个时候向银行贷款的可能性不大，如果再向朋友去借也不现实，一是借不来多少了，朋友们的情况林常平已经了解得差不多了，总不能让朋友们也砸锅卖铁来帮助自己吧！二是，就算还有朋友肯借，那又能坚持多久呢？总不能月月为工资问题到处借钱吧！与其把时间都浪费在借钱上，倒不如找个可靠的资金公司做个短期的"高利贷"。

林常平相信自己的能力，只要搅拌站开始运转，那时再走银行贷款问题就不大了，到时用银行贷款还上高利贷不就行了。钱嘛，就是从这个口袋拿出来，再放到那个口袋里去，只要能流动起来就会源源不断。关键是要让搅拌站能尽快地运转起来。

林常平大胆地向资金公司借了一笔为期一年的高利贷，这笔钱他主要用于发放员工的工资和奖金。一些至今还在公司工作的老员工，在谈起他们的林老板时，最佩服的就是，林总无论在什么情况下都没有拖欠过他们一分钱的工资，哪怕是自己去借高利贷也不会亏了他们这些员工。并且在逢年过节的时候还会提前发工资，还会发红包，还会发补助。在其他的公司里那可就不一定了。就凭这一点，他们也不愿离开鑫磊，不愿离开林老板，再苦再累也心甘情愿。

林常平将目光转移到了银行。林常平以为只要我以工厂作为抵押一定会借到钱。他信心满满地走进了银行，林常平一言未发，只见银行的工作人员竟然吃惊地望着满头白发的他，言外之意您老多大年岁了，还来借钱？

林常平是何等聪明之人，他马上才意识到了问题的关键，二话没说，转身离开了柜台。原来，林常平是一头黑发的，但在进入拘留所后，一夜之间竟然头发全雪白了。他从监狱里出来后，并没有去染发，依然是一头白发出入各种场所，而他忽略了银行贷款是有看年龄的。虽然林常平才 56 岁，但他顶着一头白发，像个快七十岁的老人！

第二天，林常平将白发染成了黑发。当他再次来到这家银行后，顺利地填表办手续，但当主管告诉他贷款额度时，林常平有些不知所措了。

"这么点钱不是杯水车薪吗?"他在银行大厅里走着，自言自语着。

突然间，他想起在第一次取保候审后他做烤熳厂时，曾与这里的一位行长有过一面之缘。

对，就找他去。于是，林常平敲开了行长的办公室。

"行长，我是林常平，您还记得我吗?"

没有等林常平把话说完，行长笑笑说:"我怎么能忘了霞浦改革先锋林大胆呀?!"说着让林常平坐下。

林常平一见行长还记得他，一不做二不休，就把他所经历的和所要做的事都讲给行长听。

行长听后沉吟片刻，说:"你是霞浦的功臣，为霞浦的经济做出了贡献，是铺路石，牺牲品。现在你如期出来了，56 岁还再为霞浦做事，我们银行是国家的银行，钱是储户的，我们贷款是要贷给有信誉，有能力偿还，有前景的企业或个人。"行长的话令林常平十分感动。

林常平从来没有像今天这样春风得意，行长不但善解人意，而且深明大义。

"用厂房和公司抵押吧。"就这样林常平拿到贷款 1500 万。这1500 万元货款，是钱，但也不是钱，是信誉，更是信任，是对民营企业的大力支持。

银行贷款批了下来，这可一下子解决了不少的问题。林常平总是笑谈，这笔贷款，他的头发起了至关重要的作用。从 2008 年起，鑫磊便进入了大发展时期。

做好"亏本第一单"

林常平虽然完成了设备安装，办公楼也盖好了，生产用的原材料和水电也备齐了，工厂如花园，员工们个个斗志昂扬，充满朝气，万事俱备只欠东风，他们现在最需要的是一个合同，一个订单！

然而，这第一个大单来得太难了。

俗话说天无绝人之路，正当大家为没有活儿干一筹莫展的时候，县里的一个干部找到林常平："霞浦县为了县容县貌，对护城河启动维修工程，但咱们是贫困县，县里只能够拿出200多万元，如果河底要铺上水泥，也要大几百万元，这个钱县里就拿不出来了，所以县里号召企业积极参与这项公益工程，有钱的出钱，有力的出力。林总，这是一个好机会，您的项目刚刚启动，应该讨个头彩。"

这的确是个好消息，但这是个公益项目，不但没有钱赚，还要往里面搭钱。

林常平此时将面对两难的抉择。一是未得先舍，二是鑫磊公司刚刚起步没有生意，自然在县里就没有知名度，这个机会是难得的。是投入资金抓住这次机会，还是……

"林总，我们现在刚刚起步，我算了一下，这条河长几公里，要是把河底都铺上水泥，我们连工带料要投资200多万元，这对于财大气粗的企业不是个事，但我们至今没有进项，一分钱没有进来，却先花出去200多万元，您要慎重考虑。"会计的话，让林常平陷入了沉思。

晚上林常平静静地坐在家里，妻子桂玉把饭已经热过几遍了，但林常平没有一点想吃的意思。他在反复想着会计的话，也在反复衡量着利弊得失。他有个习惯，每当大事来临，他都喜欢翻出自己的日记本，因为那里有许多他记录下来的"真经"和心得。

"这是我们鑫磊集团树信誉、立品牌、传名声的大好时机。为霞浦做贡献也是我们企业的宗旨。这公益项目我们必须要接，而且还要干好，要打出我们名声，就叫'舍得工程'。"在全体大会上，林常平的这番话算是总动员了，中层领导和普通员工虽然不一定完全赞同，但是董事长已经拍板定夺，也没人反对。

就这样，林常平把县政建设中已经停工的项目起动了！为霞浦县城修护城河提供后续工程的商业混凝土，鑫磊的泵车开到了河岸边，彩旗招展——"鑫磊公司全体员工甘愿为霞浦母亲河的水净河清做贡献"；汽车轰鸣着——搅拌车上披着大红花，已经搅拌好的混凝土接个管道直接用来施工，再也没有从前那种一个搅拌圆筒在马路边轰隆隆转动，建筑工人满脸满身的灰尘拎着袋子往里倒水泥的情景，周边居民再也不用忍受轰隆隆噪音的袭扰。这景象好不壮观，这工程好不暖心。

商业混凝土的这些好处对建筑行业以外或远离施工现场的人，可能没有引起多大的关注，但是对于施工现场的工人和周边居民是不言而喻的，尤其是建筑工人，他们省时省力的同时还免受粉尘污染的苦，这可是一件大好事。

林常平的"舍得"工程初见成效，可以说达到了他的"树信誉、立品牌、传名声"的预期效果。特别可喜的是，这项工程的成功，引起了一家建筑公司管理者的深入思考，虽然商业混凝土的价格比人工搅拌略贵，但是省去了人工，适应国家环保部门所倡导的方针大计，属于未来的环保必行之路。他们来护城河施工现场，看质量、看规模，这效率、这干净整洁的现场，让他们做出了判断和决定，要与林常平见面谈一谈，企业领导在考虑成熟后拨通了林常平的电话。

2020 年，如果你走在霞浦县城的马路上，看着高耸入云的高楼，鑫磊公司的员工会很骄傲地告诉你："瞧，这些新建的高楼 80% 用的是我们公司的混凝土。"随着话音你会感到那份自豪感、幸福感都写在了他们的脸上。

如果你走到护城河边，遇到企业创建初期就入职的老员工，他还会以元老的口气告诉你："修河道用的是我们公司的混凝土，这是我们鑫磊公司成立后对霞浦县公益事业做出的第一笔贡献，我们当时连工带料一共投资几百万元呢，这对一个刚刚起步的企业是一个不小的考验，我们现在经受住了考验，所以我们成功了。"

"鑫磊"与"宏翔"，1+1>2

霞浦南峰山下的福宁湾畔，有一座美丽的全封闭寄宿制高中——霞浦县宏翔高级中学。这所学校的建立，为闽东的基础教育注入了一股新鲜血液。

然而这所学校在建立之初曾遇到巨大的考验：楼舍盖不起来，学校将错过招生季。

2006 年夏末秋初，霞浦县宏翔中学小型会议室正在召开董事会会议。由于建校需要办理复杂的手续耽误了时间，不巧又遭遇了一场强台风，眼看校舍建设的工期要被耽误——招生季前不能完工，损失自然不可估量。这也是今天宏翔中学召开董事会的缘由。

会议室里气氛凝重，除了学校董事会成员外，还有一位霞浦县教育局林局长。会议激烈地商讨着教学楼建设完工的时间、开学时间，尤其是要确定请哪家建筑公司承担这项时间紧任务重的项目。

"迫在眉睫的是明年暑期的第一次招生，如果我们不能够确保开学，晚一年我们的损失不可估量。这么短的时间内，既又要保质保量完成建设任务，又要考虑我们的资金并不多，非过硬企业和有担当有情怀的企业难以胜任。"陈董事边抽烟，边若有所思地提出问题。

"陈董说得对。时间太紧了，工期不能够拖，质量又要有保证，霞浦这个小地方恐怕巧妇难为无米之炊，我们不如还找浙江的建筑公司，这样做还有把握。"

张董事打断了这位董事的话，说："刚才林局长提供了一个好的建议，就是使用商业混凝土作为主要建筑材料，可以加快施工进度。霞浦鑫磊公司生产的商业混凝土质量好又环保……现在福建省提倡环保工程，我们初来乍到，不能坏了这里的规矩；二是商业混凝土操作快捷，无论是本地的公司还是外地公司承建我们校舍，都可为我们节省时间；只是价格比散装水泥高了些，但为了工期是可以考虑的。"张董事接着说道："如果既要省钱，又要提前完工，还要保质保量，其结果哪样都难保。"

李董事说："张董，我觉得这家企业似乎不行，他们存在两个问题；一是规模太小没有底气；二是刚刚成立，恐怕经验不足。还是慎重考虑为好，我同意用咱们浙江建筑公司承建，也用浙江企业生产的混凝土。"

王董事却说："我不同意李董的说法。现在已经不是以名气大小和企业规模大小来衡量企业的时代了，新企业有新气象。说一千道一万只要符合我们的标准，能保质保量地按时建成校舍，就是我们的首选。无名，这一战可以打出名，规模小，这一战可以让他成规模。我们宏翔不仅培养学生，更可以造就企业。我看这家公司可以，价格还可以往下压一点。"

李董和王董的话让会议陷入沉默状态。

霞浦县教育局的林局长看着大家都不说话了，打破了沉默说："我给大家讲一个故事吧。"众位董事把目光都集中在了林局长的脸上。

"我说的这个人当年只有16岁，在霞浦县委茶叶局当通讯员，县委茶叶局办公室与霞浦县一中面对面。这位小伙子早年辍学，虽然好学，但也无缘上霞浦县一中这样的学校。一天，一中在开运动会，大喇叭里传过来运动进行曲。小伙子一听，浑身热血沸腾。那时候，他很是向往中学的学习生活，但是他已经离开学校上班了。可他仍然悄悄地溜进学校操场，在学生们开始比赛的时候，他偷偷地跟着跑了起来。这项目是3000米长跑，一共15人，加上他是16人参加，400米的跑道，一共要跑7圈多。学生们都是练习过长跑的，有的还是体校的学生，自然没有问题。可这位小伙子平日没有训练过，自然落到了最后一名。大家都到终点了，他还差一圈，全场的人都为他鼓掌，大喊加油、加油。最终他跑完了全程，累得瘫倒在地。其实，他坚持跑完全程，表面上看没有什么，但我认为他有两种精神值得说一说。一是在这种情况下，你不是学生，却敢前来参加比赛，一般人前来看看还可以，敢参与者几乎为零；其二，他跑到最后，而且是最后一圈就是他一个人了，他完全可以不跑了，但他继续跑完全程。许多人都怕丢人现眼就不跑了，可他坚持跑完。虽然这就是一件小事，但可以从中看到他与众不同的地方。"林局长讲完，大家有的点头，有的低头沉思。

"这人有意思，真想见见他。他叫什么名字？"

"鑫磊工贸集团董事长林常平。"众人沉默不语。

徐校长打破沉默说："首先我们要考察这家企业和这位企业家，其二，要考察他们的产品质量、口碑，如果我们考察的结果大家都满意，再谈价格如何？"

林局长说："正好鑫磊在给县里做一个公益工程，护城河项目，大家可以考察一下。"众人一致赞同。

此时的林常平正在护城河督战。这项目是鑫磊公司成立后的第一个项目，也是鑫磊公司支援县里建设的公益项目，用林常平的话说，是赔钱也要做的项目。

当徐校长和各位董事来到护城河边的时候，鑫磊公司已经将整个河床的淤泥清理干净了，正在往河底铺混凝土，非常壮观。只见一辆辆泵车你来我往，将混凝土倒向河底，从县东关一直到西关观音阁，还要铺向上游大约100多米处，总长五公里。徐校长他们站在临岸的浅水处，用脚踩踩，看看质量。有一位董事走到一位工人面前，问道："请问这混凝土怎样呀，结实不结实呀？"

"结实呀。林老板他们的水泥质量好。"

正当徐校长一行人你问这儿、他问那儿时，林常平来了。

徐校长一行人纷纷打量着这个个头不高，面色油黑，身体结实，有着一双炯炯有神的大眼睛的林常平。林常平向大家介绍着工程的进度，商业混凝土的优点。当他得知是在考察他的企业时，他说："好呀，随便看，在关帝庙前边，还有一幢6层的小楼用的就是我们混凝土。"

一行人来到小楼前，这里一层是店铺，二楼以上是老年活动中心。活动中心的负责人接待了徐校长一行，说起盖这幢楼的情况，负责同志说："盖这楼的时候可让我们开眼了。"

"工地刚刚开始施工的时候，林总的鑫磊公司全员出动。他们这些现代化的设备，我们霞浦人见都没见过，搅拌车很少见过，泵车根本就没有见过。当时鑫磊集团水泥泵车艰难地从狭小的街道挤了过去，在一处相对平坦的地方固定好，与混凝土罐车相连接开始了工程作业。这在整个霞浦县城成了一件轰动的事，人们一传十，十传百，百传千的，一个个扶老携幼兴致勃勃地前来观看这'西洋景儿'。当时围观的人特别多，我们地处老城区，路况也不好。林总他们那个泵车太牛气了，6层楼高呀，水泥直接喷到几十米，老百姓都看傻眼了，哪见过这些先进装备呀。"

林常平补充道："当时我们也有压力。这个地区路窄，人多。搅拌车在这儿搅拌料，然后用泵车往楼上打料，如果均匀很顺利没问题，如果料不均匀，温度再高些，就会起泡，会炸掉。所以我们派了十几人，又请民警一起现场维持秩序，这个是我们接的第一个经营性的工程，绝对不能够出事故。"

众人边听边走，从楼的质量，到内外的设计，无论是在霞浦还是宁德，就是拿到浙江，此工程也是没有的话说。

徐校长和校董事们带着各自的想法和疑问来到了林常平的鑫磊公司。办公楼不大也不怎么气派，工作人员却都在忙碌着。

搅拌楼有两条生产线已经全部安装到位，调试完成。正在试运行的生产线上发出了震耳的声音。工人们还有罐车司机们都穿着干净整洁的工作服在岗位工作，这是让徐校长一行人没有想到的。来之前校董们的脑子里便是一片乱糟糟的、尘土飞扬的劳动场面，甚至他都能感觉到鼻孔里隐约有着一股洋灰的味道。可眼前的一切，让他对混凝土搅拌站有了一个全新的概念。林常平一直引领着他们在厂区里参观，有的人看果树，有的人看花，有的人在小亭子里坐一坐，厂区里的一个细节让徐校长终生难忘。他发现几乎在每面墙上都贴着各种各样的行为规范和行为准则。有关于试验室的，有关于司机的，有关于车辆保养的，有关于交通规则的，有关于质量标准的，等等，事无巨细。其实，关于生产，徐校长他们并不感兴趣，就算是林常平口吐莲花，他们也未必能动心。但各处所看到的这些细节却让徐校长对林常平添了不少的好感。考察参观结束了，董事会成员心里也都有了答案。

再次开会又有董事问："质量是没有问题的，但价格多少？产量是否能保证施工进度？"

"商业混凝土与现场搅拌混凝土不是一个概念，现场搅拌混凝土便宜，不环保，属于淘汰工艺，而且周期长。商业混凝土是省里早就提倡的，新工艺，既环保质量也好，咱们最为关心的是它周期短，速度快，只是价格要高些。"徐校长说完用询问的目光看着大家。

"我们这项目不只是初建的教学校，后续还有，如果鑫磊公司一期工程做得好，我们二期三期工程都给他做，这样的话，一期工程咱们看看他，他也看看咱们。现在咱们是资金紧张，在价格上他们如果能够让一些，少赚不赔，等咱们开学了，资金自然就不成问题了。"

让徐校长和董事会所有人没有想到的是，林常平根本没有讨价还价，他说："价格就按照你们说的办。能把建学校的事交给我们鑫磊，是我们的荣幸。为孩子们，我们会保质保量，为按时完工尽一切努力。"

鑫磊公司的老员工对林常平说："咱们总是不挣钱打个平手，甚至还亏钱，这可不是做买卖呢！"

林常平召开了中层干部会议，在会上他直截了当地说："这里工业落后，现在人们都不认可我们鑫磊公司这个商业混凝土，但是我们心里要明白，我们这个产品是环保的，是高质量的。河底工程，我们等于赞助了霞浦县，这条河也是我们的母亲河，我们天天在它的身边走，它亮丽了，我们的生活不也就美丽了吗？这是我们的招牌，试想想，如果我们没有这个河底工程，人家宏翔拿什么去考察你，凭什么信任你鑫磊？这个品牌的建立，比挣多少钱都值得。现在宏翔他们校舍建设能用我们的产品，一是个大订单，二是大工程，三是示范工程。这对我们鑫磊公司的发展非常重要。要想赚钱，首先要想怎样做事。"

这边的董事会也在商讨是否让林常平他们鑫磊承接学校的工程，价格已经不是问题，施工进度和质量也没有问题，只是要得到所有股东们的一致赞同。

徐校长说："今年 12 月 21 日奠基，明年的 9 月 1 日就开学。细细算来也就 8 个来月的时间，我们要确保万无一失。鑫磊公司是霞浦设备技术最先进的商业混凝土企业，他们河底改造工程我们也都看到了，质量非常好，盖学校质量第一，孩子们的生命第一，这一点我们必须坚守。"

2006 年的冬天，对于林常平就是春暖花开的日子。

那个冬夜是个月亮很圆的晚上，双方正式签订合同，大家举行了欢庆晚宴。林常平说："徐校长，我们初次打交道，相信我们一定会合作成功。"

徐校长笑着说："林总，这次让你们企业吃了些亏呀。"

林常平大手一挥："我林常平做企业，要看重社会价值，让弱势群体得到关爱，让社会更加和谐。学校工程关乎我们的教育形象，我们要把项目做成样板工程，共同开启校企联合的新篇章。"

林常平的这话说到了在场人的心坎上，特别是宏翔学校的股东们，作为一个外省人来霞浦办学校，他们是需要当地人的大力支持的。当时只有四十出头的徐定军校长激动地给林常平一个大大的熊抱："林大哥，你这个朋友我是交定了。"

2006 年 12 月 21 日，宏翔中学校址顺利举行了奠基仪式。

这一年的新年，林常平和他的团队没有休息，这一年的春节林常平和他的团队也没有休息。他带领着新生的鑫磊员工加班加点，大干特干。他一丝不苟，苛求着每一个环节，就像一个出色的绣娘，一针一线地，密密匝匝地织绣着一个锦绣的前程。这一切，徐定军都看在了眼里，记在了心里。对于这个个头不高，声若洪钟、目光坚定的人，徐定军由衷地钦佩。

2007 年 9 月 1 日，宏翔高级中学迎来了它的第一批学生，霞浦县宏翔高级中学新生入学仪式开始了。

站在嘉宾席上的林常平显得异常激动，他环视着经过自己企业的努力，这座美丽的校园终于在开学前顺利竣工了。

望着活泼可爱充满朝气的孩子们，林常平从心底里喜欢，这或许是他当过老师的缘故吧，他对学校、对学生有一种天然的热爱，也有一种将与学校和师生永结善缘的情愫。

宏翔高级中学作为一所新学校，在刚刚开始的前两年，是很难打开局面的，基本器材和教学环境建设还在逐步向前推进，每年都需要几千万的资金投入。为此，宏翔中学需要向银行贷款，但是学校是不能作为抵押物抵押出去的。如果去找担保公司，不仅需要实物抵押，还需要付很高的费用。

董事会经过商议，决定向林常平讲明学校现状，想请鑫磊公司作担保。林常平听后斩钉截铁地说道："没有问题。鑫磊公司的资产已经上亿元了，完全可以给宏翔担保。"

由于资产量很大，需要相关机构做评估，林常平花钱请了一家评估公司，很快做出评估报告，交给了银行认定。

在签字前，徐定军有些迟疑，因为鑫磊公司的法人不是林常平而是他的夫人张桂玉。所以徐定军找张桂玉签字时，很担心她会拒绝。张桂玉看出徐校长面有难色，说道：“常平都跟我说了。我是一名老教师，学校的事就是大事，放心吧，我们帮到底。”

徐定军没有想到张桂玉如此知书达理，笑着说：“林大哥真是有福气，家里有一个贤内助呀。”

大多数企业家手中的钱总是也不够花的。徐定军想建一个规模大、教师水平高，能够把普通孩子培养成优秀学子的学校，软件硬件都需要大笔资金，银行贷款也是贷了还，还了再贷，鑫磊公司也是连续几年为宏翔高级中学担保。

徐定军也一直非常感谢林常平夫妇，尽管林常平曾经被骗过，但是，他仍然为宏翔高级中学担保。他知道学校事业是国家的希望工程，是百年大计。也正是因为有了林常平担保和银行的支持，几年时间过去，宏翔高级中学已经成为远近闻名，学生考试成绩在宁德市名列前茅，在各项比赛中取得了令人瞩目的成绩。

在 2019 年高考，宏翔高级中学，“一本”重点上线 200 人（不含体艺类），“一本”上线率 26.6%，占全县“一本”上线总人数的 40%；本科上线 620 人，本科上线率 77.4%，占全县本科上线总人数的 41%；“一本”和本科上线人数均进入宁德市高中前六位。林洛彤同学以 615 分摘取霞浦县文科第一名，被中国传媒大学录取，曾俊胤同学以 614 分摘取霞浦县文科第二名，被厦门大学录取。

宏翔中学这棵大树，之所以枝繁叶茂，得益于方方面面的支持，当然少不了林常平的鼎力相助。正如生活千种，人生百态，你怎样看待世界，世界就会怎样对待你。心有阳光的人，不但能给身边的人带去温暖，自己也会被这阳光滋养着。林常平正是带着一颗赤诚的心，朝着明亮的地方，用力生长。

蚂蚁吞象，小企业啃下硬骨头

林常平知道时间就是金钱的道理，他以最快速度建起了一个现代化的企业，这在霞浦县乃至宁德地区都创造了白手起家的奇迹。

时任县长翁成禄曾对林常平创业速度之快做出这样的总结和评价："林常平对党的政策、国家经济形势了解得非常深入，在企业创建中对相关因素把控得当。这说明他在监狱的这 20 年里，大脑一直没停摆，关注社会发展的眼光没有偏，顺应国家改革方向的心气没有变。商业混凝土为什么城关镇的人没有做好，虽然原因是多方面的，其中一个最重要的原因就是管理者缺少林常平的头脑和他的魄力。林常平在经营策略上也有自己的见解。投 1000 元钱将来赚 1 万块可以干，投 200 元钱，将来赚 300 元呢，也可以干，总之要坚持下去，中途不能放弃，一放弃就什么都没有了。他能在出狱后的短短时间内融资五、六百万元，这是很多人做不到的。企业建起来，对于一些人来说也许能融来钱，但是还是个空壳公司就能融来大笔资金，这不仅是在霞浦，就是在宁德甚至整个福建都没有第二人。林常平的资金链运作得非常好，不仅没断还越来越牢固。这几个方面的能力是林常平成功的关键。"

2007 年林常平的鑫磊还接下了军用机场的一项工程，24 个机窝的混凝土浇筑全部用鑫磊的产品。林常平的团队为何能在短短的时间内接到这样大的项目？他说："冲击市场靠什么？一靠先进的设备技术，二靠攻坚克难的决心，三是要抓住机会。"

机场项目对混凝土的质量要求非常高，施工单位要求提供钢纤维混凝土。这种混凝土是在普通混凝土中掺入乱向分布的短钢纤维，形成的一种新型的多相复合材料。而施工单位要求在混凝土中加入的

C60 钢纤维，是生产混凝土所用的最高强度的种类，能使混凝土改变脆性易裂的形态，产生增韧和阻裂效应，提高混凝土的抗拉、抗弯强度与阻裂、限缩能力并以此增强抗冲击、耐疲劳性能，在荷载、冻融等疲劳因素的作用下，因阻裂性能的提高延长使用寿命。这些个质量条件都是机场建设所必须达到的要求。

如此高规格的钢纤维混凝土，对刚刚投产的鑫磊公司是一个非常大的挑战。实验室在与科研单位联手对钢纤维加入量及检测手段都进行了深入研究，最后试制出了强度能达到要求的产品。

生产出来合格的产品后，运力又成了问题。当时鑫磊公司只有一台泵车，运送难题怎么解决呢？只有租赁泵车了，林常平马上叫人联系了租赁公司，准备租了两台过来。但是，一问租金太贵，林常平想长痛不如短痛，咬咬牙，向三一重工又预定了两台泵车，并且要求尽快交付。

大唐项目，不是"馅饼"是"铁饼"

2008 年鑫磊接到的第一个项目是"阳光城"的房地产项目，一共 32 层，大概 100 亩左右，同时还接下了霞浦火车站旁的一条主干道的两段重点工程。这让林常平的心里多少踏实了一些。

俗话说"天时地利人和"，事业要是顺了，挡都挡不住，好项目就这样意想不到地接踵而来。

大唐宁德火电厂位于福安市湾坞乡，是国家支持建设海峡西岸经济区的重大电力项目之一，也是闽东第一个大型火电厂，堪称闽东改革开放以来最大的建设项目。如此重大的项目，当时没有进行竞标，当然不是林常平挖空心思运作来的，而是火电厂建设单位的领导和工程技术人员找上门来的。在一般人看来，大项目找上门来无异于天上掉馅饼的好事，但是项目开始了，林常平反而倒抽了一口凉气："真是来者不善!"

当时宁德地区除了林常平的鑫磊，还新建了三家商业混凝土生产企业，火电建设公司的领导和工程师挨家儿进行了考察。从距离上来讲，鑫磊公司离得最近，只有 35 公里。从设备上来讲，福安的一家最新，但刚刚上马，从技术水平、产能规模上讲又都达不到要求。在最后一次实地考察时，当时鑫磊的林庆华副总，听到火电公司的一个工程师给项目负责人打电话说，他们考察了几家，只有鑫磊的各方面指标达标。林庆华马上把这个好消息通报给了林常平，在最后的议价环节，林常平一下子亮出了底价，以表达诚意。

行家不用多说多问，火电建设公司的领导和工程师在鑫磊公司的现场转了一圈，就彼此间心知肚明地点了点头，那意思就是说：定了，就用这家公司了。

项目紧急，他们来到办公室与林常平商量合作条款。林庆华副总经理根据质量标准针对原料用量、人工、运输费做了初步核算后，他得出结论 415 元 / 立方米，但是，对方希望能以更低的价格成交，林常平最后确定的价格是 370 元 / 立方米，这个价格几乎没有利润。林庆华听到这个谈判结果吃惊不小，他张着嘴只说了一个字："这，这，这……"其余的话没有说出，作为跟随林常平创业的元老级人物，他知道林常平一旦决定的事情，任何人都没有推翻的可能，后面的话就没有说出口。

后来林常平向林庆华解释说："大唐火电厂这个项目，是国家重点工程，人家能够把这项目给咱们做，只要不赔钱咱们就要做，做好了我们能竖起企业的美誉度，品牌会更响，我敢保证今后不愁拿不到赚钱的大项目。"

价格好说，反正不赔钱，真正"来者不善"的是混凝土浇筑的控温操作。

火电厂的基础建筑与普通房地产的基础建筑不同，它的承台体量十分的巨大，有 3500 方，这对林常平的鑫磊来说是一个不小的挑战。这 3500 方的承台需要一次性浇筑成型。也就意味着，对于混凝土的入模温度，及水化热的升温控制十分的严格与精准。

当时霞浦的气温在二十三四度，而混凝土的入模温度就不能超过 25 摄氏度，并且要保障混凝土的中心温度不能升温过快，表面温度及湿度不能损失过多。否则，就无法控制温度变化形成裂缝的扩展，从而严重威胁整个工程结构的完整性和建筑物的安全。

林常平和中层干部及相关部门一起开会研究，怎么样才能够使产品的入模温度降下来，会议开了两个小时，大家仍然一筹莫展。林常平看了看当时负责实验室管理工作的吴主任，问："你已经在这个行业工作了很多年了，也是公司的技术大拿，你有什么好办法？"

当吴主任得知接下了大唐火电厂工程的消息时，是又喜又悲。喜自不必说了，悲，是他对 3500 立方米的承台一次浇筑成型毫无把握。普通房地产项目或道路施工基本上不用对混凝土的入模温度进行控制，如果白天气温太高，那就夜间施工，一个晚上就也浇筑完成了。但这次不同，这么大的体量，这么远的距离，怎么可能把温度控制得那么精准？如果出现裂缝，那可不是闹着玩儿的。

林常平用询问的目光看着吴主任，希望他能拿出一个可行的控温方案，可吴主任皱着眉头，连看都不敢多看林常平一眼，不是挠一下头，就是胡噜一下鼻子，表现得焦灼又无奈。林常平最瞧不上他这个样子，行就是行，不行就是不行。俗话说"三个臭皮匠顶一个诸葛亮"，何况你吴主任还是一个专业人士，多少也会有个想法。

吴主任沉吟片刻终于开口了："林总，我才疏学浅，理论上是有一些控温的办法，但在霞浦这样闷热的环境下是否有效，不好说，万一出了问题，我可担不起这个责任。"

说完又不住地摇着头，连连地嘟囔着"不行、不行、担不起这个责任……"

林常平一听这话火就上来了，他指着吴主任的鼻子说："你是一个技术人员，现在有技术上的问题要解决，你拿不出一个方案来，上来就跟我讲责任，你作为一个技术人员的责任感在哪儿呢？"

"不是我没有责任感，而是我没有这个本事。"吴主任双手一摊，讪讪地看着林常平。

此时的林常平倒不知该说什么好，他压住心头的火气，向吴主任摆了摆手，说："先不要下结论，你回去好好想想，世上没有解决不了的问题，控制住温度有难度但也不是没有办法，好好睡上一觉，也许就会有办法了。"吴主任离开了林常平的办公室没有回家，也没有去实验室，居然不见了踪影。

"吴主任不见了！"十万火急！实验室的主要负责人临阵脱逃，对于林常平而言真是懊恼到了极点。运营方面的什么困难都可以克服，他可以称得上是一个坚强无比的铁汉，但现在是专业技术问题，这让他无从下手。怎么办？林常平迅速召集技术骨干开会，人员都到齐了，可林常平却一支接着一支地抽烟。沉默，会议室里沉默了几分钟后，林常平反而心情平静下来了，他对大家说："我没有怕过什么，因为我知道自己可以渡过任何难关。但现在是技术问题，需要大家的努力。工程如战场，战场上要不怕牺牲，最恨逃兵，吴主任临阵脱逃，这不是一个技术骨干和男子汉做的事，现在还有谁想临阵脱逃吗？如果有，我一定不拦着。但我可以告诉大家，咱们鑫磊不会倒下，咱们眼前的难关一定会渡过，我相信大家。"

林常平的话说得很平静，声音也比以前小了许多，但像洪钟一样敲打在大家的心里。没有人退出，没有人说一句泄气的话，林庆华副总说："我们跟定林总了，困难我们大家想办法克服，这难关要是闯过去了，我们会顺风顺水，企业将会有个大的飞跃。"事情往往就是这样，看似山穷水尽的时候，会突然出现柳暗花明的景象。

林常平召集了所有技术人员和生产人员连夜讨论方案，针对使用的砂石、水泥、水、外加剂这几种原材料进行分析，经过多次的试验，终于确定了一个行之有效的控温方案，尽量减少砂石的含泥量，在可控的强度范围内减少水泥和水的用量，防止骨料在阳光下暴晒，降低升温的环境条件。但是，这些都是辅助条件，不能够使成品降到理想的 25 度。

林常平突然想起在"冰寒于水"这句成语，对呀！最得当的降温办法就是往水里加冰。当林常平说出"加冰"二字时，大家兴奋得跳了起来，实验室的工作人员马上进行了试制，试验证明，这种方法的确可行，试验终于成功了，温度终于降下来了。

温度问题算是解决了，但 35 公里的运输距离，对于林常平来说也是一个挑战。那时他已经有 9 辆大罐车了，这 9 辆车可以不分昼夜地 24 小时连轴转。但司机有限，每个司机几乎都是十几个小时不停息。这对行车安全造成了极大的隐患。为了避免他们因疲劳打瞌睡，林常平便在每辆车上专门配一个"司机助手"，不断地与司机聊天儿、听音乐，讲笑话，甚至唱歌……每个司机都配有香烟和零食，有好几个平时不抽烟的司机就是在这个时候学会了抽烟，平时不吃零食的，也从这个时候养成了吃零食的习惯。

由于火电厂建设项目属于国家重点工程，不能随便进出，林常平在工地配合施工方指挥，林庆华副总负责组织生产和运输。施工方领导见鑫磊公司如此全力以赴，尤其年近花甲的林常平在现场连轴转，使他们深受感动，决定由他们增派 6 辆专业罐车协助运输。就这样他们一起奋战了两天三夜，圆满地完成任务。因为这个项目的成功，鑫磊公司声名远播，福建同行中有几家企业前来取经，更使公司的好形象传扬开来。

2008 年即将过去，2009 年即将到来，林常平将带领鑫磊公司跨向一个新的年份，走向新的高度。

商海解语：热爱明天莫虚度

失去女儿 5 年后的 2009 年 8 月，第十一届全国人大常委会第十次会议通过关于修改部分法律的决定，其中一项，就是删去《计量法》《野生动物保护法》《铁路法》《烟草专卖法》四部法律中关于投机倒把罪的规定，并做出相关修改。林常平来到那条他撒过玫瑰花瓣的河边，面向波光闪闪的河水说："女儿，爸爸告诉你一个好消息，'投机倒把罪'从咱们国家的法律中删除了，你的爸爸有错但不是罪犯，爸爸是好人呀……"

河水哗哗地向前流动，似乎在为林常平而欢呼。他相信河水会把这个好消息送给在天堂的女儿晓晖。然而，河水不可倒流，历史这道光呀，竟然以类似玩笑的方式划过了林常平生命的长河。

当有人问起林常平回忆 20 年的监狱生活有何感受时，他淡淡地说："我在监狱里时常告诫自己，要试图放宽心量。人家赞美我，我心生欢喜，但不为欢喜激动；也许这欢喜之后，便是悲伤。人家辱骂我，我不加辩白，让时间去考验对方。凡是优秀的人格必先经过一番自我洗涤；过去的，已如昨日死；向前看，一心爱国，一心为企，一心行善，一心为家，为明天奋斗。"

林常平一向以为，一个人做事业赚到钱了，就要回馈社会，没有社会给企业提供资源和机会，企业家再有本事也挣不到钱，做善事是企业家的应该承担的义务。

林常平年轻的时候读过一本书，其中有这样一段话："舍得既是一种处世的哲学，又是一种善心的表现。舍与得就如同水与火、天与地、阴与阳一样，囊括了万物运行的所有机理。舍与得，相生相克，相辅相成，存于天地，存于人世。舍与得是矛盾的统一体，它贯穿于事物发展的始末，是一个永无止息的相互制衡的循环。舍得之妙，妙在微言大义，是中国的传统文化精髓。万事万物均在舍得之中，才能达至和谐，达到统一。谁能真正把握舍与得的机理和尺度，便等于把握了人生的钥匙和成功的机遇。"

　　这段话林常平在监狱里反复琢磨。20 年牢狱，舍了时间和青春，但 20 年后呢？是可以夺回来的。因为在监狱里的磨炼，不是每一个人都会经历的，即使有的人经历了，也未必有体会、有长进。林常平体会到了，在他决定东山再起的时候，他就把这种智慧输进了自己的血液里。

　　林常平遭遇过诸多磨难，甚至是生死，但他都没有害怕过，他常常告诫自己，"天将降大任于斯人，必先苦其心志，劳其筋骨"，这是对生命、身体、思想、意志的一次洗礼，一次试压，一次炼狱。明白了这其中的道理，林常平对未来充满了信心与希望，他泼墨写下了这样一副对联："热爱明天莫虚度，敬畏未来善先行。"

第七章

打出惠民组合拳，创建集团企业

在荆棘丛生的道路上，有理想在的地方，地狱也是天堂；有希望在的地方，痛苦也成欢乐。从绝望中寻找希望，人生终将走向辉煌。

——题记

小额贷——"三农"福光照，灾年有"救星"

刚刚步入正轨的鑫磊公司在 2009 年下半年和 2010 年上半年，因"阳光城"事件，遭遇了行业危机，产量大幅度下滑。

2008 年 10 月 30 日，福建省建筑行业发生一起重特大安全事故。福建省宁德市霞浦城东新开发的楼盘——迪鑫阳光城升降机主塔在升降箱升至 25 层的时候链条突然发生断裂，致 12 名民工当场死亡，林常平知道后倒吸了一口凉气，建筑行业的寒冬来了。

商业混凝土生产不属于高科技，准入门槛也不是特别高，如果不是因为优惠政策，鑫磊公司可能很难撑过这个冬天。"未雨绸缪，鸡蛋不可全放在一个篮子里。"林常平似乎已然看到，只靠一个单一的混凝土难以支撑住他心中的那座宏伟的大厦。林常平在思索着一次突破，一次跨行业的大突破。他不能被禁锢在混凝土中。

早在 20 世纪 80 年代，林常平在县供销社做采购员的时候就被选送到厦门大学进修过经济学，后来，在他近二十年的监狱生涯中，也没有间断过对有关经济学类图书和论文的研读，其中令他收获最大的是马克思的《资本论》。《资本论》让他把财富运行的机理搞清楚了，他知道，一个社会如果要发展，就要有一个合理的可持续性的经济结构做基础。一个企业更是如此。林常平总是跟自己说：一定要把眼光放远一些，这样才能看到更宽、更广的世界。

关于企业经营和发展，在林常平脑子里就像是一个复杂的联动系统，一旦开始运转，便会带动一系列的大大小小的齿轮和杠杆轰隆隆地向前。这个系统的起点就是他的商业混凝土，它就如同一个大齿轮，林常平要给它连接上一个连动杆，让它可以带动更多的从动小齿轮。

2010年的8月，林常平看到了福建省政府办公厅发布的《关于扩大小额贷款公司试点的通知》，这让林常平的心里一动。通知中的基本原则写得十分清楚："根据法律法规和有关政策，按照试点先行、稳步推进的原则，在原先试点的基础上，有条件的县（市、区）可组建一家小额贷款公司，取得经验后，逐步扩大小额贷款公司试点范围……"林常平逐字逐句地阅读了《通知》和《暂行管理办法》。他慢慢地摘下老花镜，仰靠在椅子里，陷入了沉思。

林常平想起2006年12月30日——新的一年来临之际，新浪网的一条消息在他心中掀起的波澜。

"《吴天祥借钱2万余元代人履责》引起强烈反响。人们为吴天祥无私助人的胸怀而感动，为他坚守诚信的行为而感佩，为他的经济承受能力而担忧，同时也为小额担保贷款这项惠民举措的命运而焦虑。吴天祥是信誉担保贷款的推动者，他先后为6名下岗职工提供过信誉担保。正是有了吴天祥等一批有爱心、有责任感的市民积极参与，信誉担保贷款才成为小额担保贷款'主角'。"

当时看到这个消息后林常平感同身受。在他资金困难的时候，多希望霞浦能够有一家小额贷款公司，有人能够为自己的企业担保，度过资金短缺的难关啊。

林常平深知中国是一个农业大国，三农问题由来已久，而解决这个问题的关键是扶持产业发展。国家不可能总是借助行政手段向各级拨款，民间资金将会成为一股主力军，进入融资环节。而福建省政府办公厅发的这个《通知》对林常平来说，可能是一个很好的切入口。

环视整个霞浦，从经济实力上来讲，与他林常平实力相当的企业不止一家；从人际关系上来说，林常平始终保持着做企业的底线，不行贿，不拉帮结伙，所以他与各级政府的关系"淡如水"。林常平用那双锐利的眼睛凝视着窗外，窗外是一片蓝得有些晃眼的天空。他习惯性地用眼镜腿敲击着深栗色的办公桌，默默地思考着。

文件上有这样的描述：有限责任公司的注册资本不得少于5000万元，股份公司的不得少于1亿元。全部是实收货币资本，一次性足额缴纳。如果以有限责任公司的组织形式，但是注册资金上多出一半，也就是1亿，是否成功性就会大一些呢？对，一定是可以的。林常平心里这样盘算着，热血撞击着血管涌向大脑，头上冒出热汗。他迅速地收回了目光，又重新扫视了一下文件的全部内容。便抓起电话，给他的财务经理打了过去。

财务经理抱着一摞报表急匆匆地进了林常平的办公室。他们从鑫磊的创建初期一直分析到现在2010年的上半年，所有的资金往来、借贷情况，财务经理都向林常平做了详细的说明与解释。

由于从2009年下半年开始的产量下滑，使鑫磊的资金链出现了很多不稳定的因素。这让林常平更加坚定了要创办一家小额贷款公司的信念。因为它可以成为一个很好的杠杆，带动资金链条的加速运转。同时它也可以成为一个新的发起点，成为一个新的主动轮，去连接转速更快的真正的资金融通。这将是他宏伟大厦的另一个基点。

实收的货币资本需要快速的增加，这是当务之急。从2009年下半年到2010年上半年，在一年的时间里，尽管"阳光城事件"对企业有些影响，但在林常平的带领下，已经将损失不断地降低，产业链条上的整改力度也很到位，生产正在开始逐步恢复。但林常平觉得这远远不够快。他与财务经理及各部门的负责人坐在一起，把现有的资金做了汇总，并进行了重新分配。从财务部抽调了一部分的财会专业人员，对于公司没有的金融专业人员，便从社会上招聘，总之，他以最快的速度组建起了一个小额贷款公司筹备组。

"林总，小额贷款的风险太大了，咱们这儿的人，你还不知道根底吗？借钱不还，到时候还会狗咬吕洞宾不识好人心，咱们会里外不是人，这不是赔了夫人又折兵吗？"

一位副总深谙这里的人情世故，所以说话句句在理。林常平岂有不知之理？当下社会，一切向钱看，传统美德丢了，做人做事也少有人讲道德了，多少人在金钱面前没了底线。然而，林常平是经过深思熟虑的。他永远不会忘记自己在创业之初是多么需要有人扶持一把，能够借给他钱起步呀。那种难、那种痛、那种无望，是难以表达的，真是叫天天不应，叫地地不灵，什么叫绝望，什么叫一分钱难倒英雄汉，他林常平早就领教过了。现在自己有钱了，首先想到的是那些急需要资金创业或者是渡过难关的人。林常平心系"三农"，希望他们能够富裕起来，他们富了，霞浦就富了，霞浦富了，国家就少了一个贫困县，鑫磊就有了更好的前景。

2010 年 9 月福建省在发布了《福建省人民政府办公厅关于扩大小额贷款公司试点的通知》的同时发布了《福建省试点小额贷款公司暂行管理办法》。

林常平认真地把这个《管理办法》中四十四条规定读了一遍又一遍，越读越觉得这是一个有利于他创办小额贷款公司的重要文件。当认真研究了第七条规定"小额贷款公司主发起人（或最大股东）应当是管理规范、信用优良、实力雄厚的当地骨干企业（注册地在福建省内且在试点市、县、区有法人机构或分支机构），申请前一个会计年度净资产不低于 5000 万元、资产负债率低于 50%、申请前连续 3 个会计年度赢利且三年净利润累计总额在 1500 万元以上、出资额不高于净资产的 50%（按合并会计报表口径计算）"，他觉得鑫磊公司是符合所规定的财务指标的，他马上把这个文件转给了财务经理，得到的回复是完全复合标准。

于是他就安排办公室与财务部联手拟定设立小额贷款公司的申请

书，上交到霞浦县主管部门审批。主管部门将申请批复发下来之后，林常平就注册了霞浦县"大元小额贷款公司"，按照国家的要求把服务对象定为"三农"。

2011 年 10 月 21 日，"大元小额贷款公司"正式挂牌。热闹的场景不亚于鑫磊公司的 5 周年庆典，除了县领导、各行各业的知名人士，来得最多的是普通百姓，他们想看看林常平的小额贷款公司是不是真的为老百姓开的。林常平再次成为霞浦新闻人物，一时间林常平的名字又一次成了街头巷尾人们议论的话题。

像林常平创建鑫磊公司一样，这个大元小额贷款公司，在霞浦县一枝独秀。

霞浦县是个农业大县，更是一个贫困县，有不少沿海的渔民还在贫困线以下挣扎。按照传统观念，只有先想办法赚到钱，才能拿出多余的部分进行再生产。而一场台风，就可能把那些养殖户辛辛苦苦多年的积蓄一扫而光。没有本钱，就没有办法再继续生产，也就只能加入到贫困的大军当中。脱贫是每一届政府的重要任务，而解决农户的资金问题，则是脱贫的一项重要工程。

台风过后，送红包温暖贫困农民心

在大元小额贷款公司成立之初，为了扩大公司的影响力，要从实际情况出发，切实做到心中有数，林常平便带着一班子人马和几捆子现金，下到霞浦县溪南镇几个最贫困的村子里去做调研。

他们来到一个叫"七星"的村子，村里只有几户人家，可以说是穷得叮当响。这里原是海带、牡蛎、鲍鱼还有经济价值很高的黄花鱼的养殖区。由于没有资金，寥寥的这几户人家只能靠救济为生，一些有想法的年轻人都背井离乡出去打工了。村子里潦倒的景象，像把小刀子似的划刺着林常平心中那块柔软的地方。他找到了村干部，召集了全村的老老少少，几乎是不假思索地把钱拿了出来，按每人5000元分了下去。当然，这不是救济款，而是生产启动金。林常平以信用联保的形式，将这首批资金无抵押地贷给了这些祖祖辈辈都十分贫困的渔民，使他们有了足够的生产资金，成为可以自食其力的海产品养殖户，成为可以创造剩余价值的有用的人。这消息不胫而走，人们看到了林常平的诚意，更看到了林常平的决心。

大元小额贷款公司开展的是"小微贷"业务，额度定在10万元以内的档次。针对"小微户"进行利息优惠。

由于大元小额贷款公司贷款手续非常方便简捷，虽然比银行的利息稍高一点，却非常受农户、海产品养殖户和小微企业的欢迎。不用说农民了，就是一般人到银行贷款的手续也是非常烦琐的，尤其是"三农"的个人贷款，几乎要了解到祖宗十八代，放款的程序多、速度慢，这些都成了他们的老大难问题。

林常平在海边长大，对海产品养殖户非常了解。他们的养殖周期就半年时间，如果下苗前拿不到钱，晚上十天半月黄花菜都凉了。所以林常平给大元小额贷款公司的要求，就是简化手续，加快放款速度，急农民所急，需农民所需，只要认真核对来者真是搞养殖的，确实需要扩大生产规模，就可以给予最有力的资金支持。农民申请"小微贷"不需要实物抵押，采取同村的朋友、村干部、村委会进行连环担保方式承贷。公司工作人员将基本的信息了解清楚，在确保无误的前提下就可以放款。

这种简便易行的方式给"三农"的发展带来了便利，当然也给一些投机分子提供了作假的空子，他们在工作中也会遇到了一些奇葩的问题，有的人根本就没有发展生产的项目，想编点理由把钱拿到手，业务员需要进到村子里面调查了解，得知此人是游手好闲的混子，也就从支持对象的名单中清除出去。

对于小微企业、小规模企业，大元小额贷款公司的贷款以100万元为限，这是国家政策做出明文规定的。县经贸局负责小额贷款公司的监督管理，定期来做财务审计。

前几批贷款，林常平和他的大元小额贷款公司几乎都是以这种走街串巷、挨家挨户的形式，无抵押放贷出去的。说实话，林常平对于这种贷款的风险预期还说不太准，但在他的心里却总是横着一杆秤。作为同是来自乡间的林常平，他深知农民的辛劳，也深谙乡里乡亲的情怀。

每当他把一沓沓的现金发放到养殖户手中的时候，从他们的眼睛里都可以看到那种久违的淳朴和发自内心的喜悦。他们那种灼人的目光就像夜空中一闪一闪的星星，淳厚得就像从酒斗里刚刚流出的，还冒着热气的清洌的烧锅酒。当林常平的信贷员们担心这一笔笔的无抵押贷款将会难以收回的时候，他却说：“我了解农民，他们是贫穷，但志不短，他们不会赖账。”

一年的时间很快就到了，当他们提着一颗惶恐不安的心，催促贷款人还款时，出乎他们的意料，恰如林常平所料，这些贷款不但全部如期收回，而且没有一笔坏账和死账。这给大元小额贷款公司的上上下下很大的信心。

天灾在这个世界上任何国家、任何地区都无法解决。第二年随着台风季的到来，给贷款的回收工作带来了不小的麻烦。海产品养殖最怕的就是台风，无论是大台风还是小台风，只要台风一登陆就会给养殖户带来不等的经济损失。这些损失的风险无疑都会落到林常平的小额贷款上。那些黄花鱼随着台风进入了汪洋大海，带走了渔民的心血和林常平那些白花花的银子。养殖户们虽然不会单一的养殖黄花鱼，但偿贷能力和再生产能力却受到了极大的打击，同时对养殖户的积极性也是一记重拳。

小额贷款业务经理苦着一张脸来找林常平商量对策。她说：“有很多养殖户，别说负担利息了，就连本金都很难还上，还有一些简直就是血本无归。像这样的情况，就算是向法院起诉也很难追回贷款。而且，他们几乎都是一水儿的无抵押，信用联保贷款，如果一户跑了，会牵连出一串儿，甚至整村。若是控制不好这个局面，出现大批逃贷，那咱们会被拖垮的。"

林常平静静地听着，窝在办公室的那张黑色的真皮大沙发里，仔细地看着一份一份的贷款合同。他知道，这次台风给当地带来了很大的经济损失，这些养殖户只是冰山一角，国家的经济损失更是巨大的，各项优惠政策、扶持政策正在路上。如果他只顾眼前的一点点小利，强行收回贷款并走法律程序要回利息，那跟旧社会的黄世仁有什么区别？并且比现今社会上的高利放贷者更加可恨。即便现在可以支撑过去，那么以后呢？信任是双方的，如果寒了这些养殖户的心，他的大元公司才是真的无路可走了。

他抬起眼看了看面前的大元公司经理的那张"苦瓜"脸，摘下老花镜，放到了茶几上，把那些贷款合同还给了她，说："现在的这种情况，咱们是很困难，可养殖户更困难。我大概看了一下这些合同，的确有一部分无法偿贷，如果我们非要他们偿还，对于我们可能也只是杯水车薪，对于他们则可能是倾家荡产。他们没有了翻身的机会，我们就少了一个客户，村里就多了一个贫困户，人命关天呀。"

经理赞同地点着头，可双眉还是像两根麻绳似的拧在一起。林常平接着说："一个一个地去和他们协商，摸摸他们的底。把握住一个原则，能免息的就免息，能续贷的直接续贷，利息优惠。千万不要让他们觉得无路可走，要让他们知道咱们的心是热的，是关心他们的，是在帮助他们。"

解决一个问题的方式方法有很多种，就看你如何选择了。林常平正确地估计了形势，合情合理合法地解决了养殖户因不可抗因素，造成的偿贷能力下降或丧失偿贷能力的问题，也成了大元小额贷款公司以后解决类似问题的一个蓝本。

金钱往往能让人看到人性的残酷，但林常平却没有让金钱夺去自己的善良，为"三农"的发展发挥了自己的作用。

2014年以后，全国的经济形势不理想，又连续几次遭受强台风的袭击，很多养殖户损失惨重，有的人铤而走险赖账不还。就说那个溪南镇的七星村，不知为什么村长跑了，以他的信用担保的几个养殖户六神无主，不知该如何是好，便几个脑袋一碰，不认合同，不认签字，不认手印，拒还贷款。林常平看到几个村民如此的决绝，心里不免有些心痛。

可怜之人必有可恨之处，为了不过诉讼时效，只得将几人告上法庭。当法院拿着强制执行单去执行时，这些渔民也真的拿不出钱来偿还。实际情况就摆在眼前，让林常平进退两难。但法律就是法律，没有情面可讲。可乡情不同，它还是"情"字当先。

一个阳光明媚的上午，林常平来到七星村，他找到几个养殖户，大家围坐在村委会，他推心置腹地说："我为什么贷款给你们？因为我知道你们需要钱，需要将贫穷的帽子摘掉；但我也知道你们可能还不上贷款，因为你们贫穷，但我还是给了你们贷款，为什么？就是希望你们告别贫穷。"

林常平拿出烟，递给每一个人说："我们乡里乡亲的，我不希望你们受穷，希望你们通过我的帮助可以改变现状。穷，不是你们的错，是多方面的，但做人不诚信、不忠诚，那就是你们的错了。"说着林常平站起身来，把烟蒂用脚使劲在地上捻了捻说道："这样吧，我好人做到底。这次不要你们的利息了，给你们免息，你们只分期偿还我本金就行。"几个养殖户紧锁的眉毛慢慢地展开了，脸上紧绷的肌肉也慢慢地松弛了下来，双眼含着万分愧疚和十万分的感激。

事情尽管解决了，但林常平的心里却没有那么淡定。因为还有几个农户也是这种情况。免息，只还本金。像这样的情况从2014年以后经常上演。

这件事让林常平进行了反思。

皓月当空，繁星点点，夜空是那么的浩瀚而美丽。望着圆而洁净的月亮，林常平自问：难道是我错了吗？"信用放贷在经济环境不好的情况下是行不通的。"他在公司的会议上说，"我们要有帮助乡亲们共同致富的决心，但是我们做事一切要按照法律规矩办，不能脱离社会主义制度，我们的钱不是风吹来的，也是我们大家用血汗挣来的，所以从今天开始，我们用抵押物贷款的方式，有了抵押物，双方的心里都踏实。"

林常平语重心长地向大家说："因为这些没有诚信的人，导致这七八年来，咱们公司损失了1亿多元贷款，究其原因，方方面面。但我们树立了口碑。所以我们要坚持。"

在大家的努力下，大元小额贷款公司的坏账死账都得到了有效的控制。为了减小损失和坏账死账率，林常平开始逐步地缩紧银根，等待经济环境的好转。

经营了这么多年的大元小额贷款公司，成功扶持了数也数不过来的农户、养殖户还有中小企业。林常平用有限的能力，帮助那些无法从银行贷到款的人们。虽然大元小额贷款公司无法改制为一家村镇银行，无法吸纳存款，降低自身的风险，但却义无反顾地冲在了扶持三农和中小微企业的最前线。扶持过的农户、养殖户有相当多的已经脱了贫，有的人做大了自己的企业，进入了一个更大的发展空间。这些都是大元小额贷款公司为经济发展做出的贡献。

"元"是人民币的基本货币单位，所有的财富都从它开始，它就像一块披红挂彩的奠基石，所有的辉煌都因它而生。恰如林常平所说："我生平最高兴的事就是，在自己小有成就时帮助别人去做他们难以完成的事，并且比他们最初希望的做得更好，当看到他们欢喜的样子，我会比他们更加欢喜。"

"循环贷"——促成小企业上市

"林总，我需要 100 万元赶订单，请你务必帮我呀!"林常平看了看表，已经是下午 6 点钟了，站在自己面前的林亦森表情严肃，林常平却哈哈地笑了:"看你这灰头土脸的样子，你不说我也知道你一定有十万火急的事。"

林亦森双手作揖地说:"谢谢林总，我真的是着急啊，今天签合同，明天能够给我贷款吗?"

林常平没有一丝犹豫地说:"行啊，现在就让财务给你转过去。"林亦森怔住了，问:"贷款合同还没签呀!"林常平说:"咱们先过款后签合同，你的企业要上市，如果这点诚信都没有，你还怎么混呀，我还怕你骗我不成?"

林亦森听了这话哈哈地笑了，说:"知我者，林总呀!"

林亦森是什么人，为何林常平对他如此坦诚? 原来，林亦森是霞浦东吾洋绿色食品有限公司总经理，这是一家专业从事以出口为主的水产品精深加工企业，主营冷藏、冷冻中洋牌系列水产食品。长期以来，与多家海内外企业建立了稳定的贸易合作关系。产品销往日本、韩国、美国、非洲、中东及东南亚等国家和地区。是福建省水产产业化的龙头企业。

林常平既支持这样的企业发展，又关怀养殖业的渔民把产业做大。林常平在监狱里养成了读报纸看新闻联播的习惯，他说:"作为一个企业家，不能不懂政治，不能不关心国家大事，国家的事，就是我们企业的事，国家的政策直接关系到我们企业的发展与生存。"

在 2008 年 10 月召开的党的十七届三中全会上，审议通过《中共中央关于推进农村改革发展若干重大问题的决定》，对农村改革发展做出新的部署，根据党中央的这一决定，福建省进一步加大了财政对"三农"的支持力度，较大幅度地增加扶持农业产业化龙头企业专项资金，加大贷款贴息支持的力度。

可以说福建省在支持"三农"方面的具体做法，为林常平更深入地扶持养殖户和农村产业指明了方向，在贷款力度、额度上对有前景的人和企业给予了更大的支持和援助。这期间取得显著成效的有养殖户，也有绿色蔬菜种植的企业。

"林总，郑培利是霞浦县松城镇的养殖户，发展得不错，但想往大了发展缺少资金，他需要咱们的贷款。"大元小额贷款公司业务员向林常平做了汇报。听了业务员的介绍，林常平觉得郑培利是个踏实肯干的闽东汉子，也非常有经济头脑，就安排业务员约他来公司进行面谈。

林常平向郑培利询问了养殖方面的各种细节，如鲍鱼养殖要如何控制溶解氧、鲍鱼的存活率多少等问题。得知郑培利这几年几乎没有发生鲍鱼因缺氧而死亡的现象，没有出现过重大经济损失，当即就在他的贷款协议上签了字，不到一个小时的时间，郑培利就拿到了15万元贷款。这样大的一笔资金到了郑增利的账上，他不仅高兴还有点发蒙，不相信自己朝思暮想的这笔资金这么快就顺利到手了，他几乎是一路小跑着奔向了长途汽车站，未来发展的美好前景让他兴奋得全身充满了力量。

郑培利拿到这笔钱后，当年就把养殖规模扩大了一倍，收入增加了三成，比往年多收入5万多元。第二年他又贷款15万元，加上自己的5万元，又投入了20万元，这一年的收入增加收入7万多元。就这样不断地扩大海产品养殖规模，他的收入也水涨船高，重新扩建、装修了住房，把两个孩子都送到了霞浦县城读书，接受更高质量的教育。最值得一提的是，他把养殖业从福建发展到了山东，在当地雇五六个人养鲍鱼，山东、福建两地加在一起年产值已经超过100万元。"林总，东吾洋公司的林亦森老总派人送来一个花篮，他们今年被评为先进企业，对咱们小额贷款公司和您表示感谢。"

东吾洋公司所走的发展道路也是非常曲折的，林常平和小额贷款公司曾多次出手相帮，用林亦森总经理的话说，是"没齿难忘"。

在 2013 年 9 月，东吾洋公司收到一家海外客户的数量较大的订单。但是企业的流动资金投入的多，回来的太少，正是上不上、下不下的时候。怎么办？没有资金不能够一次性完成所有鱼种的采购，如此大的订单丢掉又可惜，这难以逾越的资金瓶颈，让总经理林亦森如坐针毡。他打了无数个电话救援，但大多数企业家与他的处境相同，这个时间资金回笼得太少，都无力相助。这时有朋友向他推荐了资金充足、放贷速度快的大元小额贷款公司，他心急火燎地找到了林常平。

一回生，二回熟，从此林常平的大元小额贷款公司几乎成了东吾洋公司供款账户，只要缺钱就来贷款，好在公司资金周转得快，贷了还，还了再贷，就这样倒来倒去，有了充足的资金支持，公司的业务快马加鞭地发展起来了。

当国内出现紧缩银根时，林常平仍然给东吾洋提供了 1000 万元的"过桥款"解困。大元小额贷款公司经理见林常平对东吾洋的贷款额度越来越大，有时也很担心万一企业哪天出现问题坏了账怎么办。

林常平挥挥手说："你是'妇人之见'，东吾洋公司已经由福建省水产产业化龙头企业，发展成为福建省海洋产业龙头企业和福建省农业产业化省级重点龙头企业，是霞浦县唯一一家集此殊荣于一身的'三龙头企业'，他们大风大浪也不会倒的，你放心好了。"

2017 年 2 月 23 日，福建东吾洋食品股份有限公司在新三板成功挂牌，成为霞浦县食品行业第一大上市公司。

东吾洋公司上市后，林亦森特意来到大元小额贷款公司对林常平表示感谢，他说："我们公司能成功上市，'军功章有我的一半，也有你的一半'，特为你送来一箱法国名酒表示感谢。"

林常平握着林亦森的手说："我们是在为霞浦县的发展互通有无，

你们从我这儿贷款也从来没欠过利息，我还应该感谢你呢，企业有了大发展，也让我们大元小额贷款公司分得了一杯羹。"

林亦森哈哈地笑着说："话虽然这么说，有多少人能够明白这样的道理呢？唯有常平兄乃真豪杰也。我对常平兄还是万分感激的。"话说到这儿，两人又约了几个企业家一起到餐厅推杯换盏，那情形就是"酒酣胸胆尚开张，鬓微霜，又何妨！"

"二胎"时代，为农民工创建幼儿园

"人穷不能穷了孩子，人富不能娇惯孩子。中国有三岁看老的名言，现在孩子三岁上幼儿园，要教育他们要有孝心，要有慈善之心，要有爱国家、爱民族之心，要敢爱敢恨，要教育他们不占别人的便宜，不羡慕别人的衣服和食物，要知道自己的一切要自己去奋斗，不能成为饭来张口的人，要成为民族的英雄，国家的栋梁，家里的孝子……"

林常平在"鑫磊萌萌幼儿园"开园典礼上的这番讲话，让人们更加了解"爱心成就大业，激情直通梦想"的林常平。

这些年林常平的集团发展了，年年捐助学校和贫困学生，但他总是希望把他的爱心发挥到极致，用他的激情成就对事业的追求。作为霞浦人，林常平希望霞浦尽快脱贫致富，而脱贫、发展的根本，首先要推动教育水平的升级。霞浦需要通过教育来传授已知、更新旧知、开掘新知、探索未知，从而使人们能够更好地认识这个世界，有信心有能力改造家乡、发展家乡。

"我现在已经不可能再当老师教书育人了，但我把企业经营好，让企业有活力，有能力支持霞浦的经济，企业有了钱，我最想做的事就是支持教育，我因知识丰富了自己，壮大了自己，成长了自己，才可以让企业有今天的规模和效益。这要感谢知识和书籍，把我锻炼得识风辨雨，踏浪而行……"

林常平深知发展教育事业意义重大，这不仅仅是对国家和全体国民个人素质的保证，而且也关系着国家的前途和命运。21 世纪人才是最重要的，而人才的出现是与教育事业密不可分的，大力发展教育事业也是保证国家人才所需的条件。

林常平明白教育是一个基础工程，就像一栋楼房，如果基础做不好打不牢，那么上层建筑还会安全吗？国家建设正在以高速发展，这需要教育提供强劲的人才动力，社会的进步和发展，也是依赖人才建设的。所以，林常平觉得大力发展教育事业，意义是重大的，而教育应该从娃娃抓起。但他也知道，做教育不是一件容易的事，除了资金外，师资和生源是最大的问题。林常平从 2006 年就与宏翔高级中学的校长徐定军结识，从他那里了解了很多关于办学的事情。其中虽有很多的无奈，但面对学生们那一张张稚嫩的、渴求知识的脸，他们都感到无比的兴奋与满足。

随着鑫磊集团一天天一年年的壮大，林常平发现不少职工都遇到了孩子入托难的问题，公办幼儿园费用低，但名额有限，本地的孩子都挤不进去，何况那些户口不在县城的农民工的孩子。民办幼儿园有的费用太高，普通人家的孩子根本上不起，有的设施太简陋，存在许多隐患，这让他又开始了运筹帷幄。

每到暑期林常平都非常忙，要为孩子入园、上学有困难的职工忙活，打电话、去学校拜访、找关系，让这位年逾古稀老人忙得焦头烂额。为了能使鑫磊集团职工的孩子都接受最好的早期教育，林常平产生了自建一座幼儿园的想法。

国家放开二胎后孩子突然增多，林常平马上意识到，幼儿园紧张的情况会更加严重，建幼儿园的想法变得急不可待，而就在这时一位老朋友的女儿前来求职，面试时一谈，原来这个名叫王少英的女孩是学幼儿教育的，毕业后当过幼儿园教师，自己开办过幼儿园。林常平想，这才叫想成事要风有风，要雨得雨，让这个小王去筹建幼儿园再合适不过了。

这个王少英2006年毕业于漳州师范学院幼教专业，刚毕业时在一所公办幼儿园里当了两年的教师，后来去了厦门，帮一个朋友自办了一家幼儿园。2015年她离开厦门回了老家霞浦。王少英从小就听说过林常平这个人，在她的脑子里，林常平是一个极其神秘的人物。可没想到自己竟然会进了鑫磊，成了林常平身边的一名文员。这让她有种幸运而来的感觉。

一天，王少英走进林常平的办公室，将一些文件放在林常平对面的桌上，便听见林常平叫她："小王，你过来一下。"

她大步流星地走了进去，林常平抬眼看了看站在面前王少英，然后示意她坐下，说："我想办个幼儿园，一方面，可以解决咱们员工孩子入托问题，也可以面向社会招生；另一个方面，你是学幼教的，可以发挥你专业特长干大事。"

王少英一听，喜出望外，她曾经跟林总提过办幼儿园的事，可那时林常平的事很多，总也没有把这件事提上议程，而今天，林总主动找她谈办幼儿园的事，这可真让她没想到。王少英赶紧坐了下来，乐滋滋地说："这可是求之不得的好事！"

林常平是个说一不二的人，他看王少英没什么意见，便拍板了，说："好，那就定了，这件事由你全权负责。我这就和办公室交代一下。你去准备一个方案。"

王少英愣在那儿了，心想："这也太简单了吧，让我全权负责？"她愣愣地看着林常平，半张着嘴，不知该说些什么。

林常平看着呆坐在对面的王少英，右手快速地拍了两三下桌子说："快去呀，傻坐在这里干什么？先去找房子，再去办手续，还有装修、招生，很多事呢，最好今年9月就能开学。拉个单子出来，咱们商量。"

王少英眨了眨眼，大脑像是刚刚被启动了似的，"腾"地站了起来，兴冲冲地出了林常平的办公室。

王少英跑了几个地方，看了几处房子，有一个地方她最满意。那是一个临街商品房的底商，本身就有两层，挑高也比一般的房子要高出一块，二楼还有一个大平台。周围都是住宅小区，那附近没有公办幼儿园，只有两家规模很小的民办幼儿园。只是房子的费用比较高。在王少英的概念里，企业自办的幼儿园大多都是简易园，既然林总让自己主持建园工作，还是得先问好是多大规模，什么样的标准才好。

王少英拿起手机给林总拨了过去，说："林总，我看了几个地方，有一个地方还挺满意的，但我还是得问问您，咱们是要办个简易园，还是要办个有一定规模的中型园？"

林常平在电话那头，大声说："什么简易园，当然是要有规模的了。你把地址发过来，我这就过去看看。"王少英把地址发了过去，不一会儿，林常平就风风火火地过来了，业主带着他们上上下下地参观了一遍，王少英也把自己的设想大致地讲给了林常平。林常平很满意，当即就跟业主签了合同。

回去后，王少英把具体的方案以文字的形式报给了林常平。

"林总，您给幼儿园起个名字吧！"

林常平想了想说，叫"鑫磊萌萌幼儿园"吧。

幼儿园筹备组正式组建起来了，此时已经是 2017 年 5 月份，要想在 9 月份开学，时间十分紧迫。王少英曾在厦门帮朋友建过幼儿园，所以对各个审批手续都十分熟悉，但令她没有想到的是，霞浦这么个小小的县城，开设个幼儿园却有那么多的麻烦事。

首先，竟然有人拿着土地性质的问题把他们给举报了，而且一直告到了宁德市教委。

王少英马上把这件事汇报给了林常平。林常平坐在办公室里，百思不得其解。他记得在 2003 年的时候，国家就颁发了《中华人民共和国民办教育促进法》，好像在 2016 年又修订过一次。国家积极鼓励，大力支持民办教育，在政策上给予各种优惠和方便。并且他们租用的是底商，是商业用地，这与民办幼儿园也并没有什么冲突呀！起先，林常平并没有把这个当回事儿，让王少英先去办理其他的事情，这件事由他亲自处理。

问题是国家已经规定新建幼儿园用地必须是教育用地，新小区都有这个规划，但是旧小区就没有这种教育用地配备，鑫磊萌萌幼儿园是建在旧小区，用地为商业用地。由于幼儿园之间竞争比较激烈，有人见林常平出手要建一个现代设施齐备的幼儿园，感到有经营上的竞争，所以四处告状，从霞浦县告到宁德市再告到福建省。

问责的领导一级级来到了鑫磊集团公司，林常平据理力争："不能拿现在的政策衡量老问题，这么多的旧小区没有教育用地，都建不成幼儿园，二胎政策放开后，从三十、四十多岁到五十岁的家庭都有生二胎的诉求，过两年孩子没有幼儿园可去，怎么办呢？作为管理部门你们不能思维僵化，要多从老百姓的角度想问题。再者说，我没有要国家一分钱，我在为国家做贡献，为老百姓谋幸福。你们永远体会不到老百姓的孩子上学、上幼儿园到底有多难。"

林常平的话把一位领导说动了心，就这样最终经过协商，他们的建园许可证被批下来了。这真是一个好的开头，一些被卡的旧小区幼儿园也跟着坐顺风车，通过了主管部门的审核。

王少英得到消息，开工证已拿到，建委、消防都已顺利备案，一批一批的装修装饰材料已经进驻，开始大张旗鼓地干了起来。装修公司是林常平介绍来的，是他的一个拐弯抹角的朋友家的亲戚。林常平就是这么一个人，可以说是有求必应，这个朋友的亲戚托，那个朋友的朋友找，他都会尽可能地安排点什么事。这次也是一样。可让他没想到，这小子竟敢偷工减料，从他这儿赚了不少的昧心钱不说，工程质量完全没有保证。就在验收之前，老天爷刮了一场台风，下了一场暴雨，幼儿园里就像一个"水帘洞"，"哗啦啦"地汪了满屋子都是水。

王少英站在幼儿园里，打着一把小伞，被眼前的景象惊呆了。她只想一屁股坐在水里"哇哇"大哭。工程款都已经结得差不多了，怎么会这样。这事儿，她王少英可担不起呀。她马上上报给了林常平。林常平气得没办法，"唉！"他高声说道，"让他走人，咱们该修的修，该补的补，重新再来，抓紧时间。"王少英抹了一把泪，马不停蹄地又干了起来。

鑫磊萌萌幼儿园建筑面积 4200 平方米，户外面积 1500 平方米，建有现代化活动室、多媒体室、美劳室、国学馆、角色馆、烘焙坊等，教室和设施非常齐全。二层楼的楼顶是孩子们的户外活动场地，需要沿楼梯登上平台。考虑到下雨天，雨水会顺着楼梯漏进来，就在平台上用钢化玻璃建了一个楼梯间的封顶。

真是一波未平，一波又起，这个钢化玻璃封顶又被人举报了。举报的人说这是违章建筑，告到了县城管局，城管局当即就派了人来，现场看过之后，责令让他们马上拆掉。王少英做不了主，赶紧向林常平汇报了情况，林常平匆匆赶来，对着城管人员说："同志，这个不能拆，如果小朋友因雨后楼梯湿滑摔倒了，骨折、头和手脚受伤了，那就是出大事了。"可城管的执法人员不管这些，他们说："林总，您跟我们说没用。有举报的，我们就得来看，您这个的确是违建，它就是再合理也没用。您不如找有关部门协调一下。"

林常平觉得这也有些道理。可还没等他去协调，市里的领导一个电话打了过来："老林，你这个幼儿园怎么这么多麻烦事，又有人告到市里了。明天上午你过来一趟。"林常平苦笑了一下，无奈地摇了摇头。

第二天他到了市里，认认真真地跟领导汇报了实际情况，还拿出手机翻出了几张幼儿园的照片。领导笑笑说："老林呀，人家是不撞南墙不回头，你是撞了南墙也不回头，非得撞出个窟窿来，再过去。"

林常平咧着嘴，"嘿嘿"一笑，说："领导，我又没有做错什么，为什么要回头，南墙它挡了我的路，我绕不过去，就要撞倒它。"

领导瞥了林常平一眼，端起茶杯喝了一口水，说："行了，情况我都知道了，一会儿给你们县副书记打个电话，让他带着你去协调。"

几天后，林常平带着县委主管教育的副书记和县城管局、教育局的人进行了实地考察，并召开了现场协调会，认定玻璃封顶确实有必要，得出结论不应该拆，这个只有几平方米的楼梯封顶总算保留下来了。

现在的幼儿园都要有自己的特色，否则难以立足。林常平并不反对"双语幼儿园"，但他觉得国学的内涵更加丰富，天地更加广阔，所以，鑫磊萌萌幼儿园以国学教育为主，除了讲授教委规定的课程内容，还有礼仪课和武术课。林常平亲自物色了一位武术教师。

开始时武术课从中班开始教，后来根据家长的要求，小班也开课了。幼儿园逐渐得到了周围住户的认可，从 2017 年第一学期的 47 个孩子，到 2019 年全园已经有 337 个孩子了。生源也从刚开始的鑫磊职工的孩子，发展到周围小区，甚至还有慕名而来的。

"林总，我们家的孩子回家都不爱吃家里的饭了，没有幼儿园的海参粥香！"林常平听着家长们的话，哈哈大笑，十分得意地说："孩子们的伙食很重要，可不能慢待了我们'萌萌'的孩子哟！"

这是怎么一回事呢？原来，事情的经过是这样的。林常平尽管事务缠身，对幼儿园的管理几乎事无巨细，细到孩子们吃的每一顿饭。他亲自过问幼儿园的伙食，将伙食安排计划看过以后，虽然做到了营养均衡，但是他认为还不够好，特意加上了一条：每天必须有一顿海参粥。幼儿园厨师的手艺好，把海参粥熬得特别好吃。

林常平的人生路一直是磕磕绊绊，跟跟跄跄，要是换了其他人，恐怕早就倒下了。可林常平却屹立不倒，除了他有坚强的意志外，就靠他这副身子骨儿。虽然他有心脏病，可这也是后天的艰苦生活所至，小时候吃不饱饭，但海里的东西却吃了不少，大海就是一个聚宝盆。孩子们吃不上人参、鹿茸，但海参、鱼虾不能少。他们是祖国的未来，也是家里的宝贝，没有好的身体，怎么担当国家和家里的重担？

于是林常平把已经是幼儿园园长的王少英找来对她说："小王，咱们幼儿园的孩子们学习是不是最好的没关系，但身体必须是最棒的。这样，你跟财务核算一下，给所有的孩子，每天中午加一碗海参粥。"

王少英有些吃惊，给孩子们吃海参是不是有点太奢侈了，海参虽不是什么稀罕的东西，可价格不菲呀。她有些面露难色地看了看林总，想说些什么，可还没张嘴就被堵了回去。

"你别说了，我知道你要说什么。我告诉你，如果是钱能解决的问题，那就都不是问题。在你眼里那是一群孩子，在父母眼里那都是一个一个的金疙瘩，往大了说，那是一个一个的栋梁，栋梁没有一个好的筋骨怎么行？你去吧，不用担心资金问题。"

王少英静悄悄地离开了，她有些怕林常平，因为林常平总是说一不二，基本上你就没有还嘴的余地，可他说的又总是让你觉得有道理，让你根本就无力辩解。海参粥上了桌，孩子们可不管什么贵贱，好吃就行，唏啦胡噜地下了肚，从这儿以后，幼儿园的孩子们就不爱吃家里的饭菜了。

2020 年 7 月 20 日，霞浦县教育局、霞浦县财政局关于民办普惠性幼儿园等级认定的通知一经公布，立即在小小的霞浦城引起争相传播。

"快来看呀，教育局、财政局决定认定二级普惠园了。全县一共34 所幼儿园，二级普惠园才评出 8 所，三级 17 所，咱们公司的鑫磊萌萌幼儿园被评上二级普惠园啦……"

被政府收编升级是每一所民营幼儿园的希望，林常平这些年的心血得到了回报，那天林常平非常高兴，他对笔者说，"让进入鑫磊萌萌的每一名孩子都能够接受到'在园三年，受益一生'的教育，是我办幼儿园的心愿。现在目标越来越近了。"

叫停河砂、限制海砂，"机制砂"成唯一追求

在 2018 年新年团拜会上，大家总结去年工作时，许多人都提到了"机制砂项目"，认为花了几年的时间，花了几百万的勘察费，一点收效都没有，言外之意就是白花钱了。

什么是机制砂，机制砂就是通过制砂机将石块加工成砂子，成品更加规则，可以根据不同工艺要求加工成不同规格的砂子，更能满足不同的质量要求。

这个春节，林常平无论访亲还是问友，有意识地打探一些水泥的替代品。因为林常平知道，凡事一切皆有可能，因为原材料供应商的责任心、技术水平、企业文化等问题，都不可能十全十美，"我林常平从来不愿意受制于人"。他在心里也反复回想着这些年为生产机制砂找矿山的艰辛。

2013 年时企业顺风顺水，连续三年业务蒸蒸日上，成为霞浦纳税大户。然而林常平却没有被胜利冲昏头脑，他一直在寻找着新的商机。他知道，一个企业要想保持高速运转，保持旺盛的生产能力，就要有新的经济增长点、新的产品、新的血液，所以他天天关注着新闻和报纸，时刻准备捕捉有用的信息。

一天，林常平从行业网站上看到了一则消息，而这则消息让他的眼前出现了一条通往未来的康庄大道。

人人都说林常平有着一双敏锐的眼睛，他可以从复杂的事物中，捕捉到别人看不到的"猎物"。其实不然，林常平也并没有比别人多长出"三头六臂"来，而是从年轻时起，他就不喜欢把时间放在喝茶、

聊天儿上。那么他的时间都放在哪儿呢？除了工作就是看书读报，更何况，现在网络这么发达，几乎可以在网上找到任何你想要找的信息。别看林常平已经64岁了，智能手机玩得比公司里的年轻人都溜儿。他每天都要刷几个行业网站，看一看里面的信息和是否又新出了什么政策、什么意向、什么通知……看看全国各地的行业新闻和行业动向。

林常平觉得手机的用处实在太大了，比报纸方便得多，可即便如此，全国的各大报纸和行业期刊，他一份也不会落下。所以说，林常平不但有一双敏锐的眼睛，还有一个好脑子。这个脑袋给他养成了一个好习惯，并且帮助他快速地从众多的信息中找到亮点，分析出市场发展的方向和发展的规律。而这种分析能力就不是一般人能掌握的了，这也许是与生俱来的，但或许更多是得益于他多年积累与锻炼。他在这方面的脑神经已经特别发达了，达到了那种一触即发的程度。

那条消息的题目是《机制砂行业发展指导意见即将出台》。"机制砂"？林常平反复地在心里默念着，他知道外省已经有成规模的机制砂生产线了。最近几年河砂的价格一直在波动中，海砂的质量又难以保证，生产商业混凝土砂石料是必不可少的原料。原材料的价格直接影响着混凝土的价格，直接影响着企业的利润。

自从他2006年买下了一家没人要的乡镇企业，开始了他的第三次创业，到现在已经7年了。企业从最艰难的时期走出，正在稳步发展，2011年成立了小额贷公司，不仅完成了他的跨行业扩张，而且成功地进入了金融领域，为下一步成立真正的民营银行做着准备。这是他发展战略中的一个关键步骤。

当初他东挪西借地搞到资金买下那个搅拌站，政府承诺了他10年的独家经营权，现在眼看就要到期了。林常平倒不怕竞争，他从小就知道，这个社会就是优胜劣汰的社会，他担心的是同行之间的价格大战。价格战从来都是行业恶性循环的开始，对于整个行业是灾难性的，对于他林常平是毁灭性的，而对于终极客户——老百姓则是受欺骗，甚至是被掠夺。

林常平坐进办公桌后面的那张厚实的黑色老板椅里，前倾着身子，从胸前的衣兜里拿出老花镜，架在鼻梁上，将两个胳膊支在办公桌边沿儿，开始认真地一个字一个字地读起这则消息。

"……我国已成为世界最大的砂石生产国，据测算已达到年产100亿吨以上，其中约50%为机制砂石。机制砂已成为砂石行业主要发展方向……但目前，行业发展存在集中度低、质量良莠不齐和安全环保意识差等问题，影响和制约着行业进一步发展。工业主管部门适时出台促进行业发展的相关政策，对于行业健康发展具有重要意义……"

像这种行业内的重要消息，林常平都要读上几遍，反复琢磨。100亿吨的50%就是50亿吨，全国上下的公路、铁路、机场、桥梁，还有那些高楼大厦，新建的、翻建的、改扩建的，所能想到的这些土木工程几乎都离不开混凝土，都离不开砂石料。林常平摘下花镜，背靠进椅子里，双眼望着天花板，此时他的脑子开足了马力，飞轮似的转动着。

林常平想着，在10年之后，必定会有其他的混凝土企业出现在霞浦，一家或是两家，可能会更多。我林常平可以靠规模和质量取胜，还有这些年积攒下来的信誉，但这又能支撑多久呢？如果无法掌控价格，就会被市场所牵制，就会不得不进入一场残酷的价格战，即便依靠多年的经验与资金实力一时打赢了，那也是伤敌1000自损800的代价。更何况岁数不饶人呀！还有几个10年、20年？林常平不想在安度晚年的时候还在市场的边缘疲于奔命，最后很可能会被后来者一脚踢出局。

他站起身，从办公桌后慢慢地踱步到窗前，看着外面一辆辆的水泥罐车开进开出，听着搅拌站那边传来的机器的声响。这里就像他的家一样，总是让他流连忘返。林常平的眼睛突然潮湿了，不知为什么此时他想起了自己的长女林晓晖。他没有亲历林晓晖长大成人的过程，他本以为可以亲眼看着女儿结婚、生子……但长女的意外离世，让这一切一下子变成了子虚乌有，此时的他仍能感觉到一种锥心刺骨的疼，一种撕心裂肺的痛，这也许是他一辈子也无法愈合的伤口了。

看着眼前的一切，他绝不能让企业在不久的将来半路夭折。他要为自己的这个"孩子"找到一条出路，要让它有机会顺利地成长，良性地发展。那就要有能力掌控混凝土的市场价格，控制产品成本为最低，以充足的利润空间促进企业发展。机制砂是一个有着光明未来的产业，如果能参与进去，或是直接自己生产，不仅能够满足我自己企业的需求，还可以把它作为商品销售出去，挣得另外的利润……甚至可以成长为一个可循环的，可持续发展的，庞大的产业链……

林常平似乎看见了未来的一幅美丽蓝图在空中向他展开。他下了一个决心，也给自己下了一道命令：一定要做机制砂这个项目。要排除一切艰难险阻，甚至不惜代价，就像当年他想尽一切办法也要拿下那个没人要的混凝土搅拌站一样。

2013年林常平没有启动机制砂项目，因为这一年"后港大桥"改造，由于封路给他的企业造成了不小的影响，他们的大水泥罐车不得不走街串巷，穿过一个一个的村庄，村子里的路跑小车还可以，像这么大的罐车一次两次还行，一天两天还能忍受，但天天轰轰隆隆的，飞沙走石的，所过之处尘土飞扬的，路坏了，地也沉了，小村庄哪里招架得起！

村民们抗议了，他们用各种各样的奇思妙想堵住去路。虽然林常平的企业已经很成规模，专人专事，专人专项，但还是有很多事情需要林常平出面协调，一些赔偿措施需要他拍板，一些赔偿资金需要他签字，这就牵扯了他很多的精力。索性他就利用这些碎片化的时间，仔细研究了一下机制砂。关于机制砂的市场前景，市场价格，全世界的发展情况，还有中国其他省市的发展状况，及河砂、海砂的有关政策导向，林常平可以说是了然于胸。特别是那些从行业期刊和行业网站发出来的消息，透露出来的信息，他特别留意，几乎没放过任何一条。这就更加坚定了他要做机制砂项目的决心。

舍时抛金，只为绿水青山

2014年3月林常平又看到了一则消息《浅谈国内机制砂石行业发展的现状及趋势》，文中写道："……每个城市只有建立几个大型骨干企业才能保证骨料的产量与质量，稳定价格，保护环境，解决建设用地，消纳工业废料物等，做到综合效益。"这与他的想法一拍即合。紧接着4月8号，福建省住建委发出《关于在全省推广应用机制砂的通知》。林常平有些坐不住了，在全国范围内，福建省以全省之力最先开始了对机制砂的全面推广，他决不能落在后面。他组织人员，一方面，开始对机制砂矿区进行初步选址；另一方面，开始与政府相关部门进行对接。

开始林常平并没有把这件事想得太过复杂，因为再复杂、再烦琐的事情也是有章法可依的，只要把需要做的事1、2、3、4、5地列出来，一一去做好，做到位。只要把需要准备的材料A、B、C、D、E地准备好报送到相关的部门去，把住国家法律的底线，远离国家政策的红线，在合法、合规、合理的情况下，还有什么复杂的呢？无非是工作艰苦一些，强度大一些，这些都是可以克服的。林常平从小就吃惯了苦，现在的辛苦对于他来说有时反倒是一种快乐，一种满足。

但是事情的发展总是不能按照他所设想那样去进行，生出了许多的枝枝杈杈。不过，正是因为这些枝枝杈杈才能反映出林常平的独特，才能反映出民营企业家的奋斗精神，和他始终持之以恒的人生态度，才能编织出一个真正的民营企业家的辛酸历程。

　　林常平他们几个筹备组的成员，头挨着头，把霞浦地图研究了几遍，从中大致圈定了几个地方，剩下的就是要先把这几个地方的土地性质和产权单位搞清楚。这件事就交由办公室主任去办理。当所有的硬指标符合要求后，林常平他们就开始了实地考察。

　　他从搅拌站调来了一个身强力壮的小伙子小林，加上办公室陈主任，还有已经退休，后来被林常平聘为行政顾问的翁县长。他们的双脚在那些日子里，几乎踏遍了霞浦的山山水水，还有大大小小的滩涂。

　　考察的第一个点是一个名叫法华村的地方。那天下午，天气很热，空气中带着淡淡咸味的，林常平一行人满头大汗地进了法华村，村支书早早地站在村口迎接。对于机制砂村支书并不了解那是个什么东西，只知道如果能招待好这几个客人，如果能把他们的村子划在项目范围内，那他们将会得到一大笔的补偿款，村民们也将暂时解决贫困问题，过上几年的好日子了。所以村支书格外地殷勤，几乎带着他们走遍了村子的角角落落。

　　三三两两的阿公阿婆坐在村子里几间陈旧的瓦房前，房前有一棵茂盛的大树，那几个阿公阿婆在闲聊，有的坐在竹椅上，有的坐在木凳上，有的干脆倚着大树的老根往地上歪着身子休息。当林常平一行人走到这里时，老人们一个个都将头扭过身来看着，一对对苍老干涩的眼睛里射出好奇的目光。村支书赶紧上前介绍说，这是一个"老人会"，就是让村子里的老人们没事儿有个聚会、锻炼的地方。是政府号召的，但村子里穷，也只能弄成这样了。林常平听得心里有些发酸，虽说他从小就受苦，但他最瞧不得别人比他还苦。现在他有钱了，在霞浦县也算是个有头有脸的人物了，就更看不得这些。他马上下意识地把手伸进了自己的裤兜，摸出了鼓囊囊的钱包。每次出门林常平都要带上些钱，这是他的习惯。他把钱包里的钱全都拿出来，递到村支书的手里。这一举动让在场的人都瞪大了眼睛。

"不行，林总，我不能拿您的钱。"村支书摆着手将钱塞了回去。"这是我林常平的捐款，要你把老人会的设备设施更新一下。不是给你的。""那也要走程序办手续，我不能就这么拿了去。"村支书的双手还在坚持着，但却渐渐地落了势头。林常平用他那铁钳般的手，抓住了村支书长满老茧的手，硬硬地把那叠钱塞了进去。

"林总，您把我们村子划进项目里，不就什么都解决了嘛！"

林常平一愣，他没想到村支书会这么说，他向四周看看，说："这个你先拿着，整个村子我们都看过了，也拍了照片。但还要回去报告县里，请专家评估，不是那么简单的。"

村支书接过了钱，低下头说："好，林总，这是您的捐款，回头我把手续给您补上，我替村民们还有老人们谢谢您了。"

林常平带着队回到了县城，催着办公室主任尽快把报告打上去。这个叫法华村的地方确实不错，从各方面来说是很符合要求的。林常平暗暗想，这会是老天爷在帮忙吗？刚开始启动项目，就如此顺利！

不过法华村所在的这座山什么都好，就是山下有一个水库，在做环评时没有通过，林常平深深地叹了口气，只得放弃这个地点。

没关系，这不算失败，是成功路上的一段插曲，对于林常平来说，这一次小小的挫折实在是不算什么。还有好几个地点，条件都差不多，一定都要去看看。

夏日里，霞浦的天气可以说是变化无常的，刚才还是晴空万里，眨眼间乌云就像山一样地从海面上压了过来。一场瓢泼大雨是在所难免了。林常平焦急地看着天，黄豆粒大小的雨滴从沉甸甸的乌云中滴落，在空中连接成了一道道的雨幕，白花花地砸向地面，溅起了一片片白色的雾。他想在台风季来临之前，约上县里的领导再去看一个地方。可是这场不期而遇的大雨将他堵在屋里。天色一下子从刚才的灰暗变成了昏暗，林常平不得不把灯打开。他从窗户里看到了反映出来的自己，尽管已经缺少了年轻人的那种活力，他对着窗户中的自己挺了挺胸，对着自己说："林常平，你要努力呀，你要加油呀，机制砂，你一定要把它拿下。"

大雨直上直下地从天空中向地面倾倒了十来分钟，渐渐小了，乌云突然裂开了一道缝，金灿灿的阳光一下子冲了出来，将这个世界笼罩在了一片雾蒙蒙中。林常平推开窗户，微风将细小的雨滴吹到了他的脸上，他满满地吸了一口沉甸甸湿漉漉的空气。他想到一个人，发小陈兴旺，现在是县招商局局长。于是拿起手机给陈兴旺打了过去。"陈局，雨停了，咱们去看个地方。我去接你。"

是的，林常平就是这么一个一刻也不能停息的人。在他的脑子里时刻有着一个声音在提醒着他，"林常平，你别忘了，你比别人少了20年的时间。你要抓住所有别人可能丢掉的时间，你要以此来弥补那20年。"

当他和陈局来到他所选定的地点——后岐山时，已是天蓝云轻，阳光明媚。刚才的大雨好像就是一场"梦幻泡影"。办公室工作人员已经给他们定好了船，他们要坐着渔民的快艇从海上绕着后岐山转上一转。

海上微风微浪，要想清楚地看后岐山的地势地貌和周边的环境，小艇就得不紧不慢地漂着。出来得匆忙，林常平也没拿个遮阳的东西，午后的骄阳火辣辣的，林常平有时坐在小艇上，有时站在小艇上，抬着头向陈局指点着，他的头、他的脸、他的脖子，还有半截袖外面露着的一双胳膊，被阳光晒得油光光的，黝黑的皮肤下，泛起了红彤彤的光泽。陈局看着都有些心疼，可林常平却还在兴高采烈地指点着江山。

时间过得真快呀，转眼2016年了，林常平所选勘的二十多个点无一幸免，全军覆没。他为此已经花了几百万元。这几百万的花销都是对一些选点儿的测绘与勘探。对于比较合乎要求的地点，林常平都要向相关部门报送专业性很强的测绘图或勘探报告，而这些都只能是他这个企业独立完成，相关费用自然也要林常平自行承担。

林常平不怕花钱，就是怕花了钱也得不到一个结果。三年的时间，那二十多个点不是因为没有一个可用，而是很多的人为因素所导致的选点泡汤。林常平不愿提及这些，只是很怀念以前的那些老领导老干部们。在改革开放初期，在大家都在"摸着石头过河"的时候，虽然犯了很多的错误，走了一些弯路，却没有人把眼睛放在自己的腰包上，而都是在奋力地向前，为父老乡亲尽己之所能。可现在呢，钱似乎成了人世间的万能之物，无所不能。但林常平就是这么个人，他看重钱，但他不信邪。他知道"阎王好见，小鬼难缠"的道理，但他却宁愿给小鬼儿们建个坟，也不愿去填饱他们那无底的肚子。

办公室主任陈静离职了，来了一个农机局退下来的兰主任，他接过陈静的担子继续向着机制砂项目挺进。

在一次踩点儿的时候，他们三个"考察队员"站在三都澳的一座山下，抬起头向上望去，山并不是很高，可没有一条上山的路，绕到山里的村口再进山，太远。翁县长年纪太大，林常平便和斗志昂扬的兰主任，各自往掌心吐了口唾沫，搓了搓手，一个纵步蹿了出去，像两只猴子似的消失在绿叶茂盛，杂草荆棘丛生的大山之中。翁县长在山下高声喊："注意安全——保持联系——"

林常平浑身有使不完的力气，也不管脚下是否能踩牢，就一个劲儿地往上爬。当他手脚并用地蹿上老高了，回头看时，才发现兰主任已经被荆棘藤条所纵横编织的网给卡住了，脚下的碎土裹挟着潮湿的泥土，被兰主任踢蹬得噗噜噜地滚下了山，已没有了牢靠的支撑，无法再用力向上去挣脱那网。看着满头大汗的兰主任，林常平有些后怕，赶紧向兰主任靠近，兰主任却喊："你别过来啦——这里的土是松的——去找人——"林常平高声答应着，不一会儿就消失在密林里。林常平来到村子，找了几个年轻力壮的小伙子，举着砍刀，背着麻绳，冲进了大山。几个人噼哩噗噜地半走半跑半跳，一路披荆斩棘，哗哗啦啦地恨不能将整个山林都惊动了。雀鸟啾啾地叫着，扑扑棱棱地扇动着短小有力的翅膀，在枝杈间乱蹦乱舞，正在杂草下睡觉的刺猬被吓得拔开四条小短腿儿四处乱窜，整个山林被他们惊得摇摇晃晃。兰主任还在那儿悬着，很快几个人把他解救出来，一路"滑"下山去。翁县长看见他们安全而返，停止了"转磨"，长出了一口气。

在整个选址过程中，像这种危险性比较大的事情虽然很少发生，但是辛苦可见一斑。

2017 年，项目组来到了界石村，这里有山，景色秀丽，这里有海，海风怡人。在对矿区进行了全面测绘和勘探后，林常平又有一个新的想法。

现在机制砂采矿可以做到零排放无污染，这么美的一个地方，只发展矿区经济太可惜了，不如采矿旅游一起做。这里也是林常平企业的一个定点扶贫地区。他站在界石村的秀丽风景中，望着大海，听着海浪轻拍沙滩的沙沙声，一艘艘渔船摇摆着进入海湾，妇女们赤着足踩在松软的滩涂上，腰间挎着鱼篓，头带遮阳帽子，一条鲜艳的围巾将帽子牢牢地裹在头上，正在那儿赶着小海。这一幕让与他记忆深处的场景无限地重叠着。

这几年走过来，林常平爬了不少的山，淌了不少的河，踏过不少的海浪，踩过无数的滩涂，他不知道那些坐在办公室里的大人物们是否有他更加了解这个霞浦。眼前的一切让他恍若隔世。几十年了，霞浦的山，山里的村庄，霞浦的海，海边的渔村，好像被尘封了一样。有人说霞浦的老百姓喜欢"小富即安"的生活，他们没有太多的追求与欲望，能吃饱饭有衣穿就行。

林常平从未对这种论调发表过看法，因为他就是一个地地道道的霞浦人。从他的身上，没有人能够看出"小富即安"的本性，却看到了"爱拼才会赢"的特质。他相信没有人不愿意住大房子，没有人不愿意穿漂亮的衣服，没有人不爱吃可口的饭菜……但是没有钱，这些都做不到，没有钱儿孙们就不能到外面更大更广的世界里去见世面、开眼界，没有钱就只能守着祖宗爬过的山，下过的海去讨生活。他知道钱的作用很大，但他也明白，钱总有一天会用完，如果只是捐钱的话，这里富裕不了多长时间，他想为这里的人找到一条出路，就像他给自己的企业找到了机制砂这个项目一样。

林常平向村领导提出了申请国家二级渔港码头的建议，将这里打造成一个美丽的渔村产业。他可以出面帮着与政府有关部门对接，他还可以出资赞助。但就像前面讲的那样，不是什么事什么人都会按照林常平的设想去处理问题的。村领导对林常平的建议并不感兴趣，只对林常平的捐款感兴趣。

"既然你想要扶贫就来点直接的，我们不需要投资，而需要捐款。"村领导就这样答复了林常平，可林常平不死心。回到县城后他多方协调，积极运作，想尽快地把这个扶贫项目落实下去，也许看到了将来的实际利益，村领导就会改变看法。但是村干部置之不理了，这个渔港码头的项目实在运行不下去，林常平也只得放弃。最后机制砂的矿区也没通过，界石村就暂别了林常平的视线。

几乎就在同时，勘查小组又找到了一个叫凤溪洋的地方，在美丽的东冲半岛上，属于长春镇大京茶场。这个地方的测绘、勘探已全部完成。

大京茶场历史悠久，成立于20世纪50年代，后来在90年代改名为霞浦县茶场，是一个老牌的国营茶场，也是福建省几大著名茶场之一。但由于经营不善几乎处于停业状态，有几百名职工濒于下岗待业，没有工资、没有五险一金，情况比较艰难。

大京茶场的所有条件都符合机制砂矿区的要求。林常平有一个设想，就是像当年他买下那个没人要的乡镇搅拌站一样。他来出资买下或是承包下凤溪洋，然后政府再以茶场的名义把这笔钱作为股金反投回来，这样茶场就会有 20% 或 30% 的股份，原来的老职工们不仅可以拿到工资，能把五险一金补齐，每年还有额外的分红。这不是一举两得吗！对于他林常平来说，原始投资可以省下 20%—30%，而这些钱将会被用到更需要的地方。

各种报告都报上去了，测绘图勘探结果也都十分清晰，但就是审批不下来。

凤溪洋下面有一个村子，村子里有一个人在县里任了一官半职。这个人和有的领导关系非常密切，以"哥们儿"相称。他知道机制砂的市场前景是一片光明，他也知道林常平对凤溪洋这个地方是势在必得，只要县里同意，一切就尘埃落定了。于是，他便想了一个生财之道。

当县里有关部门来凤溪洋实地考察的时候，他就在背后煽动村民出来抗议，先是说机制砂会污染水源，会毒害乡里。但有数据表明，机制砂几乎是污染物零排放。他又鼓动村民，说各家的祖坟都建在山里，动了这山，就是动了祖坟，动了祖坟就是对列祖列宗的大不敬。他一而再，再而三地闹下去，其实就是为了一件事。以个人或家族的名义入"干股"。这个人认为，凭借着与领导的这层关联，足以抵过千金。可他没想到的是，林常平不吃这一套。

林常平最讨厌的就是这种人，甚至是无法忍受，他觉得这个人在侮辱他，也在侮辱他的团队和所有正直的人。在县里召开的政协常委会上，林常平大发雷霆，直接指名道姓，把这件事情摆在了众常委们的面前。他激动地挥舞着胳膊，愤怒地握着拳头，高声大气地讲："国有企业被侵占，国有企业的人没饭吃，我一个民营企业去投资，凭什么就来了这么一个人，讲了一些不着边际的话，这项目就石沉大海了，就泡汤了！我不怕有人威胁，这事情闹得再大，我也不怕——"

2017 年就这样悄无声息地过去了，而林常平却心急火燎，嘴上的泡起了一茬又一茬。从 2014 年开始到 2017 年已经 4 年了，30 多个点，几乎囊括了整个霞浦，可他还在原地踏步。全国各地的机制砂项目一个接着一个地上马，而他呢，却还在四处无的放矢地奔波。

千遍万遍地呼唤你

身为霞浦县政协委员，林常平总能以一份强烈的事业心和一颗固守清贫的平常心，不负身上政协委员的担子，顺应市场经济变化，认真做好政协各项工作，大胆地为地方建言献策，尤其是在群众生产生活、经济发展、民生工程、精准扶贫等方面，从自身角度出发，积极为地方排忧解难。

"我当一天政协委员，就要担负起委员的责任。不能只是当一天和尚撞一天钟，要尽职尽责，把人民的呼声和意愿写出来，不仅解决老百姓和企业的问题，更要为霞浦的明天着想。"

林常平在经过调研后，在第十三届政协会议中提出《加大国家银行业扶持力度，促进小额贷款公司健康发展》《推广机制砂应用，推进生态县建设》《开办二次抵押登记业务，扶持中小企业发展》等提案；这些提案针对企业在贷款时面临的困境，中小企业的小额贷款可以解决企业发展中的一些难题，处理好会让企业"起死回生"，度过生死劫。

而推广机制砂项目，是符合省里和国家的环保理念，但却一直没有落实。在十四届政协会议中林常平又提出《关于进一步推行预拌混凝土生产施工机制，确保我县混凝土企业健康有序发展》《确保混凝土生产施工质量、明确责任、消除隐患》《推广机制砂应用，推进生态县建设》等提案。这些提案在委员中引起极大反响，特别是得到县银监会、县住建局、县国土局等多个部门的采纳，提高了地方企业的生存空间，促进了地方经济的健康发展，加强了地方建设的品质保障。一些受益的企业负责人和县领导们说："林总这政协委员当得称职，不但年年提交议案而且命中率极高，这样的政协委员称职。"

整个 2018 年的上半年，林常平向省里有关部门打报告运作机制砂项目，但似乎进展也不大，直到 11 月，凤溪洋这个项目才上了福建省公布的 52 宗机制砂矿山的名单。林常平的心里喜滋滋的，但还是有着一种隐隐的担忧。2019 年 4 月，林常平得到通知，要他们到省里面去开会。在会上得知，省里已经把他们认定为福建省 15 个重点项目之一，林常平是责任人，这时他的心才落了地。

"省里面给我们宁德地区，一年 1600 万立方米的产量要求。"林常平兴奋地说，所有人都替林常平高兴，他和他们的努力没有白费。

2019 年霞浦县又来了一任新书记。

新书记觉得在凤溪洋这个地方开矿生产机制砂太可惜了，经过几个月的调研，他要对整个东冲半岛进行了重新规划。这样，林常平的机制砂项目虽然在 4 月被列省重点项目，而在五六月间又一次搁浅了。

林常平想不明白，发达国家做机制砂已有上百年的历史，我们国家最早也从 20 世纪 60 年代开始有了机制砂。国家为了保护生态才要大力推广和着力发展机制砂。怎么就这么一个小小的县城，就能搞出这么多事情来，一个好项目就完全进行不下去了，他实在是想不通。

从 2019 年 1 月 1 日起宁德市禁止建筑行业使用河砂，限制使用净化过的海砂，并且对于一些重点建筑和建筑中的重要部位是严禁使用净化海砂的。整个福建省有 3 万亿元的建筑项目，眼看着省内就没有原料了，从外省市购买，那要浪费多少资金，这将对福建省的经济造成多大的影响。刚刚在 4 月开的紧急会议，把凤溪洋列为重点项目，现在又变了。

"新官上任三把火"第一把就是要树立权威，就要做到说一不二，更不用说上一任是被纪委带走的，那要烧的就更多了。新书记倒不是不支持机制砂项目，只是绝不能在凤溪洋，这里是他看中的地方。领导的眼光总不能比群众的眼光还短浅吧。在领导的眼里这里已然是一片梦幻中的旅游度假区了，怎能让一辆辆的采矿车大煞风景呢。过去的工作没有白做，只是需要你林常平再做一遍，对于找矿、对于勘探、对于画地图，老林你已经是轻车熟路了，就不要和政府争了。老林你不会连这个觉悟都没有吧！最后县里给林常平指定了西南半岛上一个叫岱岐头村的地方。

在地图上写写画画倒是很容易，要把它实施下去就难了。新址是否符合要求还要重新评估，也就是说还要重新测绘重新勘探，一切的一切又要从头来一遍。

有很多人都在劝林常平："林总呀，您老图什么呀？这是国家的事，是县里的事，是国企的事，您一个民营企业，不但花钱，还受人气。""您都这么大岁数了，还这么拼命图什么？不值呀。"

"我说林总，您身价不低了，就是有下辈子，您的钱也花不完，安享晚年多好！"……

每逢此时，林常平不是笑笑，就是沉默不语，但他知道，自己是绝对不能停下来的，他还要干，不是为了钱，而是责任。

林常平在日记中写道："一个做企业的人如果只看重现在，只看重金钱，而丢掉了社会责任，那还能有什么发展？中国有那么多的民营企业，我根本算不得什么，但有多少家企业能坚持10年、20年、30年直到百年？每天都有新企业诞生，每天也有老的企业死亡，所以太难了！每个企业家的初心都是好的，都是伟大的，但遇到困难时，遇到瓶颈时，又有太多的企业家选择了放弃。他们不是因为能力不够，不是因为资金不足，而是障碍太多了，打得他们精疲力竭了，只好投降，找可以挣大钱的项目。可我林常平把企业当成家，把员工当成家里人，把员工的家人当成自己的族人。没有一个家长是愿意看到自己的家人和自己的子孙落魄的，而是会拼命地为家人为子孙打出一片天地，谋得一个拓展的空间，这就是我的责任。"

西南半岛的岱岐头村既然是政府划定的，从头再来就从头再来。但还有一件事让林常平感到头疼，那就是，这个岱岐头村的机制砂项目要与三都澳开发有限公司合作，这是一个国企公司。

林常平一说起这些就无奈地摇摇头："唉！这都是泪！"

2019年六七月间，林常平给三都澳公司发去了一份函件，内容很简单，就是关于合作的事宜。可盼来盼去，盼到三都澳公司的回函，却让林常平哭笑不得。上面写得很清楚，大致内容是：你公司发给我公司的文件无法回复，因为三都澳公司与霞浦县政府是平级的。必须先由霞浦县政府以政府文件的形式上报给宁德市政府，然后开始走程序。再由三都澳公司写份与民营企业合作的报告，上报给宁德市政府请示批准，市政府批复后才能启动项目。

这么连来带去的一折腾，眼看着2019年已过去了大半。林常平2020年5月正式投产的目标看来有待更改。无奈之下，林常平只好给主管的副县长发微信，他这样写道："我们团队昨天去宁德找合作国企协商相关事项，他们提出两点，一、县里报他们的函件必须要由办公室邮寄给他们，也就是说按照程序走；二、修改后的函件由县政府邮寄给宁德市政府常务副市长；三、上述两个文件办妥了，合作方案需呈报宁德市政府批准。市政府行文之后，全面启动项目，力争在2020年5月正式投产。我恳请您在百忙之中指示相关部门按程序办理，不胜感激。谢谢！林常平叩拜。"

主管副县长收到微信后回复"马上办理"，第二天将文件递出了。

不管怎么说，林常平的这个机制砂项目算是拿下了，接下来就是与政府对接、与国企对接的问题。作为一个从56岁才起步的民营企业家，他以惊人的速度打造出了名牌企业。他成功地在不到10年的时间里积累了巨大的财富，他成功地在 5 年的时间里从商业混凝土行业跨越到了金融领域，为了企业职工，他开办了一所幼儿园，解决了职工们些许的后顾之忧，他又在企业达到瓶颈期时及时地打通了出口，而这个出口会将他引进一个新的辉煌时代，按他的话说，机制砂至少有 30 年的发展前景可期，那个时候他可能已经作古，再若发生什么，就是后来人的事了……

商海解语：放水养鱼，松绑放权刻不容缓

1984 年，福建省 55 位厂长、经理联名上书，呼吁为企业"松绑"放权，推动了中国经济体制改革。时隔三十年后，2014 年 5 月，福建省 30 名企业家再次上书，以《敢于担当，勇于作为》为题致信中央领导，为加快企业改革发展建言倡议。

2014 年 7 月 8 日，中央领导给 30 名企业家回信，并殷切希望广大企业家继续发扬"敢为天下先，爱拼才会赢"的闯劲，为国家经济社会持续健康发展发挥更大作用。

值得关注的是，此次致信的企业家中有 16 位是非公有制的企业家。中央领导的回信，无疑给民营企业家们打了一针"强心剂"，于包括港澳台侨在内的"闽商"中产生强烈反响。

近年来，福建非公有制经济充分发挥优势，发展水平持续提升，发展质量明显改善，发展活力进一步增强。福建民营经济占全省经济总量的比重达 67.2%，提供了全省 58% 的税收，解决了 85% 的就业，在福建经济发展中起到了"三分天下有其二"的作用。

尽管如此，简政放权为企业创造发展的新机遇，在一些地方官员那里也只是说说而已。当年企业家们为何呼吁为企业"松绑""放权"，今日又为何上书？不言自明，一些地方政府靠着民营企业的税收却在相关政策的落实上对他们另眼看待，有的打压，有的为难，有的明里暗里地使绊子，而利用手中之权将民营企业吞并、收购，压垮者大有

人在，让一些小规模民营企业的当家人心灰意冷。

2016 年，中国的民营经济发生了两件重大事情。这一年，一直高速增长的民间投资突然出现断崖式下滑，以至国务院不得不派出 9 个监察组奔赴 18 个省市考察，以检查各地是否出现阻碍民间资本准入的情况。第二件事是，民营企业的利润增速突然被国企反超。这一年，规模以上的企业中，国企和民企的利润增速分别是 6.7% 和 4.8%，到了 2017 年，国企的利润增速更是达到了惊人的 45.1%，而民营只有 11.7%，国企对民企实现了全面反超。这些数据不难得出为何这几年中国的经济压力越来越大，和民营经济的衰败不无关系。

改革开放 40 年已经证明了一点，民企在中国经济发展中起到了非常重要的作用。媒体曾用 56789 的数字表明民营的贡献率。5 是指 50% 以上的税收；6 是说 60% 以上的 GDP；7 则是 70% 以上的技术创新成果；8 乃是 80% 以上的城镇劳动就业；9 是 90% 以上的企业数量。

放宽水投鱼饵方可养大鱼，民生沸腾。

第八章

企业之富，应是负责任的"负"

....

伟大的企业，都是冬天的孩子。它们活得好，不仅靠企业家的热情，还靠实力；不仅靠团队耐寒的毅力，还要靠仁者爱人的文化传统。

——题记

砸墙！勇担质量责任

这是一个透明的时代，没有人能够真正地藏住什么秘密，所以说企业在面对危机的时候，就不要选择蒙混过关，更不能存有侥幸心理。2019 年，鑫磊集团的商业混凝土出现了一次"质量事故"。

在高度现代化的产业链上，成品生产是处于产业链的末端，供应商所提供的原材料、元器件、半成品等，哪个环节出了问题，都可能影响到产品质量。

鑫磊集团就是属于产业链条上的末端企业。他们所用的原材料，如砂子、水泥、石子、外加剂、钢纤维等都是按照国家规定的标准进行批次检验，如果质量不合格不能购买，自然也不能进入生产环节。但是，世上没有绝对的事情，这一次鑫磊集团还是出现了损失 300 万元的质量事故。

2019 年 6 月 13 日下午，夏天的太阳依旧热烈，没有风，也没有雨，企业的生产经营一切如常，实验员按照惯例对新进厂的原料进行现场取样，回到实验室将样本做成了试块。时间悄悄走到凌晨 1 点 14 分，实验室许主任还在梦乡中游历，一阵阵急促的电话铃将他拽了出来。他迷迷瞪瞪地拿起电话，电话那头传来了值班员焦急的、伴着哭腔的声音："许主任，你快过来看看，咱们的试块肿了！"

"什么？肿了？"许主任就觉得自己的头发根儿都立了起来，一个激灵，诈出了一身的冷汗。

"肿了"可以说是一句行话，外人听不懂，但内行人都知道，就是指混凝土在凝固时发生了膨胀现象，这是一个很严重的事故，膨胀后的混凝土将达不到建筑要求的强度，对整个建筑物的安全性是一个严重的威胁。

许主任边穿衣服边在脑子里快速地想着：什么原因？是我们的质量有问题？还是原材料有问题？他边想边冲出家门，开车来到了公司。实验室的灯全亮着，在黑夜里格外的醒目，他冲进实验室，第一眼就看到了那个 15×15 的水泥试块放在模子里，像是个刚从烤箱里拿出的黑面包似的向外鼓凸着，他的头就嗡的一下，使劲闭了一下眼睛才稳住自己的心神。

值班员焦急地说："许主任，你看这是怎么回事？是哪儿出了问题？"

混凝土是水跟水泥、沙石、外加剂混在一起搅拌而成的，试块中的混凝土在硬化前呈泥浆状，硬化过程中水分蒸发掉，试块中的混凝土便会有一定程度的收缩，正常状态下是不会膨胀起来的。许主任前后看看、左右看看，分析说："试块体积比较小，如果施工现场大体积应用，混凝土的膨胀会更加严重。"

许主任和实验员一起到搅拌楼重新取样，这时大概是凌晨 1 点 40 左右。除了砂、石、水泥外还有几种外加剂，加在一起有 6 样，两个人撅在搅拌楼底部，全身都沾满了水泥煤粉，活像两只泥猴子。直到 5 点来钟，晨曦尽染大地的时候，两个泥猴子才拖着疲惫的身子从搅拌楼里出来。混凝土中最容易出现问题的是水泥和外加剂，所以一回到实验室，两个人开始对每样外加剂和水泥逐一地进行化验分析。在等待结果的这段时间，许主任到离公司最近的一个施工现场去察看，发现混凝土的凝固状态与往日有很大的不同，基本处于不凝状态。

许主任看了看表，已经早上7点了，便拿起电话给中科院的一位专家打了过去。有专家说从来没有见到过这种情况，最可能出问题的应该是粉煤灰，粉煤灰在烧制过程中如果烧不干净，有可能会有残留物造成污染，引起混凝土的膨胀。许主任又赶紧把手头上的粉煤灰样本做了分析，可还是没有问题。

这时鑫磊的副总林庆华得到消息赶到了实验室。看到膨胀的试块也是一头雾水，从业这么多年他还是第一次见到这种情况。但所有可能出问题的地方都已经做了分析，问题还能出在哪儿呢？他忽然想，会是水的问题吗？搅拌楼里的水和罐车里的水是循环的，如果进去的水出了问题，那么出来的混凝土将无一幸免。想到这儿，他赶紧让许主任取来水样，做了一遍分析后，得出的结果还是正常。

此时，林庆华已经把情况汇报给了林常平。林常平的心里一紧，他的第一反应就是通知所有的涉事工地，让他们马上停工，然后派出技术人员协助工地进行大排查，不能让有问题混凝土成为建筑质量的隐患。这边，实验室还在紧张地分析当中。

林常平来到了实验室，见大家心情都很沉重，他说："一位世界五百强企业总裁曾经说过，没有质量问题的企业是没有的。这说明质量问题对于生产企业是司空见惯的事情，但是企业在质量问题面前，表现出的做法不一样。我们企业始终把质量第一放在首位，这是企业的是百年大计，国家的建设项目是百年大计，老百姓买房子，用的都是血汗钱，更是百年大计。如果咱们的水泥质量出了问题，从良心上讲那是大大的坏，所以我们的企业一直追求质量第一。有问题不怕，要敢于面对困难。先从我们内部查起，如果我们内部没有出现问题，在从外部供货商那里查找问题，总会水落石出的。"林常平鼓励着大家，他们迅速对外加剂进行了查验，也没问题，最后就剩下分析砂子了。

许主任给两个砂子的供应商打去电话，询问昨天进厂的那两批砂子是否有什么问题。砂子是许主任最后的"希望"了，砂子肉眼可见，从表面上看不出什么问题来，可是严格意义上说，所有的骨料都应该检测。但实验室并不具备分析砂子的能力，所以许主任要询问供应商。

一个供应商很理直气壮地表示他的砂子决不会有问题，另一个供应商则有点心虚，说："我的砂子，应该没问题吧。——不过……"许主任的心一下提到了嗓子眼儿，"不过什么？到底有没有问题？"

"应该没问题，就是昨天有一辆车的液压油漏了，有一部分砂子被浸湿了，但很快就干了。"还没等供应商把话说完，许主任马上对林副总说，"马上安排人把昨天的两批砂子分开。"

砂子分开后，许主任马上对两批砂子做了试块。结果出来了，原因找到了，问题还真就出在了砂子上，两批砂子的试块呈现出了两种完全不一样的结果，一个是正常平回缩，一个是不正常平膨胀。但砂子具体各项指标数据，鑫磊的实验室无法得出。许主任给福建省建筑科学研究院打了电话，专家说这个检测是很冷门的项目，需要更加专业的设备进行检验，各项分析要一个星期才能出结果，对方问还做不做这个检测。许主任当机立断，说"做"。他马上安排一名实验员把被油污染的砂子送到福州去。

问题找到了，后续的问题该如何处理就是林常平的事情了。他回到办公室，立刻召集中层干部开会，一向性格急躁好发脾气的林常平，一直吸着烟低头不语。到底该怎么处理，成为需要认真考虑的问题。很显然这件事故的责任肯定属于沙子供应商。有人说要起诉供应商，有人说要马上退货让他们赔偿损失。而这时的林常平突然按灭手中的烟说："大家都不要慌，质量有什么问题我们决不隐瞒实情，因为质量问题人命关天。毛主席说，世界上怕就怕'认真'二字。现在我们做企业，有三句话也请大家要记住，要创一个负责任的企业，做一个诚信的生意人，当一个有爱心的企业家。一是请你们监督我，二是我们大家都要有这样的自律。我们搞混凝土产品的，这些年参与了高楼大厦、建大桥，包括核电站和机场建设，如果我们的混凝土质量达不到国标，一旦质量出现的问题，后果不堪设想，质量不仅是生命线，更是企业的形象，形象一旦倒塌，将是万劫不复。第三个，我始终坚持诚信做人，诚信做企业。一个人、一个企业、一个国家，只有诚信才能赢得百姓的爱戴，赢得天下。咱们企业被三个银行评为三 A 级的客户，因为自从企业树立起来，我们没有欠银行一分钱，只有提前还款，没有延误一天的纪录。"

　　说到此，林常平又点燃一支烟，说："你们不要围绕自己的损失问题打转，要首先考虑各个建筑工地的情况，刚才我们已经派人去各工地排查了，看看每家公司用这批料施工的面积有多大，不管是大是小，都要建议他们全部拆除，不给建筑质量留下后患，损失全部由鑫磊承担，不管付出多大的代价，也要保住鑫磊这个品牌！这件事就这么定了。至于封料、换料这些工作，由生产系统安排好。"

　　林常平简短的几句话结束了会议。生产科和销售科的负责人给正在使用这批产品的七家公司分别打电话，向他们通报了鑫磊的情况，及处理意见。随后派负责人到现场与施工方、业主、监理等多方协调后，将已施工的部分拆除。

　　试块为什么会膨胀？福建建筑科学研究院专家在做出检验结果出来了："液压油混入沙子后与水泥等材料混在一起，没凝固的状态看不出什么变化，随着水泥的渐渐凝固，也就是经过两三个小时会发热，油会从砂中分离并向上浮，这样会带动沙子运动，同时进入一定量的空气。正是由于硬化过程中混凝土里面融进了空气——体积膨胀，造成硬度的降低，使产品不能达到质量标准。"这次的事故原因是，作为混凝土中油污量检测这一项，行业标准中没有做出规定，而生产企业也不具备进行这种检验的高精尖设备和人力资源，因此才出现了这样的质量事故。

林常平作为企业最高管理者，对于质量问题不隐瞒、不推诿，率先通报下游企业的解决方式是非常明智的，正是他的这种危机公关意识，才得以保全企业的声誉。事后林常平总是强调，如果是施工单位先于他们发现混凝土有问题，那鑫磊就失去了解决问题的主动权，建筑单位会产生各种疑问：是不是为了降低成本在原料使用上以次充好？如果说是上游企业的问题，你们企业的质检部门是干什么的？是摆设还是与供货商同流合污？而鑫磊集团能够主动讲清问题并且承诺承担由此产生的经济损失，就明确地表明了事故原因不在自己这一方。他的这种处理方式，不仅得到了施工单位的认同与配合，也得到了业主、监理等相关方的称赞。

经过核算后，几家公司的损失合计近300万元，全部由鑫磊公司买单。虽然经济上的损失很大，但是，诚信度在客户的心中提高了，鑫磊这块品牌也更加闪亮。

站楼顶"铺膜"，责任心可达天梯

林常平在短短十余年的时间，就将一个小企业发展成规模企业，上文说到鑫磊集团重视质量，而好企业还要重视服务。这如同是两条腿走路，企业在前进时才能够走得稳重、走得长远。

"林总，咱们在5号楼建筑工地上的水泥出现了龟裂。"

已经是傍晚中央电视台新闻联播的时候了，林常平突然接到林庆华副总的电话。只要是企业的事无论大小在他林常平心中都是大事。林常平迅速赶到集团办公室，几位副总、实验室正副主任、办公室、技术部门、销售部门的领导都已经在会议室议论纷纷了。

"林总，我们对产品的质量进行了测试，产品质量没有任何问题。"负责生产的副总汇报着。

"运输方面和使用单位都询问过了，一切按平时的操作流程也没有违规操作的情况。"实验室主任介绍着情况。

问题到底出在哪呢？林常平没有从技术上就问题说问题，而是说了另外一个观点，他说："一个好的企业，首先要有严格的管理制度，要有过得硬的质量产品，还要有好的服务。优质高效的服务是赢得营销成功的先决条件。"林常平看看大家说："别愁眉苦脸的，问题总会找到的。我在全国各地考察时，看见很多地方铺路的混凝土，到一定时间后就会发生龟裂，这个问题很普遍。我们的企业今天也出现了这个问题，我看是好事，不是坏事，问题早发现早解决，对企业对施工方都是有好处的。一是可以把损失率降到最低，二是我们解决了这个问题对整个行业都是个贡献。大家可以回忆一下，在出差的时候在其他企业施工现场是否也出现过这样的情况，人家是怎样解决的。"

林常平每次讲话都会给职工打气壮胆，使大家有了解决问题的方向。所有的人都各自找问题，分兵几路。

会议散了，林庆华一直在想着林总说的话。在记忆中搜索着蛛丝马迹。今天林总的一番话让他突然想起一件陈年往事。

早在 2007 年，他在上海一个桥梁工地考察施工质量时，发现了一个奇怪的现象，工人们在给桥墩围塑料薄膜。林庆华出于好奇心就问他们的工长，围塑料薄膜是用来保温的吗？现在大夏天的没有这个必要呀，是防雨么？这天空上万里无云，天气预报也没说这几天有雨。工长看看林庆华一脸的好奇，就笑笑说："这种方法可以避免混凝土在凝固的过程中发生龟裂。"由于当时林副总不是搞施工的，是销售，所以对这件事并没有往心里去。今天林总一席话点醒梦中人。也顾不上此时是几点钟了，他抓起电话就激动地说，"林总，龟裂问题可以解决了。"林常平被林庆华半夜铃声所惊醒，一听说找到了解决龟裂的办法，笑了。

这个清晨晴空万里，林常平一行来到供货的建筑工地，将龟裂现象一一说明，并且亲自做示范，工人们一见如此简单的方法就解决了难以想象的困难，都笑了，并且说，鑫磊集团的这种方法是可以推广的。

在全体员工大会上，林常平说："就在大前天，我们的建筑工地，出现了混凝土龟裂现象，我们是怎么解决这个问题的呢？我们生产的商业混凝土，无论是修路还是盖房子，施工方把混凝土倒进去，先进行一次抹平，再进行二次、三次抹平，然后就不管了，在这种情况下，混凝土会出现龟裂现象。是林副总当年无意中向兄弟单位取了真经，其实非常简单的一个做法，就是把塑料薄膜盖上去，上面再压一遍。这样处理后再通过太阳光照，薄膜会在下面会产生热能，生成雾气，雾气再渗透到混凝土中去，混凝土就相当于又浇了一遍水，24小时以后，把这层薄膜拿掉，再进行洒水，不仅不会出现龟裂现象，还会有玻璃一样的美观效果。这种方法，是我们通过学习相关企业后开发出来的。"林常平的话刚讲完，台下就是一片掌声。

"我们的经验是从其他兄弟单位那里学来的，所以我们的经验也不能不外传，请办公室将这个方法编成《施工指南》，然后发给我们的每一位客户，让他们学着做，少些损失。"

不仅如此，林常平还要求销售部门向施工方介绍这种方法，负责现场施工的领导和工程师觉得这个方法不错，让工人动手铺塑料薄膜，但是对工人们来说，加这么一道工序很麻烦，不仅费工时，风一吹薄膜四处飘，影响后面的施工进度，于是就以各种理由推诿。林常平就和几位中层干部一起到施工现场进行讲解，对方还不认可，他们就自己买来薄膜亲自动手铺。

有一座四层楼的建筑工地，鑫磊公司的销售员把《施工指南》给了施工单位的经理，他满脸笑容地答应了。可等这位销售员离开，他就把小册子扔了。林常平得知这种情况，就安排销售员买了一批塑料薄膜，亲自到现场给他们施工完成的水泥板铺上塑料薄膜。一楼二楼他们给铺好了，到了第三层，膜没了，施工方他们承诺说，这种维护工作本应该由我们自己做，第三层就不麻烦你们了。结果怎么样呢？他们的说辞还是一种推诿。第三层楼的楼板他们根本没有铺塑料薄膜。出现裂纹后，反而说混凝土质量有问题。鑫磊的一位中层干部给他们分析说："生产你们用的混凝土的设备、环境都没有改变，原材料的配比也是一样的，工人也是一样的，所以产品质量没有任何问题，唯一不一样的是你们在施工时没盖塑料薄膜。"听了这样的解释，他们也就没有再言语，对裂缝进行了修补，等到第四层施工完成后，他们自己购买塑料薄膜往上盖了，水泥板的质量变得如镜子般光亮。

鑫磊公司对产品质量形成了一套独具特色的管理体系。第一步，从源头抓起。对各种原材料按质量标准进行严格的检验。第二步，从源头辐射到系列产品，按不同的质量标准生产合格、优质的产品。第三步按客户要求提供优质高效的售后服务。第四步，才考量企业自身的经济效益。前三步做得好，自然会提高企业经济效益和社会影响力。

在科学技术高速发展的现代社会，产品质量是企业生存与发展的命根子。鑫磊公司的产品质量好，服务做得贴心、暖心、有耐心，市场面越来越宽，经济效益越来越好，为国家做出的贡献也越来越大，"十年纳税功勋"的奖牌熔铸了每一个员工的心血和汗水。

推倒重建，不惜血本给搅拌车造屋

2017 年的春夏，林常平很忙，为职工创建幼儿园的事情还正在进行时，大元小额贷款公司虽然已经缩紧了银根，但拖欠贷款不还的诉讼官司还是一个接着一个，几年前他看好的机制砂项目，到现在还没有眉目。

这天，林常平从大元小额贷款公司回到鑫磊公司，一进厂区，就有一股风"呼"地刮了过来。风不仅带来了又闷又潮的热浪，还带来了一阵呛人的沙土。他抬眼一看，轰隆隆的搅拌站像一个巨人似的，屹立在一片烟尘之中。林常平浑身一激灵，忽然想道：推广商业混凝土是为了环保，可我这个露天的搅拌站粉尘也真是不小呀。林常平想起来，自己到北京、上海这些大城市参观考察时，人家的厂房都是全封闭的，既防尘又降噪。本想着回来后就改造，可一堆的事儿摆在眼前，竟然把这件事给忘了。

林常平大步流星地上了办公楼，找到办公室主任说："我打算把搅拌站做成一个封闭式的，你去查查资料，了解一下这方面施工队的情况，弄出个方案来。顺便再把整个厂区改造一下。"

办公室主任得令，赶紧闷头去干。林常平则进了自己的办公室，又开始认真地研究起他的机制砂项目来。

想到从三一重工买回来的两套设备，自从安装完工之后，别提心里有多美了，这银光闪闪的搅拌器，性能先进的控制系统，与之相配套的送料泵车，都是国内目前最先进的，无论外形和内部结构都非常完美。

但是，随着产能的不断增加，这种外形上的完美很快就没有了。一是水泥、砂石生产的灰尘日日加厚，二是海边气候的风吹日晒使设备外表很快就有了锈斑。这成了林常平的一块心病。怎么解决这个"外形美"的问题呢，毛笔的故事，让他茅塞顿开。机器也需要养护，也需要用心。他立即让副总安排为搅拌设备盖个厂房。这位副总听后感到有些莫名其妙，这机器从来都是放在露天的，没有听说给机器盖房子的？

林常平解释说："现在国家虽然没有要求搅拌设备要建在室内，但是从长远角度考虑，企业经营必须要追求环保效果，周边住着老百姓，有的村子养鱼，有的村子种茶叶，搅拌机的灰尘到处飞怎么能行，这是第一，还有就是机器也要保养，在外风吹日晒的，机器也是有寿命的。你对它好，呵护它，它也会多为你贡献几年。所以不仅要把设备建在房子里，还要安装吸尘器，把粉尘都吸进去，工人们的身体和生命要紧，一定要统一处理。"

林常平的决定让机器变露天为室内，把生产过程中出现"形不美""无保养"的问题彻底解决了。

厂区改造比较顺利，林常平前前后后投进去了 300 多万元也看到了成效。搅拌站的封闭式厂房建起来了，厂区的绿化也做得不错，为员工新添的健身设备、图书什么的也都到位了。

不过有一件事，让林常平的心里极不舒服。可就在进入收尾阶段时，台风"海棠"在福建省福清沿海登陆，给整个福建省北部和东部沿海带来了暴雨狂风。雨柱像一个个的铁锥从天而降，借助风势肆无忌惮地狂轰滥炸，像野兽一样撕扯着，狂啸着，把林常平的那 300 多万元建成的厂房撕得七零八落。台风来得猛，去得也快，台风过后林常平站在厂区内察看，屋顶和窗子被吹没了，剩下了一些断壁残垣，狼藉一片。这让林常平的心里有一种说不清的感觉，心痛？惋惜？哭笑不得……说不上来。但就是觉得哪儿堵得慌。

林常平马上叫来施工负责人评估了损失，总结了经验。然后振臂一呼——重建！这次林常平在各个方面加大了抗台风的强度，并且上足了保险。封闭式厂房又建起来了，绿地也焕然一新。林常平双手叉腰，站在新厂区里，欣赏着自己的杰作。新厂房建成多年，无论刮多大的台风都"我自岿然不动"，生产环境改善了，林常平安心，职工和附近的村民也安心了。

甘为员工铺路搭桥，劳模给企业增亮

张统为是福建省"五一"奖章获得者，这是张统为的骄傲，也是鑫磊集团的骄傲，更是林常平的骄傲。这个身材强壮高大的中年男人，2006 年来到鑫磊，到现在已整整 14 年了。这 14 年里他一直兢兢业业，认认真真地干着自己的工作。这一切都看在了林常平眼里，记在了他的心里，2019 年林常平让办公室人员整理出了一份张统为的个人资料，报到了省里，被评上了福建省的"五一"劳动奖章获得。林常平为有这样的员工而自豪。

张统为初入鑫磊时，只是一名电工，林常平发现他踏实肯干，干起活来从不惜力又善于开动脑筋，就让他报名参加岗位培训，渐渐地张统为成了鑫磊水电维修方面的多面手。他不仅技术过硬，脑子也非常灵活，经他改造的搅拌设备用的外加剂桶，可一次性节约二十几万元，还延长了加外加剂桶的使用年限。鉴于张统为多年爱岗敬业、追求创新的精神，2013 年获得宁德市十佳农民工的荣誉。

2016 年的一天，张统为在工作中发现企业用的地磅在称重数据上出现了误差。地磅也被称为汽车衡，是设置在地面上的大磅秤，通常用来称卡车的载货吨数。是厂矿、商家等用于大宗货物计量的主要称重设备。鑫磊用的地磅是用来称量进厂砂石、水泥生产添加等原材料和出厂产品的大磅秤，出现较大的误差即损失企业的利益，也会给上、下游企业带来不应有的损失。张统为将情况报告给林常平后，问他是修理还是购买新的地磅。

林常平对张统为说："你们部门就不要组织维修了，我安排买一台新的。我们经营企业要讲信誉。如果我们的产品出去有质量、重量问题，施工单位会受到损失，信誉也会受到影响。"

新的地磅买回来以后，张统为又组织人员安装，这本来不属于他分内的工作，但是他对分外的工作当成分内的干，从无怨言。林常平很欣赏这样的员工，张统为也非常敬重自己的老板。他钦佩林常平的过往，也认同林常平的现在。很多人说林常平的脾气不好，可张统为却觉得，老板是个大好人，心善，只要你把工作做好了，老板就会都记在心里。

张统为笑眯眯地说："我们职工的小孩子上学，老板都会给我们包个红包。还有我们家里有人生病，老板也会发给我们慰问金。你说，老板的脾气秉性怎么样？"

在一线职工的眼里，林常平是个不爱发脾气的人，他总是会咧着嘴冲他们笑，哪怕坐在车里，也会摇下车窗和他们热情打招呼。

和张统为同年来公司的还有几个大罐车司机，他们一提到林常平，总是会争先恐后地讲他的故事。

"林总从来都没有拖欠过我们的工资，哪怕是头几年，那么困难的时候。林总宁肯借高利贷也要给我们发工资。"一个罐车司机激动地说着，"别的公司，嘿嘿，我可不敢说，但我们鑫磊……"他竖起了一个大拇指，一对眼睛里闪着自豪的光芒。身边的司机们也都赞许地点着头。

"我们不光有工资，天气热，防暑降温补助也会有，还有额外的水果，我们不会离开鑫磊，只要鑫磊还需要我们，我们就在这里干。"

在一线员工的眼里，林常平不像是个老板，而更像是他们的家里人或者是朋友。林常平有一个董事长基金，放在办公室文员王静那里，只要公司有职工或职工的家里人有需要，比如生病，急需医疗费，一时凑不上，或孩子考上大学一时交不上学费等，只要是有人需要，王静都可以动用这笔董事长基金。

林常平的司机苏队长说："林总是个细心的人，他在路上看到一个小铁棍，正好横在我们大罐车必经的地方，他会让我停下车，自己跑过去把它捡起来。"这件小事让苏队长难忘，也让苏队长有了这样的思考："怪不得，人家可以在那么短的时间内成为一个亿万富翁。他脑子里想的是什么，你永远也不知道，他下一步要做什么，你也永远不清楚……"

没错，林常平在一线员工的眼里，就是这么一个有血有肉、热情洋溢又充满爱心的老头儿。但在王静他们这班行政人员的眼里，林常平可完全是另外一个人。

王静已经不记得林总骂过她多少次了，被林总骂走的行政人员，和高层领导不在少数。但王静没有走，她也不想走，因为她知道，林总骂她是因为她的确做错了，而林总一旦察觉自己骂错了，或是骂过了头，事后也一定会向她道歉的。

林常平就是这样，从不隐藏自己的喜怒哀乐，他爱憎分明，遇到他认为不对的事，就像夏季响晴的天要下雷阵雨，狂风卷着乌云，在电闪雷鸣之间，雨点像沾了水的鞭子一样抽了下来，但在狂风暴雨过后，便风平浪静，有时天边还会出现一道彩虹。

由于霞浦与台湾隔海相望，鑫磊的业务中有一部分是军工项目，国防知识必不可少。林常平就请来部队的教官来到公司，给员工们讲两岸同胞的交流往来时的政策法规，以及必须掌握的国防知识。

林常平 2006 年开始创建鑫磊公司，在公司成立十周年的大会上，一位霞浦县领导曾用最朴实的话概括了他干事业的拼劲："商业混凝土生产企业不属于高科技企业，很多人可以做，但是很多人都做不起来。林常平之所以能把它做起来，一是他善于学习，二是他有着做好企业的雄心大志，三是他凡事都追求完美。"这几点说起来容易，做起来难。林常平像所有的成功企业家一样，在高标准、高规格的追求中打造了企业的精气神，使人们看到了鑫磊公司自创建以来纳税 1.6 亿元，连续十年成为"纳税功勋"的业绩。

林常平用自己的方式管理着鑫磊，他在公司设立了安全生产奖、节能奖、清洁奖、忠诚奖、行车安全奖、十佳员工奖、见义勇为奖、先进班组奖等。

林常平在谈到各种奖励时说："我在上海考察时看到人家为了环保，把罐车拿苫布给罩上。我们这里比上海呀北京呀要湿润得多，但粉尘还是有的，我就要求我们司机们能做到，每辆车都必须洗得干干净净的，我们每个季度都要评清洁奖，榜上有名就会得到 1000 到 2000 元的奖金。在行车安全方面，我们请交警来给司机上课，我和中层干部还要一周讲一次安全课，每个月都要开行车安全大会。谁在行车安全方面做得好，就给奖励。"

林常平停顿了一下，接着说："还有节能奖，不要小看这个奖，你的车维护得好就会省油，停车的时候不要急踩刹车，起步的时候不要狠踩油门，等等，这些都是在安全课上交警讲的，是行车安全的部分，同时也是节能的部分。不光在我的公司里你开车是这样，你在家，或者你去了别的公司，也要这样去开车。这些都是对你一生很有用好习惯。"

林常平又说："你要让企业的员工对企业有忠诚度，那企业老板，就要让员工对信任你，对你有依赖。我除了设置董事长基金，生病不知道找什么大夫，小孩子上学不好安排，我都会帮忙，竭尽全力帮员工们解决眼前的困难。这些都是相辅相成的，大家努力工作是在帮我，我自然也要帮助他们，我们是一家人的关系。"

除此之外，林常平还经常邀请驻地派出所的干警来公司，一是搞好警民关系，再就是给职工们普法教育。还有消防、安全等等，鑫磊就像是一个大课堂，在这里职工们可以学到很多东西。

扶贫扶智，给农家书屋装满致富经

2019 年 4 月 17 日林常平在公司的会议室里接待了几个特殊的客人，他们不是来洽谈业务的，而是来"哭穷"的。他们是来自福建省海洋渔业局的 9 个厅级老领导和下村挂职的干部万文华。

一行十来人的带队者就是曾经和林常平一起坐在审理"杜案"的法庭上的原霞浦县委书记杨有志。杨书记在"杜案"后被降职处理了，几年后又被重新提拔，在福建省海洋渔业厅任厅长，现在已经退休。

离开工作岗位的杨有志总也放不下霞浦的山山水水，这不，渔业局的一个下村干部万文华正好下到了霞浦县下浒镇的王家衕村，做了驻村的第一书记。

"常平呀，你好气派呀。"人还没有到，杨有志那洪亮的声音便震得整个楼道"嗡嗡"的响。

站在会议室的门口等候的林常平马上迎了上去："杨书记，您的声音还是那么洪亮，可见，您的身体很棒呀！"

林常平把他们几人迎进了会议室，纷纷落座后，杨书记便一脸愁云地向林常平介绍了他们此行的所见所闻。

这次他们去的王家衕村，是一个地地道道的山区村，山地多、水源严重不足、劳动力缺乏，制约了经济发展。到目前为止，王家衕村的土坯房占全村现有房的80%，村民的一部分经济收入竟然是靠出让土地建造坟地，在王家衕村的一条公路边上，就有105座历历在目的坟头，这105座坟头就像105个永远也无法愈合的疖子，在向外传递着贫穷落后的信息，这不仅如阴霾压在村民的心头，也压在驻村干部的心头，尤其让曾经任县委书记的杨有志憋闷得透不过气来。

王家衕村除了坟头墓地多，还有两多，那就是光棍多、五保户多。随之而来的就是残疾人也多。村子的扶贫、脱贫工作，成为福建省难啃的一块硬骨头，也成了驻村干部和对口扶贫单位海洋渔业局的一块心病。

杨有志说："小万同志是个朴实能干的驻村干部。他刚到村没几日，就赶上山火，和村民共同努力，经过四个半小时终于降伏了'火魔'。转年夏天得到通报说，'玛莉亚'超强台风正面袭击下浒镇，他又在台风来临前的24小时，与民兵营长深入半山、曹厝、佳湖、潭水等最偏远的自然组逐户走访，察看房屋、转移村民，由于准备工作充分，最大限度地减少了台风造成的破坏，避免了人员伤亡……"

杨书记接着说："王家衕村的扶贫工作十分难做，最重要的是没有资金。让万书记再给你做个详细的汇报，他对村里的情况比我们了解得多。"

万文华向前欠了欠身，这是一个五大三粗的中年男人，棕黑色的皮肤，说话慢条斯理，性格深稳。他轻咳了一下，向林常平简要地介绍了一下自己。原来他是渔业局的一个处级干部，下到村里想实实在在地做出些事情。他并不只是想取得眼前的成效，而是对王家衕村脱贫、发展有着长远的规划。

万文华说，他曾去过浙江省发展好的村子考察，人家的村收入在30万元就算是贫困村了，而王家衕村的村收入过去只有两三万。别说整修村里的公共设施，就连卫生费都不够。整个下浒镇，没有现代工业，没有规模企业，老百姓们过得还基本上是自给自足的小农生活，政府的税收很少，而王家衕村，因为不靠海，只有山地，耕种面积小，年轻力壮的人都离开了，剩下的都是些老弱病残，劳动力严重不足，不仅政府的财政收入少，老百姓的收入也少。这就形成了长年困扰王家衕村的恶性循环。

万文华停顿了一下，端起手边的茶杯，微微地抿了一小口，接着说："习总书记说过，'扶贫必扶智，治贫先治愚''贫困地区发展要靠内生动力'。如果内在动力不足，劳动力不能回流，一旦经济上没有了持续的来源，那么前期的努力就都白费了。所以，首先我想在王家衕村进行'文化扶贫'，搞一个'农家书屋'。"万书记又稍稍停顿了一下，他环视着在座的人，发现林常平正不错眼珠地看着他，神情十分专注，对万文华的想法表示赞赏，同时也进行自己的思考。

没错，林常平正在想：一个农家书屋用不了几个钱，对于他来说真是"小菜一碟"，但对于扶贫来说，一个书屋能起多大的作用？"文化扶贫"不错，但教育是百年大计，一个小小的书屋——是不是太小儿科了？

万书记收回目光，接着一板一眼地说："一个书屋看似作用不大，但我们可以依托它来做一些党日、团日和少先队的读书活动，以此作为一个支点，可以把镇上的，甚至是县里的党政机关，还有学校的人吸引过来，人来了，就会有各种各样的需求，就可以拉动一部分的内需，就可以带动一部分的经济。有了经济不就有了收入了吗？"

林常平的身体稍稍向后一仰，不住地点着头，赞许地看着面前这个侃侃而谈地驻村第一书记。林常平右手食指敲着桌子，插话说："说得不错，那么，万书记，你们这个书屋还需要多钱？"

万文华先是一愣，他没有想到林常平会这么直截了当地问到这个关键问题，笑了笑说："我报了15万元的计划。我爱人的单位捐了5000元，杨局他们党支部捐了1万元，还有其他的一些单位、个人，零零散散的3万元。书屋虽然不大，但我要求购进的或是受捐的图书必须是正版的，必须是近三年内的新书。太老太陈旧的，还有那些网络图书我们不要。书这个东西，可以育人，也是能误人的。孩子们还有年轻人需要积极向上的东西。至于还缺多少钱，谈不上，您要是能出一份力，我就很高兴。"万文华像汇报工作似的说着，把眼神抛给了林常平。

林常平毫不含糊地说："那我就出10万块，我还要到你们村子里去看看，看看还有什么可开发的。我们一起做，人多力量大嘛！"

万文华和杨有志几个人碰了一下眼神，都兴奋地点着头，咧着嘴笑着。

第二天一早，林常平便带着办公室人员来到王家衕村，并带来了10万元的现金，万书记兴高采烈地带着林常平一行考察了整个王家衕村。

在考察的过程中，万书记又进一步向林常平介绍了自己的设想。王家衕村的耕地面积小，但山林面积大，还有一个已经废弃多年的小型水库，他想扩修村子里的道路，并把这个小水库重新恢复起来，一是解决村子里水资源不足的问题，二是，他想以此为依托，开发乡村旅游，做农家乐、民宿……让王家衕村的年轻人回来，让外面的游客进来。他要有节奏的一步一步地完成这些设想。国家拨款是一部分，剩下的就要靠社会资金了。林常平对万文华的想法十分赞同，并好像又激发出了他的扶持一个产业的热情。

林常平发现，王家衕村有一种红土花生，个头儿不大，但籽粒饱满，入口甘甜生津，这种花生他在别的地方好像从没见过。便兴致勃勃地说："万书记，这花生很好吃，是这里的特产？""对，只有这里的红土地才能长出这种花生，的确好吃，但就是产量不高。"万文华说。

林常平掂着手中的花生，用脚下搓了搓地下的红土说："产量不高没关系，可以慢慢扩大种植规模。但原汁原味很重要，可以做成特色产品。"

2019 年的 6 月 28 日，"农家书屋"落成。剪彩仪式结束后，霞浦中心小学，霞浦四中等单位及福建省海洋渔业局和鑫磊的几个党支部就在这个"农家书屋"里做了一个"不忘初心"的党日活动。林常平当然也来参加了。

在座谈会上，林常平又提到了那个红土花生。他说："花生的产量虽然不高，但可以做个省级贫困村的包装，让更多的社会力量来推动花生的销售。另外再做一些经济价值高的果林，一来可以增加收入，二来可以吸引更多的游客前来采摘，从而就有餐饮和住宿，这不就和乡村游、农家乐连在一起了吗？再加上万书记未来的水库项目，你们看，这里是很有做头的。"

万书记的眼睛一亮，这和他的设想完全吻合，再添加一些新的东西，就成了一个完整的扶贫攻略。这时他对林常平的眼光和前瞻性深信不疑。他也相信，有林常平的协助，王家衕村的未来将是光明的。而他要做的就是，如何把王家衕村的村民们召回来，让他们也相信对未来的改变是切实可行的。

危机面前，鑫磊从未袖手旁观

2020年的早春四月天，大地回暖，持续的疫情却让这个春天变得不同寻常，名噪一时的霞浦城，今天也变得如此安静，人员稀少，更无往常的车水马龙。

林常平看着空空荡荡的街道，想着前段时间因病毒感染去世的成百上千的医护人员，他们在临死之时，亲人都没来得及看他们最后一眼。林常平心想："在悲悯的同时，在大难大疫面前，最能考验人性的善恶，内心一定要保持人性的善良和善念。"

"在大多数企业里，无不奉行着这样的企业文化：'顾客是上帝，质量为王，诚信是本，品牌是生命……'这些都对，但我们鑫磊的企业文化最重要的是：尊重每一个人，帮助每一个需要帮助的人。"林常平在大会上反复强调着自己的企业文化观，他一向以不随波逐流，亦不崇洋媚外，更不自以为是著称；他信奉行善积德：帮助一个需要帮助的人，就是为企业树立一块功德碑。

在"新冠"肺炎疫情最严重时期，林常平积极响应各级党政机关的一系列部署和号召，带领着自己的员工行动起来，一方面充分利用企业现有的宣传平台展开正能量宣传；另一方面在企业内部400多名员工中开展健康状况、家庭成员去向调查。逐一登记造册，做到一个不漏。在情况比较复杂的情况下，人人要做到不信谣、不传谣。

一天，他去政府办事，见测体温的速度慢，政府上班的人很多，队伍排得很长，一是浪费时间，二是人员密集也不安全。他马上四处联系朋友，看哪里有卖更先进的测温设备，很快有朋友给他回话说，深圳有一家科技公司的自动测温仪质量很好，有销售。于是他马上订购了4台，等到4台测温一到就马不停蹄地送到县政府一台，送到医院三台，配发了1万个口罩，由于机器增加，大大提高了进门的速度，鑫磊集团的善举得到县政府的表扬，并且送来 8 个字："爱心企业，服务社会。"

疫情当前，各行各业都受到了冲击，很多企业都捂紧了钱袋子，企业经营出现问题，工资都发不出来了，疫情什么时候结束，还要持续多长时间，这个谁也不知道，没人能吃得准。很多民营企业无法正常经营，面对危机，很多企业的员工也只能待在家里，而拿不到一分钱的工资。

林常平不能做大敌当前的退缩者，他要做有胆量有作为的逆行者。不仅自己企业员工的工资照发，对"武汉人"也实施了普惠措施。这期间还发生了非常有趣的故事。

鑫磊有个小伙子是霞浦当地人，娶了一个武汉的媳妇，春节前霞浦的水伙子陪着自己的武汉媳妇回武汉去过年，结果疫情暴发，两个人被"捂"在了武汉。当时政府有政策，滞留在武汉的武汉人不能回工作地复工的，工资照发，政府给予适当补贴。鑫磊的这个小伙子不是武汉人，而是不能从武汉出来的霞浦人，虽然没有政府给的补贴，但鑫磊的工资一分也没少。无独有偶，鑫磊还有一个小丫头嫁了武汉的小伙子，这个小伙子春节陪着小丫头留在了霞浦的岳母家过年，没有回武汉的爹妈家。因此，他没有滞留武汉，而是被挡在武汉的大门外，原则上也拿不到政府的补贴，但是鑫磊同样给他发了一份与其他职工一样的工资。这些听起来都跟绕口令儿似的，却在这个疫情期间被霞浦人传了一个美谈。

疫情期间林常平仍然为鸿翔教中学发放助学金 21 万元，给霞浦一中奖教奖学基金捐助 50 万元。对贫困学生、贫困家庭进行救助，在这个疫情期间林常平的各项公益支出总共 118 万元。

林常平说："作为企业家首先要有担当，要有与国家、民族同呼吸、共命运的气魄，这是我牢记于心的座右铭。我和企业愿意协助政府承担起自己应尽的责任，为战胜灾害取得抗击疫情胜利贡献自己的一分力量。"

商海解语：成功是有秘诀的

认真梳理林常平三次创业成功原因，是一件非常有借鉴意义的事。第一次是改革开放初期下海，在万元户还很稀奇的时候，他已经赚到几百万元；第二次是招商引资成功，创建了轰动福建的"烤鳗厂"，这一次创业很具有传奇色彩，似乎像变戏法一样，走出监狱的大门就成为开豪车、出入重要场合的"大佬"；第三次是刑满出狱后，已是年过半百的老人了，成功创建了鑫磊集团。林常平易如反掌地玩转了创业这盘棋。但是，媒体经常报道有人在创业中途折戟沉沙，也有人因破产身亡。林常平经历了许多大风大浪，还能够成为创业者队伍中的弄潮儿，难免有人提出这样的疑问，成功真的有秘诀吗？

在写作本书的过程中，通过对林常平和周边人物的采访，了解到他没有什么稀奇之处，只是把做事业所需要的人性特点综合在了一起。这几点就是诚、善、信和商业能力。诚，是指诚实、诚恳，宁愿自己担责受损也决不玩奸耍滑；善，就是把行善当成人生的宗旨，赚到钱了首先做公益，帮助那些需要帮助的人；信，就是讲信誉。刚刚出狱的人就能借到三四百万元起动资金，如果之前的两次创业他没有积累下良好的信誉，无论如何也做不到；能够把钱借出去的前提是，这笔钱能够还回来，如果事先就预想到钱会有去无回，那是万万不能借的。林常平前两次创业成功证明他的商业能力到了足以让人信服的程度，所以借巨款也易如反掌。其能力特点是：第一次成功说明他具有良好的商业敏感，能够在大家都不知道市场经济是什么的时候下海经商，当了一个大把赚钱的"倒爷"；第二次创业，是在因为自然环境不好，政府部门都无法成功招商引资的情况下，把外商硬生生地拉到了霞浦建厂，这充分显示了他超常的运作能力。

　　在现实生活中，有很多人头脑聪明、才气过人，却因为身上有致命的弱点成不了大事。进行反向推理不难得出这样的结论：如果能力很强，却不诚实、喜做邪恶之事、没有良好的信誉，无论如何是形不成具有强大凝聚力的团队的，也必然不能链接做大事所需的资源，那又怎么会有事业的成功可言。

　　林常平一路走过的创业之路，应该为后来的创业者提供意志品质的参考答案。这一点正如俄罗斯作家列夫·托尔斯泰所言，"正确的道路是这样：吸取你的前辈所做的一切，然后再往前走"。因此，诚、善、信加上超强的商业运作能力，才是林常平成功的秘诀。

第九章

无欲则刚,县政协委员敢谏言

成功者之所以成功,除了拥有超人的智慧,非凡的毅力,更在于他们性格上的八大优势——果断、宽容、刚毅、坚韧、守信、仁爱、大度、善良。

——题记

火暴脾气，怒不可遏为"成事儿"

林常平在霞浦县的政协委员中有一个独特的称呼，叫"第一炮"，顾名思义政协开会时第一个发言的总是他。时间长了林常平就在委员中脱颖而出了，他敢说、能说还很会说。他的"第一炮"称谓可不是徒有虚名。

在宁德高铁项目这件事情上，林常平的"第一炮"又发挥了不小的作用。林常平觉得新修的高铁线如果能在霞浦设一个车站，那么对于霞浦的经济发展将起到非常重要的作用，甚至可以带动整个周边地区的经济发展。所以他十分关注这条高铁线的走向，有什么风吹草动他都要了解得清清楚楚。当他听说这条搞得轰轰烈烈的宁德高铁并没有在霞浦设立车站时，觉得有些义愤填膺。

霞浦是一个背靠大山面向大海的沿海县，自古海上沟通就十分的活跃，但是身后的那一座座的大山却成了制约霞浦发展的一个无法绕开的屏障。古有"愚公移山"的故事，但那只是一个传说、一个神话，是教育子孙后代要有不屈不挠、坚持不懈的精神。可现在有我林常平，我也要有"愚公"的精神将背后的这一座座的大山"移走"，要让我们霞浦人走出去，要让我们霞浦的大海与外面的世界连接起来……哪怕得罪领导，哪怕被临县怪罪，我林常平也要大声地疾呼，为我们的霞浦疾呼。因为在他的声音下聚集了许多个方面的声音，呼吁的声势也越来越大，县政府专门组织召开了宁德高铁项目的通报会，对全县干部进行了情况通报，在林常平的努力下整个高铁项目在透明度上和政务公开度上都有了很大的提高。虽然高铁在霞浦是否设车站还是个悬念，但林常平掀起的这场声势浩大的"请愿"还是给县委、县政府增加了很大的压力，相关部门也都高度重视，对进一步推进产生了重要作用。

林常平在政协会议上经常放"第一炮"充分显示了他的责任感、事业心，只要他认为是正确的就要坚持到底，不妥协、不怕邪，雷打不动，这是他事业成功的最根本的原因。

林常平的暴脾气是出了名的，但他不是仗势欺人，更不是无理取闹，他是"心底无私脾气暴"，见到不公的事，他一定会"忍无可忍"地说出来。

话说1984年，林常平还在供销社工作时，新上任了一个主任，叫吴初宝。这一天，应该是春节刚过，吴主任上任的第一天，屁股还没坐稳，林常平就不请自来了。

林常平一把推开吴主任办公室的门，说："吴主任，我叫林常平，是咱们供销社的采购员。"没等吴主任回话，他就像一股黑旋风似的刮到了他的面前，进来二话没说，只撂下了三句话。

第一句：你有什么事就交代我去做，我一定会做好；

第二句：我这个人的脾气不太好，你要礼让我一些；

第三句：我会千方百计帮助你，让供销社赚到钱。

说完这三句话，又定定地看了这位新主任片刻后，转身出了办公室。

吴主任愣在那儿足足有一分多钟，在这一分多钟里他的脑子不停地运转着、回忆着。这个刚刚在他面前消失的像黑铁一样的男人，好像说了他的名字叫林常平，这个名字他以前似乎在哪儿听过，但想不起来了。除此之外，他还说了三句话，对，他是说了三句话，他说，他要让供销社赚大钱！

　　吴初宝笑了笑，摇了摇头，将身体仰坐在椅子上，盯着那道已经关上的门，想：这个人真有意思，话还挺大的，这个供销社亏损也不是一年两年了，唉！有意思。他边想边摇着头，边摇着头边苦笑着。然而，就是这三句话，却让这位吴主任记了三十多年，并且越来越清晰，越来越刻骨铭心。

　　这天，外面一片安静祥和的气氛，因为要过中秋节了，大家都在忙着采购。吴初宝端着一杯刚刚沏好的茶水，正要坐下来享受一下这难得的惬意，办公桌上的电话突然响了。他慢条斯理地拿起话筒，"喂，谁呀？"电话机那边传过来一连串的声音，就像机关枪子弹似的"突突突……"地飞了过来，差点儿把他的耳朵刺穿。

　　"什么？老林摔了您单位的电话？还要打人？别急，别急，我马上过去解决，消消气，别着急啊！老林脾气不太好，但人不坏！我马上到。"

　　电话是从县物资局保卫科打来的。吴初宝马上站起身子，抓起一个人造革的公文包，蹬上自行车向霞浦县物资局飞驰而去。

　　当他满头大汗、气喘吁吁地进入物资局的办公室时，门外站着许多人，门里的两个人都拉着架势，虎视眈眈怒目圆睁着，大有一触即发的势头。吴初宝见状赶紧举着那个公文包站在了两个人的中间，说："哎哟！什么事呀，慢慢说，都别急嘛！"林常平见是吴主任，一把抓过他手里的那个公文包，不容分说狠狠地扔在了地上，一屁股坐在凳子上，大吼道："主任，他们不给我们货，还互相推卸责任。"物资局领导也红着脸摊开双手说："吴主任，拍着良心说话，我什么时候短过你们供销社的货了？现在真的很忙，有时候的确顾不过来呀！"说话间，物资局领导气哼哼地走到办公桌前，双手从地上捧起已经"英勇牺牲"了的黑色电话机，说："吴主任，你瞧瞧，他打他的电话，他跟电话那边生气，摔我这边的电话机干吗？"吴初宝也从地上捡起他那个人造革的公文包在大腿上拍了拍，又看了一眼电话机，说：

"哎，可惜！已经完蛋了。"然后瞟了林常平一眼。

此时林常平正翻着白眼瞪着领导同志手上的电话机，毫不示弱地说："物资局说，是供货商没有供货，我就给他们打电话，他们说已经供了，货在物资局，结果他们两边来来回回地踢我的皮球，以为我真的是皮球吗？"话音未落，眼睛里就又呼呼地喷出火来。

物资局领导像是真的被火燎了一下似的，往后一闪，把那部嘀哩当啷的电话机"哗啦"一下扔到了桌子上，委屈地说："我不是已经让下面的同志去查了嘛，你急什么呀，天又没塌下来。"

话音刚落，林常平像踩了电门，"腾"地一下跳了起来："天什么时候都不会塌下来，眼看就要过中秋节了，中秋节一过就是国庆，下面村子里的老百姓开着拖拉机赶着大车，天天在供销社门口等着，眼巴巴地等着下拨的物资呢！你们还在这里给我踢皮球。"

林常平狠狠地拍了一下桌子，破碎的电话机发出了嗡嗡的声音，说，"我好不容易搞来的物资，一定是你们调包了。拿老百姓不当回事，早晚要翻船的！"

吴初宝又按住了林常平，转身对物资局领导说："同志，不好意思啊，我们这位同志什么都好，就是脾气不好。我回去一定好好批评他。"说着话，他回过头来瞪了一眼还在挣扎的林常平，"他说得也没错，供销社里的物资确实已经短缺了不少，现在的这批货很重要，您想想办法，可不可以先调剂一下。"

物资局领导绕到办公桌后，习惯性地伸出手来，像是要打电话，一眼看见瘫痪在桌角的那部"藕断丝连"的电话机，又把手缩了回来，抓起了另外一部手摇电话机，一边摇一边说："我理解，我理解，你们也要理解理解我的难处。我已经让下面的同志去查了，如果是他们搞错了，我一定严肃批评他们，如果货真的还没到，我也一定会优先给你们调剂的。放心！"

电话通了，"接仓库。"领导一边对着电话说，一边指了一下可怜兮兮的电话机，说："我也知道小林搞这批物资不容易，一会儿，我亲自去办。你们看，这电话怎么办？"吴初宝抚摸了一下还很新的电话机，拿起来心痛地看了看，说："唉！真是修不好了。"然后拍了拍胸脯，说："我来管。"接着小心翼翼地把那堆已经是滴哩当啷的电话机，装进了人造革的公文包里。

在吴初宝的记忆里，林常平这个"火冲子"有一次"打"得一个副主任跳窗而逃。这件事，又让吴初宝乐了三十多年。

那天，吴初宝刚刚想坐下来喝口茶，就听见楼道里乱糟糟的，但他还是坐了下来，翻开了当天的报纸，把嘴凑上茶杯抿了一口，还没等咽下去，办公室的门就被猛地推开了，一个气喘吁吁的人冲了进来，上气不接下气地说："吴主任，您快去看看吧，老林跟副主任打起来了。"那口裹挟着万千香味的茶水刚刚进入吴初宝的口腔，就被"扑"地喷了出来。他赶忙放下茶杯随着来人冲了出去。

会议室的门口已经是人挤人，人挨人了，大家都争先恐后地向里张望，但是没人敢踏进半步，几个不知天高地厚的小伙子，还嬉皮笑脸地起着哄："林师傅，我们支持你！"然后是哄堂大笑。吴初宝从后面扒拉开众人挤了进去："有什么好看的，赶紧散了，都没有工作了吗？"他费劲地将挤在门口的人群推了出去，关上了会议室的门。

这个供销社的副主任是分管采购员工作的，平时他和林常平两个人就经常在会议上口角相争。林常平这个人是个实心眼儿，说出的话就必须要做，做了就必须要有结果，答应了别人的事更是必需要做完，不然连觉都睡不好。他会这样实心眼儿地要求自己，也会这样实心眼儿地去要求别人，不然他的心里就会产生一个无名的火球，刹那间燃烧起来，接着是爆裂、喷射。不过他不会把火喷到不相干的人的身上，所以，他的人缘还是不错的，大家伙儿其实都喜欢和他一起工作，但也都怕和他一起工作，喜欢是因为他有担当，不怕事儿；害怕是因为他火气大，要求太高。

　　而那位副主任跟林常平正好相反，说过的话扭头就忘，答应了的事，抬屁股就不认账，还总是甩锅。林常平一直就看不惯他的这种做派，但也没办法，谁叫人家是副主任呢，要知道"官大一级压死人"，林常平只不过是一个小小的采购员，根本就不是个官儿。所以，副主任也就没把他放在眼里，虽然在会议上副主任总是占不到上风，但是会议下还是要耍耍官威的。吴初宝也闹不清这次到底是怎么了，两个人居然动了手。

　　还没等吴初宝转过身来，副主任就一个箭步冲上前，从背后一把抓住了他的胳膊，就像抓住了一根救命的稻草，一个大回转差点把吴初宝给甩出去。在惯性之下，吴初宝一步就跨到了林常平的面前，他立马觉得整个身体都浸没在了林常平的火焰里，这股炽热将他烘烤得不自觉地向后退了半步，但他还是顺势抓住了林常平的肩膀，说："老林，有话好好说，别动粗。"林常平一甩胳膊挣脱开，一拳捣了过去，拳头擦着吴初宝的耳朵飞向了身后，副主任怪叫一声闪到了一边，拳头扑了一个空。此时吴初宝回头一看，副主任正龇牙咧嘴地拽开了会议室的门，想夺门而出，但门外的围观群众堵住了去路。

　　林常平此时已绕开吴初宝向门口追去，众人哄笑着守着门，副主任见势，转身跃过了一把椅子，翻过了"U"型会议桌，跳到了吴初宝的身后，吴初宝就这样又挡在了两人中间，他高举双臂如投降式，微蹲双腿如骑马蹲裆式，时而向左，时而向右，时而蹦起，时而蹲下，就像一个尽职尽责的足球守门员，门外围观的群众发出声声喝彩。

　　林常平怕伤到吴初宝，只好收起拳头，用手指隔着吴初宝的头指着副主任的鼻子戳戳点点，怒火没有退去的意思。

　　阳光透过窗户倾泻进会议室，投射到这三个时而进，时而退的人身上，吴初宝始终面对着林常平，而林常平始终主导着会议室的局势，椅子被撞得七倒八歪，围观群众哄笑着、喝彩着，三个人从门边扭扭打打到了窗户边，瞅准了一个空子，副主任呲溜一下从窗户上跳了出去。

事情发生得太突然，谁也没看清他是怎么跳出去的，但他确实真真切切地砸到了地面上，屋里剩下的两个人愣住了，片刻后冲向了窗户，门口的围观群众也愣住了，片刻之后呼啦一下冲进了会议室，一个个哄笑着把脑袋伸出窗外寻找着副主任。副主任狼狈地从地上爬起来，头也不回地一瘸一拐地跑了。林常平飞起一条腿想要跨出窗子去追，则被吴初宝死命地抱住。

至于以后事情如何进展的，三十多年过去了，吴初宝也想不清楚了。但是每每想起副主任被林常平逼得跳窗而逃，他就会哈哈哈地大笑不止，每每讲起这个故事，他更是声情并茂，逗得听故事的人笑得前仰后合。

善良 ≠ 软弱可欺

俗语说，人怕出名猪怕壮。人出了名怕就会招致麻烦，就像猪长肥了就要被宰杀一样。林常平在霞浦可谓数一数二的人物，他有自己的企业，有钱，有爱心。有的地方的村民正是利用了他有爱心这一个"弱点"千方百计地找他"借钱"。开始林常平很大方地借给他们钱，但后来他发现借钱只是个借口，实际上就是"要"，但直接要不好开口，所以都说是借钱。既然是借钱，有借就要有还，可是他们只借钱不还钱，一旦追问，他们还不高兴了："老林呀，你那么有钱，给我们点儿怕什么，又不伤筋不动骨的，瞧你，人一有钱就小气。"

林常平气愤而又无奈，人穷志短呀，所以林常平只好改换了策略。

"林大哥，家里的房子漏雨，想修房子，可没有多少钱，向你借点儿钱。"

林常平望着这位同村的林姓老汉，问道："大兄弟，你想要多少钱？"

老汉闪着一双狡猾的小眼睛，想了想说："借 8 万就行。"

林常平从包里拿出 2 万元递给老汉说："修房子要紧，拿去吧，不用还了。"

这样的事情在林常平身上一年不知道要发生多少次。林常平说："他们借钱也是还不上，干脆我就给他些钱，也不用他们还，还不伤和气。"

"穷则独善其身，达则兼济天下。"这是中国人从古代继承下来的文化传统，林常平虽然不是"达人"，却把做善事、帮助有困难的人当成自己的责任。总结他帮助亲朋好友的经历，可以发现他的善良映照了一些人的心灵丑陋和私欲膨胀的恶行。

2007 年以后，鑫磊公司逐渐开始赢利，林常平手中也有了点闲钱，有亲友来借钱渡难关，有企业经营者遇到了过不去的坎儿，他都出手相助。企业经营者借钱，只要有公务员以个人名义担保，他就认为没有什么问题，马上把钱打过去。在借钱不还的经营者中，有一位是由他 20 世纪 80 年代初在供销社工作时的领导担保，借款的数目不小，达 200 万元之多。当时说是一年后还款。结果这个老板借了钱就跑得无影无踪了。

林常平的这位领导虽然在县政府工作多年，就是砸锅卖铁也拿不出这样一笔巨款，如今 10 年时间过去了，借款的老板如空气一样在人间蒸发了。老领导十分愧疚，但是也毫无办法。每每见到林常平就道歉，遍数多了林常平就有点烦，有一次老朋友聚会，这位老领导还要道歉，林常马上说："往事不要再提了。钱又没进你的腰包，总道歉没意思。"对方也就把话咽了回去。

有一个女债主向林常平借了 50 万元，她的生意做得还算兴旺，可就是到了还钱的日子硬是不还。林常平几次催要，这个女债主就是以各种理由推脱、赖账。

林常平开始以为她真是资金紧张，但当林常平看到这位女债主住着大房子，开着豪车，根本不是还不起钱的样子，林常平生气了，把她告上法庭。法院开庭审理时，这个女债主堂而皇之地说："林常平强奸了我，那钱是他给我的补偿。"

法官愣了，问题似乎严重了，案情似乎复杂了，所有人的目光都投向林常平，林常平也惊讶地张大了嘴巴，他看着这个无耻的女人，有一种呕吐的欲望。林常平双眉倒立，怒发冲冠，大声喊道："不许你侮辱我的人格！"在场的人们不由自主地哆嗦了一下。案子有了新情况，法官只好休庭。

那女的向公安机关报了案，公安局就得来做调查，事情过去一年多了，取证很困难。按照现行的法律，只要女方咬定，林常平很难全身而退。

面对警察，林常平是一脸的淡定，他说："警察同志，真的假不了，假的真不了。她说我强奸她，我可以当面跟她对质。"

在派出所，警察把那个女的带到林常平面前。林常平看着这个女人，有点哭笑不得，他慢条斯理地问她："你说我强奸了你，那在我身上可有什么样异样的印记？"那女人的眼珠在画着黑框的眼眶里上下翻飞着，林常平又轻轻地说："比如大腿根儿呀，一些敏感的地方！"那女人气呼呼地说："你那么强暴，我哪看得见！"说完竟嗷嗷地哭了起来。林常平静静地说："警察同志把她带走吧。"那个女人离开审讯室后，林常平就脱下裤子让警察看，警察惊讶地睁大了眼睛，冲着林常平伸了伸大拇指，拍了照取了证。

林常平的敏感部位有一个明显的特征，如果那女的真的被林常平怎样了，她不可能不知道。

林常平说："穷不可怕，可怕的是那种厚颜无耻的人。"

授人以渔，君子行为坦荡

"林伯，我是小潘。我出来了。"

林常平从电话的那端知道是在同一个监狱里的狱友小潘。虽然电话里没有说什么，但林常平知道小潘出来后一定要想做点事。"我想找点事做，您老帮帮我，借我点钱，等我赚了钱立马还您。"

放下电话，林常平陷入了沉思。

到了吃饭的时候，妻子张桂玉看林常平没有吃饭，一个人待在客厅抽烟，她知道丈夫一定有心事，走过来问："常平，有什么犯难的事吗？"

"不是犯难，是我还没有决定怎么帮他。"

"谁呀？"

"小潘，就是和我在一个监狱里坐过牢的年轻小伙儿，他是厦门人。"

"是不是朝你借钱？只要做正当生意，就借给他吧。"张桂玉说着。

林常平想想说："他既然来找我，咱们要帮他，这也是我林常平的责任。我有责任帮助走正道的人。给钱不是最好的办法，咱们是大海边长大的人，都知道这个道理，授人以鱼不如授人以渔。一条鱼能解一时之饥，却不能解长久之饥，如果想永远有鱼吃，那就要学会打鱼的方法。我给他钱没有问题，但钱会花光的，花光以后呢？所以我想给他一个可以长久做的项目，这样就可以让他安心挣钱，不给家庭和社会增添负担。"

林常平捻灭手中的烟说："我想把鑫磊的加油站租给小潘经营，你看怎么样？"

张桂玉说："我记得中石化曾经找过你，想把这个加油站以高价收走，你都没有同意呀，这个加油站一年几百万的收入，把加油站租给小潘经营？"

"这个加油站很挣钱，所以我才没有给中石化的人，可小潘的情况不一样，从支持他创业的角度考虑，租给他经营就是给他以'渔'。我们公司每年加油也要几百万元，这样他无论是创业还是生活都有了着落。"

果然小潘是拜师来的，他想做企业干一番事业，林常平就是他的榜样。

林常平把小潘约到了公司，对小潘说："我已经帮你找好了项目，现在做成品油生意挺好的，我可以把鑫磊的加油站租给你经营，鑫磊有几十辆车，每年车辆都在这里加油，双方能够互利互惠，我扶持你一下，等你有了更多的资金，想做其他项目也不迟。"

"林伯，谢谢您。你把加油站租借给我，我特别高兴，可是我手里没有资金。"小潘低着头说。

"没关系，我先借你三百万元，你发展起来再还我。"林常平以如此胸怀，将小潘引到创业之路上。小潘也是个头脑清楚肯干的人，很快他把成品油经营业务发展起来了。三年时间很短，但小潘把林常平敬为创业导师，经常找他取经论道。业务越做越大，加油站由一个增加到三个，每年的营收近1000万元。如今，他在向生产建筑用石材方面扩展业务，在筹建年产300万立方米石材加工厂。

"林总啊，我们拜你为师来啦。"林常平抬头一看，家乡下浒的几位乡亲出现在他面前。这些淳朴的老乡，一见面就大诉苦水，有的欠了债，有的添丁进口，有的要盖房子，有的受灾后损失惨重……

林常平望着乡亲们说："能够在我公司干活的，留下当工人，不愿意当工人的，我给一万元解决生活上的困难。"

乡亲们只有一个人愿意拿钱走人，其余的几位都留下来当了工人。林常平对办公室兰主任说，"这些老乡也不容易，来投奔咱们总要管饭吃。能打杂的打杂，肯学技术的学技术，愿意下厨房的下厨房，能管仓库的就去管仓库。只要大锅里有一口饭，大家就分着吃。"

做一个有爱心、敢担当、负责任的人，是林常平贯穿始终的情愫。曾经有一次女儿来探监，告诉他有一股强台风席卷了霞浦，家乡有1000多民众紧急转移，损失巨大。女儿只是随便一说，但林常平却认了真，他当即跟桂玉说，"家乡遭了灾，咱们不能不管，一定要想办法，代表狱中的我向福建红十字会捐款2000元。"说到这儿，还补充一句："就是向亲戚朋友们去借，也得想办法借到这笔钱。"要知道，他在监狱里，妻子的工资也不高，还要养活两个女儿，2000元，对于这样的家庭是一个巨额开支呀。

当红十字会的工作人员敲锣打鼓地来到监狱，将一面红彤彤的锦旗送到了监狱长手里，大家才知道，林常平身在监狱却心系家乡，如此大爱让狱警们都感动了，尤其是"陶育美德润物无声，特殊园丁改造新人"的锦旗，监狱长将其挂在展览室里永久悬挂。这面锦旗，是监狱的光荣，更是林常平献给所有的狱友们的一面镜子，无论身在何处，位卑位尊与否，爱心不可少，善良不可拒，尊严自己挣。

商海解语：执着，是成功者的墓志铭

有人说林常平脾气不好，经常发火。他的脾气的确有些急，做事风风火火的，但如果你们失去了20年的光阴，在别人成功的时候才开始创业，要奔跑着才能成就一番事业，谁能不急？林常平天性中有一种倔强，他要向前、向前、再向前，在他的面前永远没有尽头。他做事不怕失败，失败后善于总结经验，正是这种人生的积极态度，使他取得了三次创业的成功。林常平是具有中国企业家精神的汉子，骨子里有种虽居于平凡仍不气馁、不言败，知努力、求上进的精神。

在林常平走过的曲折人生路上，《钢铁是怎样炼成的》的作者奥斯特洛夫斯基的故事，一直激励着他，使林常平的思想境界得到升

华。他的性格有别于众多的企业家和有钱的商人，是一种良好的、胜不骄败不馁的心态，一种将善良、慈善融入血液里的气魄。

纵观林常平的一生，他的性格决定着他的人生。在善与恶的面前，他永远站在善的队伍里，哪怕那里荆棘丛生，哪怕那里凶险万分……他助学扶贫没有过一丝的犹豫，面对贪官污吏，他也从不留一丝的情面。林常平是成功者，他的所做所言，让我们不仅是感动，更多的是心灵上的震撼。因为在林常平的心里是这样想的：人生是算总账的过程，不要计较眼前的得失。当你成功的时候，命运会把你的一切都还给你。放眼开去，这一条路那么漫长艰辛，能时时付出，不计得失，难能可贵。

第十章

法律警示！不可两次跌进同一条河

真正勇敢的人，应当能够智慧地忍受最难堪的屈辱，不以身外的荣辱介怀，用息事宁人的态度避免无谓的横祸。人间最大的智慧，在于洞悉本身的弱点，其可贵之处不在于没有过错，而在于知过就改，更贵于以自身之教训警示他人。

——题记

以己为戒，教育员工强化法律意识

鑫磊集团成立 16 年了，在飞速发展的同时，他们牢牢记住要向知识要本领，要向制度要效率。面对不懂的行当，陌生的领域，林常平便出重金请专家给员工们讲课。法律法规教育是林常平首先让员工学习的重要课程，聘请法院的法官不仅讲如何遵纪守法教育，同时也要讲员工的权利、义务，公司的权利、义务。有人不解地问："我们一个员工干活挣钱，为什么要学这么深奥的东西呀？"

林常平说："法治教育有三种作用，一是让大家知道什么是合法的，什么是违法的，什么是犯罪的，自觉地履行法律规定的义务，用法律约束自己的行为，正确对待和处理自己周围的纠纷，从而保护自己合法权益，防止违法犯罪，真正做到懂法知法守法护法。二是让大家学会正确地运用法律手段，保护自己的合法权益。三是也只有学好法律才能自觉地维护法律的权威与尊严，同一切违法犯罪行为作斗争。"接着他语重心长地告诉大家，"你们都知道，我在监狱里待了20 年。尽管我不是刑事犯罪，只是经济案件，那也使我将 20 年最宝贵时光在监狱里度过，这样的教训是深刻的、惨痛的，我希望你们不要重蹈我的覆辙，否则对自己、对家庭、对企业都会造成巨大的、无法挽回的损失。"

霞浦拥有 480 公里长的海岸线，滩涂面积全国最大，有最早开发的对台贸易口岸，自古就有"中国海带之乡""中国紫菜之乡""闽浙要冲"的美誉。大海、沙滩、古堡、美景，除此之外它还与祖国的宝岛台湾隔海相望。霞浦的地理位置特殊而显要，为此鑫磊的业务有一些军工项目，需要到军事要地去施工。林常平知道国防知识的重要性，更知道每一位员工都要掌握必备的国防知识。林常平面色凝重地说："军事重地，马虎不得。比如，机密信息的防盗窃，进入军事管制区员工不能带手机，不该看的不看，不该拍照的不能四处乱拍，这些都是我们每一个员工进入军事施工地区要牢记的。我经常对大家说，只要遵规守矩，你就不会犯错，不犯错，你就是世界上最幸福的人。"

于是公司聘请部队的教官来到公司，给员工们讲两岸同胞的交流往来时的政策法规，以及必须掌握的国防知识，使员工们开阔了眼界，增长了知识，提高了国防认知和保密意识。

十余年来，鑫磊集团服务于军工生产，没有出现一件违规或者泄密事件，国防教育成为鑫磊公司企业文化的一大特色和常态教育。

如果把视角放大到整个社会去观察，不难发现这样一种现状：走出监狱大门的人通常站在了人生的岔路口，一个方向是回归社会和家庭，过正常人的生活；另一个方向是又回到违法犯罪的道路上去，继续危害社会。回归社会和家庭者受技能、意识的限制，会遇到各种困难，破罐子破摔者也非常之多。像林常平这样长期服刑后走出高墙，仍能对法律充满敬畏，以法理作为做强企业的支撑是难能可贵的。

敬畏法律，赢得第三次创业成功

对于时任宁德市交投集团董事长陈合招来说，林常平比他大 14 岁，不仅仅是忘年交，在林常平起伏跌宕的人生道路上的三个重要节点，陈合招不仅门清，有些事情还参与其中。20 世纪 80 年代享誉福建省的经营活动和受"杜案"牵连时，陈合招是县委秘书，两位县领导与林常平一起站在被告席上时，许多事情由陈合招经手，林常平保外就医时将外资拉入霞浦县建起烤鳗厂时，陈合招任副县长，也曾亲自协调建厂事宜，林常平出狱后再创业，也经常与陈合招一起交流沟通。至于两人的熟悉程度，可以在他们见面时、交流时的情态看出端倪。

陈合招说："当年的'杜案'有一场法庭辩论，其精彩程度远远超过了当时火遍全国的印度电影《流浪者》中的法庭辩论。林常平在法庭上讲述所发生的经营事实，是真正的维权行为。因此，让在场人的不仅记忆深刻，也对林常平的辩论口才肃然起敬。"

说到这里陈合招详细地讲述了当时开庭的情景："第一天开庭时，到场的有涉案者有100多人，省里和福州市行政界、司法界人士500多人。所有涉案人员都戴着手拷入场。林常平以'菜刀论'为自己辩护，他说：'我只是个代理商，总公司怎么安排我就怎么运作，可以说也仅仅是一个具体经办人。在经营过程中，我向蘑菇罐头厂下订货单、去收购安哥拉兔毛，把集中起来的产品运到三沙港交给买方，至于买方将产品卖到什么地方，买方是不会告诉我的。我没行骗、没偷税漏税，怎么能把错误都加在我头上呢？如果有人买菜刀杀了人，不能给生产菜刀的厂家和卖菜刀的人治罪，而是应该给杀人犯治罪呀。'在案件审理的过程中，林常平表现了对法律的尊重，对法律的敬畏，对法律可以在事业上发挥的重要作用形成了明确的认知。在他服刑阶段自学法律专业课程，边学边在头脑里梳理'杜案'的细节，他对遵纪守法的重要性认识得越来越深刻了，这也奠定了他第三次创业成功所必须的企业家的法律素质。"

林常平的成功，是有血的教训的，所以他创业时格外注重自己的言行，尊重法律，不触碰红线，他请这么多的人到企业里讲法律法规，就是为了让员工成为知法、懂法、守法的好员工，他的一片苦心每个人都能够感受得到。

陈合招在强调林常平对法律敬畏成为他创业成功的基石后，又根据他的人生经历，做了三个方面的总结，第一，林常平信仰坚定，眼界很高。虽然因投机倒把罪被判刑，但是，这主要是时代的局限性所造成的。改革开放初期人们对市场经济的认识非常模糊，改革的路子是在摸着石头过河。当时受牵连的县领导后来再度被重用，宁德市的领导来霞浦检查工作时，曾在全体干部大会上说，"全体霞浦老百姓你们要记住杨有志、胡良基两位同志为霞浦经济发展做出的贡献。"这句表扬的话里，也包含着对林常平的肯定，因为他一次缴税 21 万元，成为霞浦百年单体一次性纳税大户，正是在两任县委书记的支持下取得的。20 世纪 90 年代国家把"投机倒把罪"从刑法中去除后，随着改革开放的深入国家各方面快速发展，企业家经营环境越来越好，他坚信党的领导是兴国之本，市场经济是强国之计。第二，虽身陷囹圄创业的激情不减。从改革开放初期，在法制建设不完善的状态下出来创业，到保外就医时二次创业，再到获得自由后的第三次创业，可以说是个百折不挠的创业者。一路走过来非常不容易，这种永不消退的创业激情，这种矢志不移的创业精神十分难能可贵。第三，林常平身上始终保有乡土气息，他作为县域内的企业家与大城市的现代企业家有很大区别的，他所表现出来的生活气质始终有土生土长的乡土味。他喜欢开乡土味的玩笑，说自己是土鳖性格。所谓的"闽东土鳖"就是有执着的性格亮点，有不怕困难的拼搏精神，当然也有地域上的局限性，但是这种局限性不影响创业，还有助于把家乡的品质变成实实在在的行动，在霞浦人看来林常平是个真实的、有血有肉的企业家。

陈合招兴趣盎然地讲道："林常平出狱七年后的一天晚上，我看到他发来的一个短信。说他今天有了公民权，真正获得了政治生命。我回了一个很长的短信表示祝贺。'不恢复政治权利你不能做企业的法人，不能在霞浦县参政议政，还是相当于被捆着手脚的，从今以后你是一个完完全全、彻彻底底的自由人了。一路走来，你体现了百折不挠、屡败屡战的精神。你坚持创业不仅仅是为自己获得事业上的成功，而是体现了个人价值融合社会价值、造福于民的重要意义。霞浦人需要这种精神的激励，我真心地祝贺你！'"

行善不行贿，才有大难不死之幸

古语说，"镜不蒙尘可照人，人无贪贿可正气"，廉政文化自古以来就是治国理政、个人修养的核心脉络。自中华人民共和国成立后，我们的党一直倡导廉洁政治，提高执政能力和执政水平。但是自从国家发展转轨到市场经济模式上以来，出现了个别在众人面前把廉政喊得当当响，背地里将贪腐干得令人瞠目结舌的官员，这使企业家不得不行贿。

熟悉林常平的人都知道他有"我从不行贿"的口头禅。林常平不仅是这样说的，也把这一条规则当成不可触碰的法律高压线，在生产经营活动中身体力行，不越界、不冒风险。但是"我从不行贿"这句话，对于不了解林常平的人而言，这乍一听也很像一句假话，你林常平就没动过花钱的心思？还别说，他真就从不动歪心思。遇到犯难受憋的情况，林常平会搬来国家的各种政策、人民的福祉要求等进行公关，如果还不行，他就给你来个死等或绕行，他这样安慰自己："我干的是适应企业发展的正经事、利国利民大好事，总有一天你们会为我放行。"

林常平"我从不行贿"这句口头禅的思想基础，来自于那场30多年前的审判。为了给林常平量刑，法院对商业往来的每一分钱的去向都要查个水落石出，这其中有一笔50万元巨款不知实际去向。现在50万元也不是个小数目，何况在20世纪80年代。关于这笔钱，法院多次对林常平进行提审，开始他有些蒙头蒙脑，不知如何作答。因为当时他的生意每笔都在几百万、上千万，一笔 50 万元的去向他真的有点想不起来了。

50 万元？尽管林常平当时心里明白自己从没向任何领导行贿。但是，50 万元对不上账还是让他冒出一身又一身的冷汗。等他冷静下来后，努力把 50 万元左右的支出都列了出来，后来法院调查清楚了，这 50 万元就是转给了县医院盖门诊楼的那笔钱。

生与死的量刑尺度，就在于这 50 万元用在了霞浦县公共事业建设上。于是，他的案件审理出现了转机——他获得生而不死的结论。对于这件事，林常平庆幸自己行得正、身不邪，他更庆幸当时的领导干的清正廉洁，他们一心想发展经济，没有个人私欲，就是参加开业庆典或项目启动仪式，都没拿过几十元钱的红包或者是纪念品，做到了孔子所说的"君子忧道不忧贫"，不为个人私欲谋利。可见廉洁不但不会使国家遭受损失，还会救人一命。这件事就如一粒种子在田野时扎根，林常平的心中从此有了"从不行贿"坚定的信念。

林常平考取法律专业文凭后，在监狱里当政治教员，各方面的工作成绩都非常突出，有人跟他说，"你跟领导'明白明白'，可以争取早点出去。"林常平听了这话就火了："你什么意思？是想把我往火坑里推吗？嫌我 20 年刑期短了，还是我活着碍你事了？"对方见他这种态度，就恨恨地扔下一句话："不知好赖话的东西，休想让我再理你。"说完转身离开了，以后见着林常平就绕道走。说林常平不想早点出去，不现实，高墙里的每个人都盼着早点走出监狱的大门与家人团聚，但是想让林常靠玩歪门邪道达成目的，他不仅会坚决反对，还会不越雷池一步。

林常平朝思暮想的机制砂项目，推进了 6 年都取得结果，有朋友对他说："以你的财力和声望多去有关部门跑跑关系，也许就能化被动为主动。"林常平这次听了朋友的劝说没有发火，他说："建筑业禁用海沙是国家的大政方针，机制砂是必由之路，这个项目早晚都能落地。"说话他将眼珠转了转，用少有的幽默语气说："针对眼下的情况我的策略是：有人拖，我就催；有人装傻，我就讲国家的方针大计；有人想在项目上讨好处，我就告诉他'死了这条心'。以我的有生之年，一定会追出个光明前景，不信咱们走着瞧。"林常平骨气硬、脾气犟，在光明正大的道路上阔步前行——不达目的誓不罢休。

"一切向前走，都不能忘记走过的路；走得再远，走到再光辉的未来，也不能忘记走过的过去，不能忘记为什么出发。"林常平觉得，这段话每一句都入情入理又走心，看着舒服，说起来顺口。如果他林常平忘记了过去，未来的路就会失去正确的指针。所以，无论遇到什么样的事儿，他都要坚守信念，不忘初衷，因为往昔并没有走远，刻骨铭心的一切仿佛就在昨天，提醒他始终保持头脑清醒，也让他对最初的目标矢志不移。

罚奖并行——企业家的法理柔情

林常平对下属抱有这样的观念：厚待却不能使用，违法而不能惩治的，那就如同娇惯了的子女，必是害了他的前程。有一件事可以说明林常平的法理柔情。

"林总，不好了，派出所来电话说小王出事了。"正在吃晚饭的林常平放下碗筷，叫上司机直奔派出所。

"林总，您的这位员工把人打伤了。我们已经录完口供。"听完民警的介绍，林常平并没有指责小王，而是先详细询问了打架过程。原来，司机班的小王下班后和几个朋友一起喝酒。正喝得兴头上，邻桌的一个醉汉拉着端菜姑娘的手就是不让她走，非要这姑娘陪他喝一杯。姑娘拼命往外抽自己的手，但怎么也抽不出来，明显带着哭腔地说："你们别这样，我不会喝酒，我们店有规定，不许服务员陪酒。"可醉汉哪里听得进姑娘的话，端起酒杯就往姑娘嘴里倒，姑娘用力推那醉汉手里的酒杯，结果酒杯掉在地上摔碎了。

醉汉仿佛自己受到了耻辱，挥手给了姑娘一个耳光。姑娘连痛带吓蹲在地上哭了起来。这一切被坐在旁边的小王看到眼里。"太欺负人啦。"说着小王就冲了过去，与醉汉理论，但醉汉却挥手打小王。小王当过兵，学过几下子，三下两下就给醉汉摁倒在桌子上。这时醉汉的同伴不干了，他们一起上来打小王，这样他们就打成了一片，饭店的老板报了警。

林常平对警察同志说："首先，我的员工打架不对。饭店打碎的东西我们赔，打伤的人我们负责治伤。罚款我们也接受，我会好好教育职工遵纪守法。"

警察把林常平叫到一旁，悄声地说："这小子有正义感，就是下手太狠，把醉汉的鼻子打断了。好在没有出人命，您回去教育教育，下次注意，做好事也要讲究方式方法。"

警察同志把小王他们几个人放了，小王看到林总低着头一句话不说，他知道林常平不允许自己员工在外边惹是生非，特别是打架斗殴，心里暗自责怪自己，怕是这份工作要没了。林常平把小王送到家，对他说："要接受这次教训，没有按拘留处罚你是万幸。明天先不用上班，写一份检查。"

小王还是早早就到了单位，把一份写好的检查交给了林常平。看完小王写的检查，林常平说："你认识到错误并且能够改正就是好样的，人不可能不犯错，只要不犯同样的错误就行。"林常平递给小王一支烟，说，"你本身出于正义感，这是好事，要发扬好的东西，但你打伤人就不好了，需要克服急躁爱动手的毛病。我知道你在部队里学过几手，人往往就是这样，觉得自己有本领了就会逞强。这样下去你会触犯法律，受到严厉的惩罚和制裁。"

林常平抽着烟，停顿了一下继续说："你看过《基度山伯爵》这本书吗？我是在监狱里读完的，对我很有启发，其中有一句话说得很好，'仇恨使人盲目，愤怒使人失去理智'，我希望你能够从这句话中有所感悟，做一个正直的人，但要学会冷静处事，人在冷静的时候，是不会犯错误的。你是退伍军人，底子好，人也正派，我希望你能够从这件事中吸取教训。"

一个男子汉，让林常平说得有些眼花闪闪："林总，我记住了。请您放心，我一定好好干，不给公司抹黑，不给您丢脸。"小王走了，林常平心里痛快多了，他知道小王犯错误事出有因，他不能仅凭进了派出所就开除小王，他想到在监狱时经常听狱警们说的一句话，治病救人。在公司我的年龄最大，就像他们的家长，既然是家长，那么要当严父也要当慈母，既要批评不认真工作的人，也要给像小王这样人以机会，给他们做好人的机会。公司是给大家工作的平台，养家糊口的平台，更是道德、法制教育的平台。他决定开大会，把小王的事说一说。

大会上，林常平把小王的事情一五一十地说了，让小王读了检查。最后林常平说："虽然小王是出于正义感出手相助，但打架是不对的，打伤了人就要赔偿，公司要对这种行为坚决说'不'。"林常平话音下看了看大家说："罚款是手段，不是目的。我们不是为了罚款而罚款，我们要让小王和大家记住，我们是法制社会，大家要遵纪守法，不能越雷池一步。希望大家记住小王的教训：做好事要把好事做好。"

林常平说到这时话锋一转："我们要像家人一样，相互关爱，不能说家里人犯了错误就嫌弃他，不理他，甚至动不动就开除。昨天小王犯了错误，我们要给他改正的机会。下面我决定……"林常平话一出，会场鸦雀无声。"鉴于小王打架，违反了公司的规章制度，罚款

1000 元。打坏饭店的物品罚款 500 元，今年不可以参加年终先进个人的评选。"会场上开始有人交头接耳了。"但是，我们要奖罚分明，小王犯错误，已经受到惩罚了，我们还要看到小王的优点，就是他有正义感，有血性，这一点跟我林常平很像，我们做人如果没有正义感，没有血性，将来敌人来犯，你能够冲上前去拼搏，去牺牲生命保卫家国吗？肯定不行。所以，为了表彰小王的正义，路见不平拔刀相助的精神，我建议奖励小王 1000 元。"

林常平的话鼓舞了公司的员工，大家鼓掌。事实证明，林常平的做法是对的，小王在这几年的工作当中，年年成为公司的先进工作者，在台风来袭的时候，他第一个来到公司把设备及时转移，使公司财产减少了损失。

每当林常平提到此事时，都很有感慨，他说："遵纪守法是职工的基本素质，治病救人重在给他改正错误、不断成长的机会。"

商海解语：拒绝野蛮生长，奠定美好未来

林常平因改革初期的"投机倒把罪"在监狱里坐了 20 年的牢，这 20 年让他明白了一个道理：无论在什么环境下，都不可以"野蛮生长"，在人生成长、修炼的过程中也是这样的，必须文明成长。

成长，本就是一场人生必经的苦旅；不管你想不想往前走，也不管你愿意不愿意正视过去，时间总会像一个理智又无情的统治者，驱赶着我们向前，只不过有的人被推倒了，从此没有能力站起来，有的人不愿意被驱赶而"落荒而逃"，去寻找安逸的生活，只有一种人不愿意被驱赶，给他一点动力就会勇往直前，在流泪、流汗甚至是流血中寻找着快乐，在奔跑中寻找着超越的快感。

无论时代如何变迁，用自己的脚步去丈量着自己梦想成真的价值尺度；无论人生如何悲惨，用自己的皮肉去体味"毒打"的疼痛，用精神去抚摸伤痕。前进，日复一日地奔跑在通向心中目标的目的地；

前进，用一腔饱含热血而专注的力量冲锋，这是生命时钟里最为珍贵的齿轮。

　　林常平将各种经验分享给他的员工、他的朋友们，这种犹如教科书般的经验分享胜过空洞的说教。

第十一章

贫困学子的官称："林爸爸"

世界上的两件事可以震撼人的心灵，一件是恪守留传千年的道德准则，另外一件事就是在世界上默默行善。

——题记

不忘初心，"奖学金"助学子成就梦想

2018 年是中国改革开放四十周年，也是中国公益慈善事业发展四十周年。这一年，林常平荣获了福建省改革开放四十年四十位优秀企业家称号。

"落其实者思其树，饮其流者怀其源。企业有多大，责任就有多大，饮水思源，应常怀知恩图报之心。"这是林常平创办鑫磊以来一直坚守的信条，而他人生的终极目标是什么呢？——应该是"把爱传递下去"。

林常平是经历过大风大浪的，吃过常人没吃过的苦，受过常人没受过的罪，无论是身陷囹圄，还是重新获得自由，他一直不忘初心。他说："我虽不能去教书育人，但我可以让那些上不起学的孩子们有学上，有书读，我可以用我的钱去帮助他们改变自己，实现自己的价值。也就是为我的祖国做了一份贡献了！"

2019 年岁末，在迎接新年钟声响起来那一刻，林常平收到了从四面八方传过来的祝福。

"林爸爸，新年好。我在国外生活得很好，就是想家、想您了。祝您健康长寿。"

"林伯伯，我以优异成绩考上厦大的研究生了，一定不辜负您对我的希望，努力学习，将来报效国家。"

"林叔叔，我已经被安排在科研一线，成了骨干，您的恩情是让

我努力工作的根。"

……

这一封封从全国各地寄来的感恩信，让林常平非常幸福。

"常平的付出，得到了回报。"妻子张桂玉看着丈夫满脸的笑容高兴地说。她知道，林常平资助过多少孩子或许他已经记不清了，但那一条条的喜讯，让他深感欣慰；一声声的祝福，让他陶醉不已；他为学子们取得的优异成绩而骄傲，也为他们懂得知恩图报、传递爱心而自豪。种花得花，种善树结善果。如今他的这些孩子们，有的成绩优秀，有的已然成才，得到党和国家的重点培养。林常平快乐地回复着微信，喃喃自语："只要孩子们有需求，我会尽我所能帮助他们。"

林常平说："在服刑的 20 年时间里，我的妻子女儿虽受了很多的委屈，但也得到了很多人的关心和帮助，这个社会对我们不薄，霞浦人对我们不薄，在我有生之年，能为这个社会多做些事，为霞浦多出人才出力，是我最大的心愿。让善良的种子一代代地播散，是需要拓荒者的，我愿意做这个拓荒人。"

有一条微信，林常平始终留着，那是一位他资助过的学生写给他的："林伯伯，您曾经跟我们说过，愿做一个内心自带光芒的人，播种善良的人，只有这样的人，美好才会天天与你不期而遇。同时，在您的身上，我学到了、感悟到了您的光芒和您的微笑。所以我们才懂得感恩，这才是最美丽的人生；同时我也懂得了付出的人，才是最慷慨的人；懂得关怀的人，才是最值得尊敬的人。我会沿着您的脚步紧紧跟随您，虽然我不知道将来我做什么，但我知道我会像您一样将慈善播散给众人。"

林常平心怀天下，不仅助力家乡学子就学，也为霞浦县民族小学、霞浦县特殊教育学校等二十多所中小学捐资近 500 万元，建立奖学金，改善学校办学条件；同时也不忘革命老区贫困学生，每年积极参与江西革命老区的贫困大学生开展金秋助学活动，资助每个学生

5000 元，资助厦门大学等高校学习困难的学子顺利完成学业，受他资助的大学生和研究生已达百人，解决了他们求学中学习和生活上的实际困难，少则三五千元，多则十几万二十多万元，使他们能轻装上阵，感到温暖，全身心投入到求学创业之中。

2013 年是林常平公益事业出现的一个小高峰。他从单纯资助穷困生，转身设立教育基金。首先在宏翔高中设立奖学金，奖励高考成绩好的学生，同年开始在公办中学霞浦一中设立教育基金，到 2019 年共注入资金 200 余万元，设有高考、中考教师奖金，高一、高二、高考优秀生奖金，高三激励奖金等奖项。

从 2017 年开始，宏翔高中对高一、高二年级考试成绩在宁德地区排名前 100 名的都给予奖励。每年投入的资金在 15 万元左右，凡是家庭困难的学生也给一定的补助。

宏翔高中、霞浦一中与林常平在成就教育事业的同时，也为国家的人才培养的大业，做出了非常大的贡献。

在采访霞浦一中和霞浦县宏翔高级中学的教师时，他们是这样评价林常平的："我们从心眼里佩服他。跟他比，我们有时这样反思自己，我们才四五十岁，有时还想歇一歇，太累了。尤其是学生们不听话的时候，有过心灰意冷。但是，一想起林常平所受的罪，所做的事，就自然而然地从心里升起一股力量。"

宏翔高级中学的校长徐军定说："我就特别佩服林常平。我作为外地人一路走来，把学校管理得越来越好，也确实受到了他的启发和鼓励。林常平跟一般人真的不一样，确实是一个奇才。我是浙江温州人，曾任温州平阳企业家协会常务副会长，不仅有许多企业家朋友，平时也经常跟他们打交道。但是，能像林常平这么大气、这么执着、这么热衷于做公益事业的企业家不多。

"他在助学方面，为乡村学生完成学业做了许多善事、实事。这与林常平的敢想、敢做、敢担当的个性很有关系。我喜欢他这种个性。因为从他身上我可以学到很多东西，虽然他最初的学历只有小学毕业，有很多大学生甚至研究生毕业的企业家在有很多地方都不如他。林常平不仅智商高，情商也非常高，是我佩服的少数几个人中的一个。"

为什么我们要努力？每个人的答案都不同。时间对待所有人都是公平的，是努力让每段人生不同。努力，能成全更多小小的梦想，能让你遇见更多可能的自己，能让你在回首时说一句问心无愧。生活会回报真正努力的你，这似乎是对着林常平说的，但也是对着所有努力的人而言。

我的美好人生因您而起航

"林爸爸、张妈妈，你们好吧？从新闻得知，国内一种新型肺炎肆虐，来势汹汹，你们一定要保护好自己。法国目前一切还好，因为这边的课业较重，生活各方面还在逐步熟悉中，所以今年就不回霞浦过年了，我在这里，祝林爸爸和张妈妈春节快乐，身体健康！"

2020 年 1 月 25 日，中国正是大年初一，往年这日的早晨，还能闻到一股淡淡的硝烟的味道，那是大年三十儿半夜烟花爆竹留下的味道，往年这日的早晨，还能听到一两声爆竹清脆的炸裂声，和孩子们的欢笑声还有相互道喜拜年的说笑声。而今年，外面却是一片安静，只有鸟儿在树枝间"啾啾"地鸣唱着。而法国此时正是 25 日的凌晨 2 点来钟。俞洁正躺在法国国家科学院催化与环境研究所的研究生公寓里，裹着松软的毛毯蜷缩在一张温暖的单人床上，认真地给林常平发着贺年微信。

俞洁的老家在霞浦山区，那里闭塞贫穷，父母的文化程度不高，但却十分重视俞洁的教育，所以在俞洁小学三年级的时候就举家迁到了霞浦县城，后来又有了俞洁的妹妹。

　　俞洁与林常平相识是在 2012 年的 6 月，当时她作为霞浦一中 2012 届的优秀毕业生，在领奖台上接受了林常平颁发的奖学金。她记得，林伯伯面对着他们这些优秀毕业生，和台下的所有教职员工和同学们，攥着话筒的手有些激动得发抖，他说："同学们、老师们，我今天很开心，我们霞浦一中又培养出了一批优秀的毕业生，他们将奔赴祖国各地的知名大学，他们将在那里继续深造，完成他们的学业。我真的很激动，很开心，我没能走进大学的校门，这是我一生的遗憾，但是，我可以看到你们带着希望和梦想走进大学的校门，我也一样自豪……我要说，在你们的人生道路上，无论遇到什么风雨，无论遇到什么困难，在霞浦都有一个林常平，会尽己所能地为你们排忧解难。你们都可以记下我的电话，你们都是我的孩子！"

　　就是在这次的典礼上，俞洁认识了林常平，也有了他的联系方式。也是在这次典礼上，林常平的经历震撼着俞洁，让她心里产生了一种崇拜和敬仰。

　　那年暑假结束，俞洁便在家人们的欢笑和热泪中，带着一颗跳动着青春节奏的心，欢欢喜喜地坐着北上的火车，奔赴上海华东理工大学。大学的新生活让她感到新奇而兴奋。但一片乌云却悄无声息地把她稚嫩的身躯笼罩了起来。

　　2013 年的年初，第一学期刚刚结束，春节即将来临，俞洁突然从家乡霞浦接到了一个噩耗：父亲突然离世了！

　　这件事对于她一个刚刚进入大学校门，不谙世事的 18 岁学生来说如同天塌地陷。这突如其来的打击，小姑娘几乎要垮掉了。

　　俞洁匆匆赶回霞浦，家已经乱成一团：家里的姑姑、伯伯、舅舅赶来了，亲戚们七嘴八舌地说个不停，让俞洁的心更加像一团乱麻，理不出个头绪来。

　　俞洁呆呆地坐在医院太平间的门口，两只眼睛茫然地盯着对面的墙，脸上的几道泪水已经干了，脑子里一片混沌。爸爸就这么走了，没留下只言片语，妈妈近些年来身体一直不好，现在还不知道发生了什么，妹妹刚刚上六年级。这个家，现在就得靠她了，她该怎么办？

她突然想起了林常平，那个去年在奖台上为她颁奖的林常平。于是，她就像抓住了一根救命的稻草，慌乱地在手机里翻找着林常平的电话——找到了，真的找到了——她抱着一线生机。"林总您好。我是霞浦一中毕业的学生俞洁。去年在毕业典礼上，您为我们五名优秀毕业每人颁发 3000 元奖金，我记得伯伯在讲话时说：'如果你们遇到什么困难可以直接与我联系。'林伯伯，您还记得我吗？"

电话那一头的林常平想了想，他当然记得那个小姑娘。聪明伶俐，学习成绩优秀。

事发突然，俞洁几乎是哭着说完父亲不知何故突然去世的情况。

林常平马上说："俞洁，不要怕，有林伯伯在，天塌不下来。我就在办公室，你现在就过来。"

四十分钟后林常平在办公室里见到了俞洁，面前的俞洁令他有些吃惊。他记得去年的俞洁是一个意气风发、朝气蓬勃的女孩，而眼前的这个俞洁，面色灰暗、一脸的焦虑和无奈，像从战场上下来的败兵。

俞洁含着泪，竭力控制着自己的情绪，说着父亲没有任何征兆就倒地而死的惨状，林常平的心里一阵阵地发紧，他知道，现在任何安慰的话都不管用，最管用的是马上帮助她解决眼前的实际困难。

林常平从办公桌的抽屉里拿出了刚刚让财务拿过来的一万块钱现金，站起身走到俞洁的面前，慈爱地拍了拍她那不断抖动的肩，说："俞洁，多余的话我也不说了，这有一万块钱，你先拿去给你爸爸办后事。事情再多再乱，也不能让你爸爸就这么一直躺在太平间里，记住'死者为大'。其他的事，林伯伯来帮你处理。"

俞洁怎么也接受不了父亲就这么悄无声息地走了，她总觉得事有蹊跷。她和姑姑、伯伯们跑到公安局报案，但父亲没有外伤，没有现场目击证人，街道里的摄像头也没有照到父亲是怎么倒下的，对于这种情况公安局不能立案。就这样，俞洁他们跑了近半个月，父亲也就在太平间里躺了近半个月。

林常平拿起电话，给公安局局长打了过去，向他说明了情况，得到的反馈与俞洁说的大体相同。医院给出的结论是，老人有心脏病史，突然倒地可能是心脏病突发，倒地后因无人发现救治不及时，最终导致死亡。如果必须要进一步确认，那就只能进行尸检了。可老人的生活圈子并不大，也无仇人，或利害关系人，是可以排除被害的可能的。俞洁他们无论如何也不相信父亲是正常死亡，俞洁似乎进入了臆想的死胡同，怎么也出不来。

林常平完全可以体会到此时俞洁的心情。一个 18 岁的女孩子，生活虽不富裕，但也是衣食无忧，从小就是学校、家，两点一线，现在到上海读了大学，也是教室、宿舍两点一线，哪里经过这些。这突如其来的一切，对于俞洁来说，就跟天塌下来没有区别。林常平找了个机会，和俞洁还有已经哭得昏天黑地的俞洁的母亲，细说了在公安机关得到答复。

俞洁听了林常平的解释后心里便踏实了很多，她知道，这不光是钱的事，而是她头顶的这片天被林伯伯撑起来了。

当林常平帮助俞洁将父亲后事处理完后，看着一个生病的母亲，两个上学的孩子，决定从这一刻开始资助她们姐妹完成学业。

"你安心上学，学费生活费我来负责。从今天开始，我就是你林爸爸，你就是我的干女儿。"

俞洁回校后经常给林常平写信，汇报自己的学习情况、生活情况，林常平在电话中常常鼓励她："只有经历过磨难的人才会有坚强的信念，才会对生活不失去信心，命运也就不会轻易抛弃你。我的故事你是知道的，许多人认为我已经是一个老人了，干不了事业了，但我对自己没有失去信心，对社会没有失去信心，因为钢铁要经过千锤百炼才成材。你这么年轻、有朝气、又上个好大学，你要加倍努力学习，取得优异成绩，报效国家。"

林常平早就想到了俞洁上学的问题，也早早地就为她准备下了上学的费用。俞洁心里清楚，如果没有林伯伯的资助，她的大学是根本读不下来的。

俞洁深受林常平创业精神的鼓舞，她一边求学一边勤工俭学。在林常平的资助下，在自己的不懈努力下，2019 年夏天，她作为优秀毕业生由国家公派赴法国国家科学院读博士。当她把这个消息告诉她的林爸爸时，林常平感到非常高兴。这一年俞洁的妹妹也考上了大学。林常平高兴地对俞洁说："你们姐妹俩都非常优秀，让你妹妹来见我，她的学费和生活费我来解决。"林常平的承诺再次让俞洁感到无比温暖。

林常平这天刚刚起床还没有吃早餐，突然接到俞洁的微信："林爸爸，我想放弃公派留学。家里负担重，我不能总让您资助我们，无以报答您，我想尽快找工作。"

林常平看完微信，立即给远在上海的俞洁打电话，发了脾气："你胡说什么？这么好的机会怎能随便放弃？想挣钱养家，这不是你现在要考虑的。你现在就一个想法，继续求学，多学知识，才能够长本事，有了本领才能够挣大钱，才能有出息。"

林常平发完脾气后，接着缓和了一些口气说："你知道吧，当我得知你获得 2019 年上海市优秀毕业生称号和研究生国家奖学金、计划外奖学金泰坦—阿达马斯奖学金，以及万华化学创新创业大赛华东赛区冠军、阿科玛创新创业大赛亚军、'优秀学生'、'优秀学生干部'这些荣誉时，我有多么高兴呀。孩子，钱不用你去想，出国留学的生活费全都由林爸爸出，你只要好好读书就是我最大的心愿，林爸爸最爱听你的好消息，你成绩优秀是对林爸爸的最好回报。"

电话那头俞洁有些哽咽地说："谢谢林爸爸。"林常平接着说："孩子，你现在参加工作是为小家，但你出国读博士，去国外学习人家的先进技术，那是为我国的科研事业继续加油。你能获得国家公派留学是非常难得的机会，我支持你的指导教授给出的意见，你很优秀，已经取得了一些成就，希望你能够去国外深造，学有所成后回来报效国家。你学的是环境工程专业，而我们国家在环境治理方面需要更多出类拔萃的人才，我相信你将来会在专业上做出更大的贡献。你放弃出国深造找工作，于你是小利，于国家是不利，是损失。"

俞洁在内心是舍不得公派赴法国国家科学院读博士这个机会的，她当然知道十分宝贵，只是留学期间的生活费太贵了，妹妹在读大学，都让林爸爸出资，这已经给老人家增加了麻烦。更让她难以启齿的是，她在读研期间有一笔学校助学贷款没有还清，如果不还清就无法办理出国留学的手续。她该如何向林爸爸再开口呢？可不开口，留学手续将无法办理……

俞洁是个思维敏捷，说话干脆利落的女孩子，但就这么一件事，她说得吞吞吐吐，说着说着竟然哭了起来，她实在不想麻烦70岁的林爸爸了，断断续续地讲完了自己的困境，林常平语重心长地安慰着她："孩子，没关系的，我以为是多大的事儿呢，不就是一万八千元钱么？你把账号发来，我让办公室马上转过去。"林常平放下电话，就安排财务人员，把款给学校汇了过去。

2019年9月13日，天高云阔，圆月高悬，在这个中秋之夜，林常平和家人们围坐一起，享受着团圆家宴。他还特意地叫来了俞洁和她的母亲。

林常平站起身，端着一个精制的小酒盅，笑呵呵地说："俞洁是我的干女儿，非常优秀。今年被国家公派出国留学读博士。明天她就要去法国了，这一去就是三年呢！今天在家里我请她和大家共同举杯，祝愿俞洁在法国努力学习，学有所成。"

俞洁赶紧端起酒盅站起身来，说："林爸爸是我一生的恩人和导师。在我们家几乎走投无路的情况下，是您给了我生活的希望。让我看到了前面的一片光明，我能够有今天，离不开我的林爸爸，在此我敬林爸爸一杯，祝林爸爸和张妈妈健康长寿，事业辉煌。"俞洁不会喝酒，但她今天却一扬头，将杯中酒喝了进去。一根热辣辣的线，像一根被点燃的导火索，顺着食道一直烧到胃里。张桂玉赶紧给俞洁夹了一筷子的凉菜："这孩子，快吃口菜解解酒。"大家看着她，而张着嘴两腮慢慢变红的俞洁哈哈地大笑起来。这笑声穿过窗户，向着皓月星稀的夜空飘去了……

明天，俞洁即将踏上出国求学之路，在这个团圆之夜，林常平为干女儿挥毫写下了几句勉励的话："勤学不倦，刻苦奋斗，学成归国，贡献社会。"

张桂玉把一个信封递给俞洁，说："你林爸爸说了，'穷家富路'。一个女孩子走那么远的路，身上怎么能没有一点傍身钱。到了法国别忘了给我们大家报个平安。家里你就放心吧，你妈妈和妹妹有我们呢，在外国生活上不用多想，有我和你林爸爸在，你只管好好读书。"

俞洁的眼热热的，默默地收起了信封，然后深深地向林常平和张桂玉鞠了一躬。第二天她满载着林爸爸和张妈妈的嘱托出国了。

2019 年 7 月，我在去霞浦采访林常平时见到了俞洁，她向我介绍了在读研究生其间发表论文和申报专利技术的情况。她思维敏锐，有股女孩子少有的泼辣劲儿。2020 年的正月初五的早晨，我接到俞洁从法国发来的短信，一是拜年，二是向我介绍一下她在法国的现状。

"在我出发法国前，林爸爸给了 2 万元钱资助，但是我已经是成年人要自强自立，我要勤工俭学自己解决一部分费用。可是现在全球疫情严重，无法勤工俭学了，林爸爸又及时给了我 2 万元生活费，并嘱咐我如果有什么情况随时向他提出。妹妹上大二了，林爸爸仍然提供妹妹的学费，资助她完成学业。您曾经问我，在林爸爸身上学到了什么？其实很多……无论是在上海读书的时候，还是现在在法国留学，每遇到困难时就会想到林爸爸。林爸爸年过半百后出狱，没有痛恨他人、咒骂社会、发泄愤怒，而是选择了以阳光心态拥抱世界。历经8年努力，鑫磊集团蓬勃发展，并成为当地纳税大户。这种在挫折中不认命、对命运说'不'的精神，在我科研、竞赛的过程中始终鼓励着我。科研的道路是在黑暗中摸索前进，迷雾重重；创新创业竞赛，高手云集、厮杀惨烈。然而，学生时代的这些困难和挫折，和林爸爸人生中的诸多磨难相比都是小事。因此，我也立志，无论遭遇任何艰难险阻，只要还有继续战斗的可能就绝不放弃。希望自己未来，能够秉承林爸爸越挫越勇的精神，在科学研究、科技创业道路上横刀立马，创出一片天地！同时，用学术创新的方式，为科技进步贡献自己的力量，回馈社会，报效祖国。"

俞洁身上的那股拼劲，让人能感受到未来她一定会学有所成，在环保领域做出非凡成就。

珍爱法律人才，资助清华学子圆梦

2019年7月9日，我在鑫磊宾馆的小会议室准备与林常平继续进行深度采访。

林常平来到会议室开口便说："昨天霞浦一中的教师找到我，说有个叫林惠景的学生学习非常优秀，考上了清华大学法律专业的研究生，可惜家境困难很难完成学业。我对这位教师说，叫这位女学生直接来找我，她一会儿就与母亲一起过来。"

林常平的话让我有些意外。因为他资助了近百名贫困学生，还是第一次听说他要亲自考察一下学生的情况。

"如果学生家庭困难难以完成学业，我会资助的，如果这学生是个有想法、有志向的学生，我会给她全方位的资助，帮助她完成心愿，就像帮助俞洁一样，为国家培养一位法律专业的优秀人才。"

听了林常平的话，我明白了他的想法，对于贫困生他一定会资助的，那是出于他的爱心；但对于既贫困又有志向的学生，他鼎力支持助其成才，这不仅是他的爱心了，其中又包含着一份责任与诸多期望。国家的强盛是要依靠各类精英的，治国、科技、军工、民生，像石榴籽一样，这些国家的英才紧紧抱在一起，国家才会富强。那么今天来的学生，不知道林常平会是怎样一种态度？

这时一位女生在母亲和弟弟的陪同下来到会议室，林常平迅速地打量着这一家三口，我也观察了这三口人，女孩文静，母亲朴素，弟弟上初中，人也很老实。

"小林呀，别紧张。你的高中老师告诉我你的一些情况，你介绍一下自己。"林常平和蔼地说。

"谢谢林伯伯。我是从霞浦一中毕业后的，上的是北京交通大学光电专业，今年考取了清华大学法律专业的研究生。"

"好呀，将来是准备做律师吗？"

"肯定是从事法律方面的工作，当律师要看机会。"

林常平看了看林惠景说："我国是个法治国家，法治国家就要依法办案，就要对老百姓负责，对国家负责，任重道远啊。"

"是的。我一定努力学习。"林惠景回答着。

"研究生读完以后，还要读博士吗？"林常平抽着烟，问道。

"博士不是必须要读，现在家里经济困难，弟弟正在上初中，我想研究生毕业后先工作，干上一段时间后，有了经济基础后再读博士也不晚。"林惠景显然对自己的前途有过一番考虑的。

"好。"林常平又问道："你在本科读的光电专业，怎么想读法律专业了呢？"

"我们县是贫穷县，许多家庭生活都很困难。生活上的困难我们是可以忍受的，但我们还会受一些人的欺负，无处说理，谁愿意替普通老百姓申冤呢?"林惠景说到此,停顿了一下接着说:"我想用学到的法律知识多帮助一些普通人,他们没有钱,没有权,也不认识高官,他们无非是要个讨公平。"

"好!"林常平显然有些激动地说:"我资助的学生有几百个了,也都是普通人家的孩子,老百姓很难,我们有实力的人就要想着老百姓,能够为他们做点实事。你资助你学费和生活。"

说到此,林常平突然说:"孩子,我今天答应资助你,并不是因为贫困我资助,是因为我看好你的未来,看好你那份诚心。有些人贫穷就骂社会,但你却说你在学业有成后,要帮助老百姓,是你的这份爱心打动了我,我才资助你的。"

"林伯伯,您对我有什么要求尽管提出来,我一定不会辜负您的。"

林常平看了看林惠景说:"我对你唯一的要求,就是不要成为应试教育体制下的流水线产品,要有独立思考的精神,永远保持一颗赤子之心。"

2020年元旦,林惠景发来长长的微信,除了祝福的话,便是向我汇报一下她在学校的情况和对林常平的感恩之情:

"开学不过一个学期,主要是生活还是围绕学习进行的,目前还处在知识积累的阶段。第一学期的成绩还是不错的,但到了研究生阶段,更重要的还是真正地学到知识,而不是追求卷面的分数。因为有了林伯伯的资助,没有了后顾之忧,所以学习可以专心一致了。我通过这次与林伯伯接触,对他的人生有了了解。我有几点体会,想说给老师听。

"第一点是奋斗精神。普通人总是容易把自己的苦难看得很重,把自己的失败归咎于不幸。但实际上真正的成功者,都经历过更惨烈更持久的困难,林伯伯就是其中之一。林伯伯曾服刑20年,但是依旧努力奋斗,通过创业成为一个成功者,这让我觉得只要肯坚持奋斗,一切都是皆有可能的。

"第二点是善心。林伯伯所做的一切都是靠自己的双手奋斗出来的，但是他没有视钱如命，而是极尽所能帮助有困难的人。他在家乡设立了多个助学基金，资助了很多像我这样的大学生和研究生。一个人拥有很多财富也许是世俗上定义的成功者，但不是我心中真正的成功者。穷则独善其身，达则兼济天下，林伯伯正是在做着令人敬佩的兼济天下的事业。作为一个未来的法律从业者，我觉得自己应有更宽的心怀，用自己的所学所得去帮助这个社会底层的人们。我也希望在毕业以后能够为林伯伯的慈善事业尽绵薄之力，把自己曾经所得到的帮助传递给其他需要帮助的人。"

林惠景最后说："让我最感动的，不是林伯伯给予我多少资助，而是林伯伯的话让我感到暖心，林伯伯没有高高在上的资助者的心态。这也是林伯伯的精神一直激励着我的原因，无论在求学期间以及今后的人生之路，我将以林伯伯为榜样不忘感恩、不负期待。"

林常平只有两个女儿，大女儿在他出狱前的两个月因煤气中毒而离世，现在他只有一个亲女儿，但叫林常平"林爸爸""林伯伯"的不只是俞洁一个人，有 100 多个孩子。凡是他资助的学子，都是他的干女儿、干儿子，他就像一个慈善的家长，对孩子们亦爱亦助亦教导，盼他们都成为国家的栋梁之材。

有句名言，人做一件善事并不难，难就难在他一生都在做善事。林常平就是用一生做善事的人。

2020 年 8 月，在清华大学读法律专业研究生的林惠景给林常平写了一封感情真挚、有着深刻理性思考的信，她这样写道："普通人总是把自己的苦难看得很重，把自己的失败归咎于不幸。但真正的成功者往往都在更惨烈、更深重的苦难中浴火重生，您就是其中之一。我更没有想到的是，在经历三起三落，见证了许多人性的丑恶之后，您仍能不忘初心，做一个至善仁爱，回报社会的人。多年来，您先后捐款千万余元，为家乡的教育、医疗、交通等公益事业做出杰出贡献。您在经济上援助了我，也在精神上鼓舞了我。我在清华园度过了自己的研究生一年级，我将继续带着最丰满的理想与时代并行，与历史的变革正面相遇。而在这奋斗的历程中，我将始终不忘您的相助。"

对于家庭贫困而又上进心非常强的学子来说，林常平给他们带来的精神激励必然会产生更大的蓬勃向上的能量，使他们眼界更宽，心胸更广，在对社会担责尽义方面有更加明确的认知，这一点正如古诗所言："剧辛乐毅感恩分，输肝剖胆效英才。"

暖心告诫："忠于事业，也要孝敬父母"

近些年来，林常平扶贫助学的孩子多了，他感到除了给他们钱，给予帮助外，还有义务教导他们在热爱党，热爱祖国，热爱家庭。特别是对自己的父母要更加的热爱。因为这些孩子大多出生在贫穷的家庭，父母为了孩子们同样付出了许多的心血。为此，林常平抄录了几句名人名言，平日里他通过微信传达给他帮助的孩子们。"世界上有一种最美丽的声音，那就是母亲的呼唤。——但丁""孝是流水，上代截流，下代干涸。——字严""羊有跪乳之恩，鸦有反哺之义。——《增广贤文》"……

林常平的微信，在他的朋友圈里传播着。一天，他接到一个电话："林总，您不用再给我们送东西了，现在孩子月月给寄钱，家里钱够花的。"

林常平不仅资助那些家庭贫困的孩子，也和他们的父母保持沟通。每年春节，他都会选几家去走走，拜拜年，也听一听学生的家长还有什么难处需要解决。

"资助一个学生容易，让一个家庭转贫困为富裕，不是件容易的事，要孩子们孝顺是最难的。所以我不仅要与学生沟通他们的学业，生活上有没有困难，在今后的工作中有什么想法，还要听一听他们与父母间有无沟通，多长时间回一次家，给不给父母打电话。"

有人这样评价林常平："世上行善的人不少，企业家有钱也都会资助个贫困生什么的，但林总能够十余年坚持不懈资助贫困生和学校教师，这一点许多人企业家做不到，一时可以，一次可以，但一辈子行善，那是要恒心的。更可贵的是，他还要走访资助学生的家庭，问寒问暖，不是只给钱就完成任务了，还要资助到家庭，这一点更是许多企业家做不到的。"

这是对林常平中肯评价，他不走形式，更不是做样子，而是真心实意地助困、助贫。

2011年正月初三，林常平像往常一样，走访几位他资助过的学生家庭。其中就有考上北京航空航天大学的高材生小李。一进家门，小李的母亲就跟林常平抱怨说："这孩子参加工作后一年也回不了一次家，不知道他整天忙什么，打电话也不接，把我急死了。这孩子倒是汇的钱不少。"这位母亲将心里的苦楚告诉了林常平，林常平安慰她说："你儿子是个很懂事的孩子，不回家、联系少，肯定是工作太忙了。"话虽这么说，但是林常平在内心里也觉得这个孩子有点不对劲。就给他发了短信，问问他的情况。几天后，孩子回短信说："我一切都很好，就是工作忙，没有时间回家。今年春节回家，一定去看您。"

正月初五，男孩子回霞浦探亲，先到鑫磊公司来看望林常平，与他同行的还有两个人。林常平自然见多识广，一看这两个人的架势就知道他们是保镖。不言而喻，这孩子一定是从事机密度非常高的工作，是受到严密保护的。

林常平心里非常高兴，他为能够帮助小李成为国家有用的人而自豪，他问小李的生活情况，工作累不累，最后说："小李，我知道你的工作是保密的，在可能的时候要与父母多通个电话，他们很想你，也为你担心。你母亲说，你没有搞对象，也很少回家，是有些生气，但更多的是爱，你要理解父母对你的关爱。一个人再有能力，再有贡献，不孝顺也是枉然。要多问候和关心一下老人家的生活，他们就会感到很温暖，不要以为寄钱就行了，老人家听听你的声音比你寄多少钱都高兴。"

小李听后眼圈有些红了，他频频点头说："谢谢林伯伯，我一定多给家里打电话。"

不仅如此，林常平还专程到小李的家里，对她的母亲说："你误解孩子了。他不是不孝顺，因为他从事的工作特殊，平时讲话都不能讲家乡话，只能讲普通话。同学到了北京叫他出来聚一聚，他都不能出门。30多岁了还没找对象，不是他不想找，而是组织有规定，需要审查。这不能说他不孝，他能够成为国家有用的人才这是大孝呀，你应该高兴才是。古语说忠孝不能两全，就是要舍下一头，你要理解儿子，别扯孩子的后腿。"经过林常平这么一讲，小李的母亲明白了儿子很少与家里联系的原因，再也不抱怨自己的儿子不孝顺了。

当小李得知是林伯伯做通了母亲的工作，心里更加感激。他打电话向林常平表示感谢。林常平笑着说道："你能够有出息，是咱们霞浦人的骄傲，你工作忙，我们理解，所以我们也要替你多做老人的思想工作，家里有什么困难跟我说，我帮助解决，你安心工作吧。"

林常平有句名言，"生命的意义不在于长度，而在于它的宽度，真正有价值的人生，除了自身修养要高，更要有关爱他人的广阔胸怀。"林常平是这样说的，也是一步一个脚印地这样做了。

商海解语：仁爱！成功者的终极目标

林常平作为一个企业家，他的理念不外乎："要靠本事谋业，靠智慧挣钱，靠能力打天下，正正当当做人、光明正大赢利。"这与成功企业家所信奉的理念殊途同归。但是,赢利以后呢,则各有各的不同。有的人选择把财产留给子孙,希望他们家族永远富贵,后代不再受穷,因为他们本身是穷苦人出身,穷怕了;有的选择守财,天天盼着数字增长自得其乐,不捐款、不行善;有的在中国成为富翁,入籍他国,捐款他国十几亿元捞得域外的功名……如此这般,人性各有不同,所以自会有人选择这样一条路:慈善事业。

林常平身价过亿,入籍他国易如反掌,但他没有这样做,他说:"我是中国人,我是中国的企业家,我要为中国繁荣昌盛做贡献。"他选择做最有意义的事是积累功德;最体现人生价值的事是促使企业蒸蒸日上、惠及八方;最有成就感的事是助人助教,扶贫救穷;这些事的核心思想做是回报党、回报社会、回报人民给予的恩泽。

有人这样说,初级慈善是把肉分给需要吃肉的人;中级慈善是给渴望一份工作的人一个发挥才能的平台;而高级慈善是大家可以共同富裕、共同成长。

林常平自初级慈善始,已然达到中级慈善,正朝着高级慈善的目标前行。

"我的目标是,始终不渝地捐助学校和学生,让他们安心教书、静心读书;因为他们是国家需要的人才,民族的希望。我也会不遗余力地帮助需要帮助的人,让他们小富既安,不给社会添负担,小本生意者可以养家,贷款因资金短缺举步维艰的企业,未来的路不管有多艰难,我都会朝着这个目标执着前行。"

作为一名成功的民营企业家,林常平始终没有忘记自己的担当和使命。"落其实者思其树,饮其流者怀其源。企业有多大,责任就有多大,饮水思源,应常怀知恩图报之心。"这是林常平创办鑫磊集团一直坚守的信条,而他人生的终极目标呢?

慈善不是出于勉强,它是像甘露一样从天上降到尘世;它不但给幸福于受施的人，也同样给幸福于施与的人。企业家的最高境界、也是终极目标，不是成为世界首富，而是成为光芒四射的慈善家。

谈笑之间,情真意切溢于言表

每个成功的人,都会有自己的成功之道,但无外乎具备这五个方面:目标明确,有自信心,兴趣广泛,毅力顽强,心地善良。

——题记

寄语青年创业者：敬畏创业时的那份初心

在霞浦采访林常平期间，他有一天对我说："赵老师，明天霞浦县青年商会创业沙龙请我讲讲如何创业，你难得来霞浦，也请你给他们讲讲吧。"

2019年9月，我陪同林常平董事长前往霞浦县举办的"新中国成立70周年——霞浦县青年商会创业沙龙"。这是一家有一定规模的酒店，漂亮的演讲台，大背板上林常平董事长的照片和简介十分醒目。此时台下已经坐满来自霞浦县青年商会、大学生创业协会、霞浦县黄鱼协会、电商协会和宁德地区的企业代表，我看了看活动现场，几乎是清一色的年轻人，有百十人之众。

主持人隆重介绍了霞浦县青年商会荣誉顾问、福建鑫磊工贸集团董事长林常平："他经历过两次坐牢，在监狱中度过了二十年，期间失去了自己的爱女，饱受心脏病反复发作的折磨。但他向死而生，三次创业，最终成就了自我，创办了福建鑫磊工贸集团，并于2018年荣获'改革开放四十周年福建四十位杰出企业家'称号。作为主讲嘉宾，今天林总的演讲题目为：'当代青年创业的机遇与挑战'。"

演讲开始了，台下的年轻人们都渴望着分享林常平董事长的创业经验。林总结合自己遭遇人生巨大磨难后，于54岁开始创业的经历，面对现场的青年学生，他深情地说："书是洗刷灵魂的良药，年轻人要多读书，要终生把学习当成第一要务。1985 年，我因经济案件而入狱，但我始终没有放弃。在监狱中，我修完了大学法律专业的所有课程，圆了儿时的大学梦。我读《二十四史》，读《毛泽东选集》和诗词，读《钢铁是怎样炼成的》……学习之外的时间，我还练习书法，一会儿我给大家题字。"

林常平演讲既有平实的内容，也有惊心动魄的故事，既诙谐又幽默。引来阵阵掌声。

提问环节开始了："林总，您能不能给我们讲讲关于创业的问题，我怎样去创业，怎样能够像您一样马上成功？"

林常平："年轻人创业是好事，我举双手赞成。但是，我们有一些年轻人在创业的时候不是以做事业为本心，而是贷款后先做豪华装修，然后就买车，出入高档饭店，这样'万事俱备'了，才去考虑创业。以这样的心态创业，十有八九会失败。年轻人要有敬畏之心，钱是借来的，不是天上掉下来的，你有的是年龄上的优势，你今天年轻，但十年后？二十年后？你还年轻吗？所以年轻人要敬畏生命，敬畏自然，敬畏创业者的那份初心。我建议大家开始时一定要省吃俭用，一定要把钱用在刀刃上，寻求机遇、深思熟虑、勇于拼搏。全国、全世界有那么多的成功人士，人家可以成功，你们不比别人少什么，怎么就不能成功呢？我相信，只要真心创业，敬畏手中的那些钱，敬畏支持和帮助你们的人，审时度势，一定会成功的。"

有人问道："在监狱里 20 年，你没有灰心丧气的时候吗？你是怎样对待过往和面对未来的？"此问一出，台下一片鸦雀无声，大家静静地等待着林常平的答复。

林常平用他铿锵有力声音讲道："我不喜欢回头看，我永远向前看。不回头看不等于不正视过去，而是要坚守地面向未来。因为未来才是有希望的，美好的。的确我经历过了许许多多挫折和磨难，但我以超脱的心态去面对现实、过去和将来，无论什么时候，都将满满的正能量输给自己，输给身边的人，输送给企业和员工。"

　　说到此，林常平停顿了一下，然后说："20 年，我愧对家庭、愧对社会、愧对家乡父老，所以我出来后创业挣来第一笔钱后，就给家乡的一条路重新铺好，相继在公益方面的投入三千多万元。我告诉自己，必须做一个负责任的人、做一个有爱心、有奉献的企业家。来报答我的国家，我的家乡和我的家庭。最后，我想告诉你们年轻人，享受不是人生，为社会做出贡献才是生命的真谛。"林常平挥舞着硬硬的拳头说。

　　演讲会达到了高潮。主持人说："林董传奇的人生和创业经历，以及充满正能量的精神，激发了我们青年人做大事业，在实现自身价值的同时创造更大的社会价值。在座的青年企业家要向林常平董事长学习，不怕困难、越战越勇，为国家经济发展做出更大贡献。"

员工儿子走失，头顶染发剂四处寻找

　　我与林常平敲定写这部传记后，林常平说："陈合招这个人你一定要采访他，别看他比我小很多岁，对我经历的事可是门儿清。"林常平说完就马上联系身在宁德市的陈合招，然后我们在鑫磊集团的行政专员小王的陪同下，一行四人从霞浦出发到宁德去。车上王专员给我们讲了许多林常平与陈合招相互交往的趣事，听得我喜笑颜开，可见这对忘年交是多么情投意合。

　　来到陈合招在宁德的办公室，他泡好了工夫茶，就声情并茂地讲述发生在林常平身上的故事，我们都聚精会神地听着。这时，王专员的手机响了，她就立刻走出办公室到走廊接电话去了。

　　王专员出去接电话丝毫没影响陈合招的情绪，就在大家边听边思考陈合招对林常平的评价时，王专员神色慌张地走了进来。她哆嗦着嘴唇说："我儿子刚才走失了。"

陈合招马上问："在什么地方?"

王专员说:"我母亲带孩子到公园玩，人多，走散了。儿子才5岁……"

其实当王专员说出孩子丢了时候，我的心思都"飞"了。陈合招和我相互递了一下眼神，几乎是同时站了起来说:"孩子的事是大事，回吧。"

陈合招董事长将我们一行人送上车，急切地对王专员说:"你和林总说了吗?"她回答说:"说了，已经告诉林孩子走失的具体地点。""哦，那就放宽心，他一定会帮你找到孩子。"王专员使劲地点着头，眼泪在眼眶里打着转。

没错，鑫磊的人不管什么大事小情都会告诉林常平。孩子高考拿不准主意的，会找林常平拿主意;家庭有了矛盾的，也要找林常平来评个理;现在王专员的小孩儿丢了，她第一个想到当然也是林总。

情况万分火急，司机把车开得飞快。王专员的电话一直响个不停，有家人的，有厂里同事的，有林常平的。林常平说，他已经通知了县公安局的朋友，附近派出所的干警全部出动，一起帮着找孩子，鑫磊公司所有管理干部正在赶往公园……

林常平是所有员工的家长、主心骨，有了着急犯难的事，都首先会想到找这个董事长，当他接到小王说儿子走失时的电话时，林常平正在家里染头发。他立即让夫人先停一下，给鑫磊公司的副总打了电话，然后给公安局一位副局长报告了情况，随后将孩子丢失的信息一下转发了十几个群，发动群众去找孩子。

大家都屏住呼吸，只想从小王的电话中听到孩子找到的消息。大约是在车开出十几公里远的时候，小王接到了妈妈的电话，说孩子找到了。这时车速慢了下来，大家的心情也放松了。

当我们回到霞浦才知道这样的细节。原来，林常平竟然顶着一头的染发膏跑出了家门，来到公园门口，这里已经聚集了许多人，大家一见林总这模样都笑了，有人悄悄说："林总为了职工的孩子真是不顾一切了，有这样的老板真好。"

林常平他们终于将孩子找到了，有惊无险。这时，时间已经到了午夜。

"鑫绘中国"聚名人，狂草还需看常平

2019 年的夏天，林常平对我说，他自幼喜欢书法，在监狱里仍然练习书法，现在已经到了酷爱的程度。我笑笑说，那咱们搞一次"庆祝新中国成立 70 周年、'鑫绘中国'著名艺术家走进霞浦"大型书画创作活动如何？

林总听后高兴地说，那太好了，能够请来北京著名的书画家到霞浦指导，前无古人，是件大好事呀。

林总做事一向是雷厉风行，说干就干，金秋九月，由福建鑫磊工贸集团、中作鼎坚（北京）艺术文化有限公司和宁德老年书画协会共同组织举办了一场"庆祝新中国成立 70 周年、'鑫绘中国'著名艺术家走进霞浦"大型书画创作活动。

当以刘克仁将军为团长，沈鹏、祖莪、岳明、王瑞林、张庆芳、周伟、刘长滨、许喜林、宋汉晓等著名书法家、画家为团员，从北京来到宁德市霞浦县时，林总与一些当地的书画家们已经早早在宾馆前等候了。

那晚，酒正酣时，书画家们便耐不住性子，当场挥毫，与林总一起以书会友。有人记录下了这感人的场景：祖莪张工画如生，《沁园春·雪》看沈鹏。瑞林写诗又画荷，克仁团长墨不停。周伟篆隶长滨草，青竹挺拔有岳明。喜林汉晓真行隶，狂草还需赞常平。

人，越聚越多，开始只是小范围，但不知从哪里涌出那么多观众，你要字，他索画，霞浦第一次有如此多的名家现场作画，自然是

一大新闻。

第二天的清早，在当地艺术家同行的陪同下，著名书画们走访了大京古城堡、霞浦一中、鑫磊集团、松港街道长沙村新农村建设示范点，在农民油画馆与当地农民画家针对艺术创作的相关问题进行了深度交流。

夏末秋初时节，艺术家们一路款款走来，吹着温柔的海风，感受新农村建设取得的巨大成就，心里涌动起澎湃的创作激情。晚上，他们不顾走访一天的劳累，在霞浦一中每人一张台子，铺上毡子，便各自拿出自己的绝活。特别是这些书画名家手把手地教学生们写字画画，将自身技艺无私传授给学生们，望着学生们那张张笑脸，林总开心地笑了。大家不仅为霞浦各界人士创作百余幅书画作品，还向学校捐赠了图书。真是：书改革创新之意，绘国家复兴之景。赞霞浦海景之秀，叹林总慈善之德。

林常平作为鑫磊工贸集团董事长，自然不会放过这次难得的机会，他提议要举办一场有霞浦各界人士参加的关于文化教育与传承的恳谈会。他的想法一经说出，立刻得到中国著名书画家团团长刘克仁的支持，第二天举办了"著名艺术家走进霞浦文化教育恳谈会"。

具有百年历史的霞浦一中迎来了一次交流的盛会！

恳谈会上，文化与教育是与每个人都关系紧密的话题，针对霞浦在新时代的文化教育前景大家畅所欲言，以真诚博爱之心共谋共建。大家在真诚的交流和思维的碰撞中，获得更多更有价值的启发和引领。

霞浦县人大常委会主任陈健说："著名书画家走进霞浦，对提高我县的知名度，打造文化大县有着深远的意义。林常平董事长不但致力于慈善事业，更注重文化事业的发展，把著名书画家引进霞浦，为我们打开了一扇窗，见到了艺术家的精湛技艺，是我们迎接国庆系列活动中的一项重要活动，我代表县人大和县领导，对艺术家们来到霞浦表示衷心的感谢，也希望艺术家能够经常下基层，为我们送来文化艺术真经。"

此次活动的团长刘克仁将军说："我们北京的部分著名艺术家走进霞浦，是我们大家的荣耀，这里是习总书记曾经工作过的地方，艺术家们有责任和义务把文化艺术送到群众中来，送到基层中来。

"林常平同志是一位深深爱着自己家乡的企业家，他成功后没有忘记家乡，家乡人民的养育之情，他为家乡的发展、教育和社会公益事业做出的事情，一件件一桩桩，他的家乡人民最清楚；他又是一位讲政治爱祖国的企业家，据我所知，他的人生充满坎坷及曲折，他一直在踏浪越坎中而行，那么淡定，那么豁达，别人无论如何议论及看法，他始终没有忘怀他的责任与担当，总是在前进，总是在关心着祖国，真了不起；他更是一位育人育己的开明企业家，他写了不少书籍和有分量的文章，这些书稿和文章，我没有发现有泄愤和自私，充满着爱党、爱国、爱家乡的正能量，育人育已，激励他人，奋发进取，开拓前行。"

霞浦县前县长翁成禄说："此次著名艺术家走进霞浦的活动，他的意义非常重大。其一这么多的艺术家走进霞浦是前无古人的一件大事；其二，艺术家们给学生们的指导和讲解，正如学生们所言，这是他们第一次面对面的聆听资深艺术家们的讲解和指点，给他们无穷的力量和激励，受益匪浅；其三，霞浦这次是出名了，出大名了，我们有林常平这样的企业家，在为霞浦的文化教育事业，为霞浦的百姓们着想，是我们霞浦之福。所以县委县政府给予林总许多的荣誉，他是当之无愧的。"

宁德老年书法协会会长吴初宝说："在庆祝新中国成立 70 周年之际，我们来到霞浦与大家共同分享祖国喜逢华诞的热烈氛围，对于艺术家是件难忘而且有意义的活动。习总书记指出，一个民族的复兴需要强大的物质力量，也需要强大的精神力量，没有先进文化的积极引领，没有人民精神世界的极大丰富，没有民族精神力量的不断增强，一个国家、一个民族不可能屹立在世界民族之林。所以我们作家、艺术家要做文化艺术的尖兵，积极响应总书记的号召，把文化精神力量传递到基层，为中华民族屹立于全世界而奉献我们的力量。"

著名书画家沈鹏发言道："这次艺术家走进霞浦活动，非常接地气，我们走访了村庄、古迹、市场、学校、企业，对我们艺术家来讲是真正的体验生活、感知生活的一次大体验。刚才赵晏彪领队说得好，艺术家们不能够天天坐在家里创作，要接触大自然，接触人民生活，你的艺术素材才会更丰富，才不会枯萎……"

书法家长滨说："这次霞浦行，看到了改革开放以来民营企业的繁荣壮大，不但搞活了地方经济，也带动了文化的繁荣。真是经济搭台，文化唱戏！其二，此次一行，领略了祖国沿海风光秀色，海产品丰富味美，天蓝水清。其三，这次文化之旅非常愉快，为前来喜爱书画的朋友书写绘画，没有半点犹豫和不舍。其四，主办方选择霞浦中学为场地，这是非常好。文化下乡，艺术落校，让学生从小有一个艺术陶冶，增加艺术修养，继承文化传统，是很有必要的。其五，当地县委县政府宣传部门对这次活动给予积极的宣传报道，弘扬企业的声望，宣传文化下乡，艺术为人民服务的宗旨。最后还要讲一点，就是此次文化下乡，我们的艺术水平和为大众服务的心态还有待于提高，还不能完全满足广大人民群众的文化需求，我当努力。"

林常平说："为了霞浦，为了文化艺术能够在霞浦产生深远影响，我们企业应该做先行者，响应习总书记文化自信号召的践行者。企业不但要搞慈善，更要搞文化建设，把霞浦推向全国、推向世界是我的一个心愿，今天首都著名艺术家们走进霞浦只是个开端，我们会年年请艺术家和作家们走进霞浦，把先进的文化理念融进霞浦，为我们的生活中增添更多的文化艺术色彩。"

充满文化内涵的笔会留下了许多欢笑和许多美好的记忆。我们相信，这些都会给霞浦带来意想不到的收获。

过生日，上央视，好事成双

2020 年 8 月 30 日（农历七月十二），这一天对于林常平是个非常特殊也是非常值得铭记的日子。这一天，是林常平 71 岁生日。或许林常平都没有预料到，在这一天他突然双喜临门：应中央电视台邀请，他在这天参加著名经济类金牌主持人陈伟鸿的"对话栏目"，有幸在首都北京度过自己 71 岁生日！太阳刚刚泛出一点红光，林常平就像往日一样在朋友圈里发布了这一"重磅喜讯"，并写下三点感受与朋友们共享："一是信念，只有坚守自己的信念，内心才有远大的追求；二是困难，人遭受的困难越多让自己成长的就越快；三是爱心，爱像口袋，往里装时是幸福，往外拿时是成就感，永远懂得感恩。我一直用这三句话激励自己，成功的人生，要用兴趣去追求，用困难去磨砺，用爱去生活。"

当记者围着林常平询问"71 岁了，为何还不休息休息"时，他回答说："鑫磊集团虽然不大，但也有五百多名员工，按照一家 5 口人计算，那么就是 2500 多人啊，我是他们的长辈，现在身体还很健壮，我为什么不去再奋斗呢？坚持服务社会，解决就业问题，为国家分忧，这是一个企业家的职责。"

林常平说出这样的肺腑之言，不是常人概念中的"倚老卖老"，而是以家长的姿态护佑着年轻人，以家长的爱心护佑着企业的员工。

最近几年，林常平经常在省内给年轻人讲课，他讲述最多的是我希望年轻人先学习后创业，这个学习不是书本上的而是实践中的，从企业里学习，从你身边的人身上学，等你有了经验，长了本领后再去创业不迟。鑫磊是一个大家庭，也是一所学校，我们已经送走了几位中层领导和一位高层领导，他们发展得都很好。我希望越来越多的人能够闯出一条属于自己的路。但是你们要记住，创业从来都不是一帆风顺的，因为时代在不断改变，我们要迎合于世界的经济格局，又要结合我们中国社会的发展，一夜暴富的机会已经不可能有了。只有脚踏实地、真心实意地去创业，才会成功。

林常平鼓励大家去创业，但年轻人为何创业成功的少？他认为年轻人思想观念有问题。现在信贷比较开放，可以从银行借到 2000 万元或 3000 万元。借到钱后不是研究做什么项目可以成功，不是找省市规划院找投资项目，而是租房子、装修、买好车、出入高级饭店，如此享受生活，与嗟来之食者有何区别？你如此这般怎会创业成功？他说："在未来的 5 年、10 年，如果你有 1000 万元，我建议你做 500 万元的事，要留住 500 万元，这叫给自己留条后路，不要因为你要创业了，把所有的钱都投进去，如果你的产品不对路怎么办？要有充分准备，即使企业倒闭了也不要灰心，要立志去总结经验，去把握这个时代的脉搏。我将两句经验之谈送给年轻人，一句是，一切新的东西都是从艰苦斗争中磨炼出来的；第二句话，待人以诚而去其诈，待人以宽而去其隘。"

说到愿景，林常平早在 6 年前就已经未雨绸缪了。他是闽东最先介入机制砂领域的企业家，因为他知道，企业长久稳定的发展一定离不开环保、有前景的项目，上机制砂是使企业更上一个台阶的大愿景；其次是继续发挥金融投资小额贷款公司的作用，以支持小农户和小微企业，以扶持为主、普惠为本；再次提高酒店的服务质量，旅游与酒店相结合，霞浦有无尽的旅游资源，这里的美食和滩涂，大海和海产品，都是将来发展旅游业的根本；最后一项是继续将鑫磊萌萌幼儿园办好，办出特色。在"新冠"肺炎疫情没有结束的情况下，2020年的鑫磊萌萌幼儿园仍然招收 360 个学生，由于他们幼儿园办得好，政府已经将幼儿园作为实验幼儿园分园。

"作为一个企业家，一定要做到四位一体，走产业发展的道路。"林常平如是说。

2020年3月3日，"新冠"病毒正四处蔓延，"全民居家隔离"的日子为我的创作提供了安静无扰的便利。清晨的阳光刚刚洒进书房，我接到林常平先生的电话："我大哥前几天去世了。"这突如其来的坏消息让我吃了一惊。本来是要采访林家大哥的，这对林常平传记很重要，但老人家一直在病中，所以没有采访成功，意想不到的是突然离世了。我想这对林常平一定是个很大的打击，大哥对于林常平而言不仅仅是兄长，更是如父如母。

隔着电话，我也不知该说些什么，只得劝慰了几句，然而林常平却说，前天刚刚处理完大哥的丧事，今天我就要召集大家为霞浦抗击新型冠状病毒疫情捐资捐物。

在接到林总电话短短十天以后，林常平的岳母也因病去世了。一个是他的长兄，一个是他夫人的母亲，一下失去了两位亲人，林常平的心里一定是痛如刀绞。此时，我真希望能陪在他的身边，聊聊往事，喝喝小酒。让他暂且放下责任的重担。恰逢清明来临，一句诗跃然纸上：

你长眠，我长念／你没有留下遗嘱，但你的音容笑貌永远定格在我的心田／你长眠，我长念／无数英雄，牺牲在建设新中国的一线／你呀，女儿，是爸爸的心肝／你长眠，我长念／你走得那么匆匆，美好的青春半点着我们的小屋／女儿，爸爸献你一束鲜花，慰得灵魂安／你长眠，我长念……

疫情当前，媒体上出现了抨击名人诈捐、企业家做假慈善的信息。为什么会出现这种现象？问题在于，很多人把回报社会当成掩盖某些问题的手段，而不是当成一种责任或使命。反观林常平，在第一次创业成功的20世纪80年代，就把支持家乡建设当成"己任不可他让"的责任，他常说："自己是遗腹子，6岁时母亲去世，成了孤儿，两个兄长所挣的微薄收入不足以养活自己，是乡邻中的叔叔婶婶一碗饭一碟菜的施舍把我养大的，他们的每一次付出都让我感恩戴德。长大回报他们、回报家乡这种理念，正是在接受他们的一碗一碟的食物时就种在内心深处的，我为有能力回报家乡感到骄傲和自豪。"他在谈到"人生与事业"这个话题时常说，他赶上了一个美好的时代，让他能朝着正确的方向果敢行事。

在本书的写作过程中，我始终在判断、在确定：林常平到底是个什么样的人？

父母对他是个很模糊的概念，对他一生影响最大的，应该就是他的大哥和大嫂。林常平在缺少父母关爱的环境下长大，是具有复杂性格的一个大男人，一个不向命运屈服的铁汉。如今可以说他是一位成功者，也可以说是个行善者。行善二字易写，但其中的分量却很重。因为，行善不是一朝一夕的事，需要的是"一如既往"的坚持，"一成不变"的乐观，"一门心思"的追求，"一丝不苟"的态度和"一心一意"的笃行。

林常平恰如认定目标不回头的"野牛"，具有企业家必备的特质，坚定、果敢、自信、智慧、守信。更是一位不怕走弯路、经受百般挫折也要站立行走的铁汉！

企业家与企业家其实也有不同，林常平的艰难经历、不凡阅历，成就了他"三落三起"的奋斗史，是极为少见的，但是也可以让后来者进行更明晰的辨识和更深入的思考。

通俗些讲，林常平是个拿得起放得下的小个子的大男人；高调些讲，他是个胸怀宽广、志向远大且始终不渝地将慈善进行到底的仁者。我觉得霞浦这个地方对他而言其实小了些，但他的存在又使霞浦这一方海湾多了几分幸运。若此书能流传于世，便是读者的一个幸运。倘若有人可以学到林常平的慈善之心，不屈不挠的奋斗精神，行善而不悔的壮志，便是社会的大幸，人民的大幸，作者的大幸。

商海解语：以失败为师

在每个人成长的进程中，几乎都是以成功者为师，自上小学始，教科书和老师们就列出了许多伟人和成功者的事迹，以鞭策和鼓舞每一个成长中的学生。但是，如果一切向"成功者"看齐，这可能使有些人堕入一种幻觉当中，他们认为自己也可以成功，而一旦自己难以获得成功时，就感到命运对自己的不公。所以，以成功者为师，应该有其选择性，你不可能学习每一位成功者，也并非所有成功者的经验都有必要去学。有一位哲人说，我把失败只看作是我选定事业的一部分。如果我被失败吓倒，我就不会成为可称之导师的人。所以一个人要学会不从个人的角度看待失败。优秀者必须具备一点凤凰涅槃的精神。

处于高速发展的社会环境中，许多人都渴望成功——快速成功。然而，这些想快速成功的人难免会产生投机取巧的浮躁心理，最终的结果常常是欲速则不达。其实成功有其既定的轨道，就像地球有其运行轨道一样。

在人生成长过程中，总也绕不开成功与之相对的失败。有一句话是这样说的："成功是成功者的纪念碑，失败是失败者的墓志铭。"就好似"成者为王败者寇"。人们追求成功，更加仰慕成功的人，而对失败却不愿启齿，甚至是嗤之以鼻。其实，每个人成功之路都差不多，都伴随着坚韧不拔，努力奋进，搏击前行……所有积极向上的词汇可以将成功之路铺满。但是，失败则不同，每个人的每一次失败都是千奇百怪的。所以奋斗者若以"失败为师"，成功的可能性会更大些。

我更相信失败乃成功之母，而以失败为师，成功可以走捷径。

第十三章

七旬完成"迁移壮举"，
百年官宅复活黄金海岸

做企业家首先要有文化，不能只是为了赚取社会的财富、而不对社会回报和百姓付出。企业需要赚钱，因为不赚钱的企业就不可能发展壮大，但只想赚钱的企业一定走不远。企业家要有钱，但更要有文化。

——题记

"同为企业，但各行各业存在着诸多的差异，而企业家却有着很多共同点，他们都在为社会做着贡献，解决就业问题，向国家纳税，合法合规地进行着经营活动。当然每个企业家的格局不同，这就决定了他向社会的回报也不相同。有一种企业家只为赚钱，不知回报社会；有良知的企业注重社会回报。你想成为什么样的企业家，不看你如何去想，而是要看你如何去做。"这是林常平从一位企业理论家那里得到的"真经"。如今，他再次创业已近二十年，他正一步步地、脚踏实地地向着自己的目标迈进。

"十三五"期间，福建省打响"清新福建"品牌，加速建设全域生态旅游省的步伐，以打造清新海岸度假、清新生态体验、清新生活休闲三类产品为重点，实施旅游景区的创新提质工程。

林常平的经济嗅觉非一般人可比，福建省的旅游新政让他心里一动，他知道这是千载难逢的机遇，同时也知道自己需要什么，应该怎样做。此时，利用闲暇时到他出生的下浒镇外浒村海边走走，寻找他的"新大陆"。果然，在下浒镇外浒村的海岸边发现了一处绝妙的风景：绵延的山冈名曰卧龙岗，岗前是一片金色的沙滩，岗的对面是茫茫大海，对面就是我国的宝岛台湾！这种背山面海的独特景致，具有极佳的地理位置，如果要做康养文旅项目是无二的绝佳之选。

从下浒镇回来，林常平立即成立了康养文化旅游部，招兵买马，组建团队，负责规划设计，项目落实方案，于2019年在自己的家乡霞浦县下浒镇外浒村，启动了一个在霞浦前所未有、宁德市重点项

林常平与夫人张桂玉在"卧龙岗康养文化旅游项目"启动仪式现场

目——建设面积将达 18.6 亩，总投资达到 3 亿元的"卧龙岗康养文化旅游项目"。

在他的设想中，这个项目涉及一座翰林第古宅、一家度假养生酒店、一个海洋生物展览馆、一艘红船和民俗体验中心……他要将这个"卧龙岗"项目打造成一个闽东地区集休闲、度假、旅游及文化活动的中心。面对着这张宏伟的蓝图，林常平觉得身上的担子又重了一分，但他同时也觉得自己的雄心再起，就像一个久经沙场的老将军，又一次横刀立马于阵前，带领着众将士冲锋陷阵……

为无名者立碑，功德险被抹黑

卧龙岗文旅项目正式启动后，首先是"四通一平"，即通电、通水、通路，通网络和平整土地。在"四通一平"的安装实施中，每个方面项目部都要协调关系，一切都按部就班地开始了有序的工作，就算有不好解决的问题，项目部也能自行化解，项目似乎进入了正轨。但是，难题还是接踵而来了……

"林总，不好了，挖出死人骨头了⋯⋯"一大早儿，林常平接到的第一个电话竟然是工地挖出了遗骸。林常平马上从公司赶往卧龙岗。

原来，在平整土地时，施工队的小伙子们在外浒海滩上的一处被当地人称之为"乱葬岗"的地方，几铁锹下去没有想到真的挖出了尸骨，再挖，竟出现了令人胆寒的景象：两具、三具⋯⋯挖出来的骨头摆在地上一大片，被海风吹着，虽然是在阳光下，却令人感到冷森森的，似乎能听到一声声哀怨地哭泣。施工的小伙子们有些害怕，谁也没有胆量去处理这些不知名不晓姓的遗骸。林常平的到来让他们有了主心骨。

林常平马上向有关部门报告，经有关部门的专家们辨认后确定，这里一共有 134 具骨骸，并且都是 1949 年前后就已葬在此地的。对于这些骨骸姓甚名谁、为何会葬身这里已无从查找了，至于该怎么处理，就由现在的土地使用者做主。施工队负责人觉得要是随随便便地将这些骨头扔进大海，有些不妥，可以说是对死者的大不敬；而且也难以安心，晚上睡觉都会做噩梦。但要是葬了他们，又往哪里葬呢？怎么个葬法？什么名头？你一言他一语的，林常平觉得心里突然沉了一下，好像被一块千斤重石往下一坠。他没有马上回答，而是告诉大家，保护好这些遗骸，先用布盖好，任何人不允许接近。

林常平做事是有板有眼的，他走进了村子。这件事整个村子的人都已经知道了，大家看到林总来了都在窃窃私语。林常平找到一些村中的长者与他们一起聊了聊这 134 具骸骨。老人们眯缝着眼，满脸的皱纹堆在一起，其中有个 80 多岁的老人跟他说：埋在这里的尸骨中，肯定有几十位是咱们中国人民解放军的战士，当年解放西洋岛时解放军与敌人作战时牺牲的战士就被埋在了这里。其他的那些估计都是当年往台湾跑的资本家呀、地主呀还有土匪头子们，由于海峡的风大浪高，他们乘的船被巨浪打翻了，就顺着海里的暗流给冲到了这里，村里的人看见了，就给捞了上来，埋了。

林常平听后心里有了谱，这134具无名的尸骨现在已经不可能讲清楚他们的来龙去脉了，不管怎样，里面肯定有几十位牺牲的解放军战士，就算是为了他们也不能随随便便地将这134具尸骨处理掉，应该给他们找到一处安身之所。死者为大，要以崇敬之心安葬他们，再花些钱立个墓碑吧。

林常平把想法告诉了项目组的成员李自成，让他尽快找一块风水好的地方，为这些遗骸埋藏立碑。李自成办事效率极高，立即寻找到一处风景好的地方。

林常平买了134个陶罐，分别把134具尸骨放了进去，分别给134个陶罐编上了号，然后一一入土，还砌起了一个砖石的坟冢。为这些不知姓名者立了块"无名公婆之墓"的碑。在立墓碑时举行了一个简单而庄重的仪式。一些村里的村民有的也自发地参加了这个小小的送别仪式。林常平肃穆地站在墓碑前，心里默默地念叨着："134位前辈们，今日你们算是见了天日了，无论你们来自哪里，做过什么，都请你们安息吧，希望你们的魂魄能回归故里，保佑你们的家人平平安安，也希望保佑我们下浒镇和我们鑫磊集团越来越好……"

本来这是件功德无量的事，但谁承想这件在常人看来是积功颂德的好事，有些别有用心的人却利用这件事，去当地政府告了林常平一状！

"现在国家不是禁止随便自建家坟吗，林常平作为县政协委员，却要在外浒这块风水宝地上建个坟头儿，这不是与政府对着干嘛，这还了得，要是不马上制止，我们也上山建个祖坟……"

"这还了得！"民政局的执法人员一听就急了，马不停蹄地找到了林常平。此时的林常平已经知道有人把他告了，对风风火火赶来的民政干部们笑脸相迎，和颜悦色地说："你们先喘口气，平静一下，听我慢慢跟你们讲。"林常平请民政局的同志们坐下后，说："首先声明，

无名者墓碑

建这块坟地不是我个人行为，也不是我们公司任何人家属的坟地。那天我们在海边施工无意中先后挖出134具遗骸，无名无姓，不知道怎样处理。我问过村里的老人，他们说这其中有几十具是解放军战士的遗骸。这些尸骨如果有名有姓，我一定帮他们找到现在的亲人，亲自交到他们家人的手上，但是他们都是些无法查找的人，特别是那几十位人民解放军的战士，他们是无名英雄啊，我又没有办法把他们单独找出来。既然有这几十具解放军战士的遗骸，我就更不能把他们草草地处理掉。所以是我决定由公司出资，将这134个人安葬的。无论他们来自于哪里，但是他们的生命都是在这里终止的，那么就让他们体体面面地葬在这里吧，让他们死后有个安身之所，让他们的灵魂可以回到故乡。"

民政局的干部们听林常平这样一说，无不佩服林老爷子的气魄，于是找到告状的村民讲明了情况，也说明了政府的处理意见。周围的村民们也是识大体的人，认为林常平的做法是对的，他是在做一件多少年来没有人过问，更没有人做的大功德。

英灵保佑，百米深井喷甘泉

无名者墓碑的事件刚刚解决，更大的困难又摆在林常平的面前——缺水。

任何旅游项目的启动，一定是有山有水，而这水除了江河湖泊外就是饮用水。不幸的是，外浒村自古是个缺水的村庄。人们吃水都要去隔壁的村里讨水，所以卧龙岗项目中遇到的头等难题就是水源的问题。整个项目中包括古代景观、酒店、休闲度假、餐饮，如果饮用水不足，要从几里地外的地方送水，整个项目不仅花费太多，也会给整个项目带来巨大的挑战。

当时启动这个项目的时候，林常平就有所顾虑，但他就是这么一种人，从来不把困难当困难，而是当作挑战，是乐趣。他自然有几套备选方案，但是再多的备选方案也要根据实际情况，况且事情总是在瞬息万变当中，作为一个企业家应该有一个战略的眼光，不能只停留在眼下的事务上。做旅游开发不光拼财力，更重要的是拼魄力，当然还要有几分的运气。

运气就这么不声不响地悄然而至了。这天有个打井队的队长毛遂自荐林常平。在林常平的办公室里他自我介绍说：我们是一支退伍军人打井队，有过许多打井经验。他拍着胸脯说："林总，我可以承包卧龙岗项目打井的工程。"

林常平看着这个带有军人气质的队长问："你要给我打井？你怎么判断地下到底有没有水呢？打多深才能出水？这一代的老百姓吃水都非常困难，以前也打过不少井，但都没有出水。"

队长胸有成竹地说："我听说您为十几位无名的解放军战士立碑造墓，我们是退伍军人，我们要报答您，地下的战友也会保佑我们的；其二，这个地方自古就叫卧龙岗。有龙必有水，这里群山环绕就像一条腾飞的巨龙，怎么会没有水呢；其三，他们只是没有找对地方，也缺少足够的耐心。"

林常平看着这位退伍军人队长说："军人从不打无准备之仗。我不是不相信你，我是提醒你，这里千百年来从未有人挖出过水来，传说很多，可是一滴水也没有出过。"

退伍军人队长点头说："我们已经考察过了，这下面必定有个龙穴与海相连，挖下去肯定出水，而且还会是好水。"他又顿了顿，说，"我们军人是说到做到的。我有一个要求，就是您不能随随便便地说停工就停，龙穴必是深藏地下，不可能那么简单就能给挖到的，不要怕花钱，只要您信得过我，我就能给您挖出甘甜的水来。"

林常平见此人信心满满言之凿凿，觉得这倒挺有意思的，于是当场就拍了板，说："好。我相信你，一定要给我打到出甜水来哟。"

这个打井队的队长姓崔，后来一下子就成了个家喻户晓的人物。不过不管崔队长的豪言壮语说得多么响亮，打出甜水来那才算是真本事。

打井开始了。所有人的目光都聚集在钻井机上，一般的井打个20米、30米的就能出水，可是崔队长的打井队连续操作几天，设备都下到了50米，还没嗅到水的味道。"自古以来这里就没有水，谁打也是白搭。"有旁观者开始说风凉话了，"这里不是没有人打过井，可就是打不出来，瞧，都50米了，还是一滴水的影子都没看到，我看这卧龙是瞎起的名字，肯定打不出水来。"

崔队长听见这些风凉话后，既不反驳也不理会，整天一副信心满满的样子。但他心里还是有点起急，他一刻也没有离开工地，指挥着战友们钻井不止。

"深度60米""深度70米"。"队长，还挖不挖？"

"挖，再往下挖，听我的，大家再加把劲，马上就要出水啦。"

"队长，90米了，""队长，120米了，还是没水！"这时大家再次议论纷纷，一个个的脸色都很难看，只有崔队长还是一副信心十足的样子，不过，话比平时少了许多，眉头比平时紧了两分。

此时林常平也知道了深度与进度，他跑到工地上来。崔队长一见林总来了，便让大家休息。他走到林常平的身旁说："林总，现在已经打到130米了，土壤有些湿润，并且挖出了砾石了。"他垂下眼看了看自己的脚尖，然后又抬起双眼直直地盯着林常平，问："还继续打吗，林总？"林常平毫不犹豫地说："继续打！"

与其说林常平是信任崔队长，不如说他是信任自己。140米，依旧没有出水。这时天色已经晚了，林常平对崔队长说，明天再干吧，明天是个好日子。

"明天是个好日子？"崔队长看着林常平有点莫名其妙。林常平朝他笑了笑说："是好日子，6月18日。"

6月18日，这天的早霞非常美，工人们早早就来到工地，他们继续着打井作业，145，148，150米。"出水啦……"不知道谁喊了一声，大家从四面八方跑到井边，只见水一股一股地和着泥沙，翻腾着小石子滚了出来。崔队长心中一喜，大喊一声："打，再打五米！"又向下钻了三米左右，井水迫不及待地从地下喷涌而出。先是泥浆，然后……然后就是清澈得像山泉水一样清亮的水，飞溅着晶莹的水花儿，咕嘟咕嘟、哗啦哗啦地从深井中冒了出来。

当时的情景可以说是蔚为壮观，水源源不断地涌出。水就是财，水滔滔而出，财就会滚滚而来。林常平看着这奔腾的深井之水，倒是真的有点儿相信崔队长所说挖通了龙穴，也许在冥冥之中真的有一条古老的神龙在助他一臂之力！

这井一天的出水量可以达到120吨。林常平听到了这个数字后心花怒放，他仔细地核算了一下，项目建成后的用水量和附近村民生活用水加在一起不过60吨左右，剩下的一半可以制成瓶装水出售，这样一来，每个月光是卖水就能给他回馈几十万元，这水还真就成"财"了。说出售瓶装水，这是个远景规划。眼下就有一笔好买卖，当地有两个在建的核电项目，项目负责人听说林常平这里打出了泉水，而且水质很好，水量又足，就找到林常平，希望林总能直接铺个饮水管线，帮他们解决一下目前的生活用水问题。

出水了，各种美好的向往都可以尽情畅想，当夜色落下，一弯明月挂在半空。林常平想到今天是 6 月 18 日，是自己重新获得自由整整 16 年的日子。16 年间再创业、拓展业务的艰辛自不必说，而这个投资 3 亿元的卧龙岗康养文化旅游项目，最重要的是水的问题，如今水的问题解决了，他怎能不欣喜若狂？

林常平难掩激动的心情，他在海边走着，心里盘算着："水是万物之源，水的问题解决了，我就可以建一个淡水游泳池，游客们可以在大海里畅游，也可以在游泳池里一显身手，孩子们更可以在儿童游泳池里嬉戏，回来再泡个热水澡，蒸个桑拿，那是何等的身心放松呀。晚上在这海边赏月观星，吹一吹海风，听一听海浪声，年轻的情侣们在星光下漫步，享受爱情的甜美。卧龙岗会给每一个游客留下难忘的印象，我林常平 70 岁再创业，打造出一处人间仙境，也算是一次再成功呀。"

清朝翰林第，靓了卧龙岗

"卧龙岗康养文化旅游项目"虽然有困难，但也一步步地推进着，地平整了，泉水冒出来了，下一步就是考虑在海岸上建造房屋，建造红船，如何建造，怎样建造？建造什么风格？这一串串的问号，在林常平脑子里盘旋着。

想什么就有什么，这是人们对林常平的评价。2019 年的一次朋友聚会时，一位在高铁部门工作的朋友闲聊时说，江西鄱阳湖岸边的一个叫刘家村的有座古宅，是清代的官宅，品相极好，可惜将面临拆除。说者无意听者有心，林常平立马来了精神。他问这位朋友，有没有更详细的资料。朋友说，他手机里有一张照片，于是打开微信：古宅建于清代已有两百年历史，但难掩古色古香，雍容大方之气。

林常平此时心里一动，就好像有一个手指突然拨动了心弦，让他全身的血管跟着颤动了一下，随后便眉开眼笑，心说：自己一直想在家乡海边开发一个旅游项目，但总是没有画龙点睛之笔。家乡有山有水，有森林有大海，还有最好的滩涂，哪儿都好，就是少了那么一点儿文化的气息。要创新，要提质，光靠那些山山水水怎么行，这座清朝的古宅简直就是神来之笔，我可一定要把握住机会。

林常平虽然有些迫不及待，但作为商人不能表现得太热切，于是他便十分委婉地询问了价钱。朋友说要与当地人对接。

"好啊！那就去看看！"林常平脱口而出。

走进鄱阳湖畔的刘家村，林常平就从湿润的空气里闻到了一股忽来忽去的淡淡的樟木的香味。陪同他一起前来的村干部跟随在左右，一直十分殷勤地向他讲述着那座翰林第的故事。原来这座翰林第是清代学者刘子钎的宅邸，嘉庆年间刘子钎在朝为官，据说他才华横溢做官清廉，深受皇帝的信任，后来官至翰林，晚年荣归故地。朝廷为表彰他的功绩，特为其建造了翰林第。现今我们看到的这座翰林第，当年是由名工巧匠设计打造，精雕细刻，将徽派建筑风格体现得淋漓尽致。二百多年过去了，翰林第基本保持着原貌。村干部讲得眉飞色舞，卖力地用着一口江西味普通话滔滔不绝，又略显遗憾地说，不巧的是这座古宅正好处在设计中的高铁线上，我们只好忍痛割爱。他努力观察着林常平的面部表情，很想从这个福建人的脸上看出些蛛丝马迹。

此时林常平的脑子里正在飞快地运转着。他认真地听着村干部的介绍，随着村干部的引领，在这座他已经看准的古宅里转着圈子。他仔仔细细地研究着那些精美的雕刻，手搭凉棚透过耀眼的阳光观看那些漂亮的飞檐，不时地点点头，不时地又摇摇头……最后，林常平与村委会和相关部门坐在了会议室里。经过几轮协商，以六百万元的价格买下了这座古宅的权属，还包括了拆解、运输、安装和修复等一应的所有费用。

林常平拿着这份合同和翰林第的照片回到了家乡。霞浦县政府的领导们吃惊地看着他：林常平此行县政府是知道的，但却没想到他这么快就把那个"什么第"给买下来了。对于迁移古建，整个霞浦县林常平是第一个，整个宁德市恐怕也只有他林常平有此胆魄了。从县委、县政府到镇委、镇政府直至村委会，上下一条心要全力以赴地把这个项目建设好。

县委、镇委多次召开会议，一、二把手亲自研究这个项目如何落地开花，县委书记根据林常平提出的申请报告做出批示，上下形成了战略一致，解决项目实施遇到的难题和关键节点。领导有决心，林常平自然有信心，政府各部门十分给力，三者结合形成了强大的推动力。

政府支持，政策很快落地了，在林常平考察过多次的下浒村海边划出了一块20多亩的项目用地，而这块地属于28户原住村民所有。地上还有一些村民自己建的旅游设施。这些旅游设施十分的简易，质量也不过关，与林常平心目中的那个宏伟蓝图实在相差甚远。

这么漂亮的海滩，这么美丽的大海配上如此"破烂"的设施，林常平简直是无法直视。他要把这块地的面貌彻底改变，他要让后来者们再也无法辨认出它本来的破败景象，他要让这里成为一个新的地标，一个集康养文化、旅游休闲为一体的游乐中心。

不过，任何一个新事物的出现都不会一帆风顺。征地拆迁的工作如期开始了，果真没有如期望的那样顺利。对于这片土地林常平是有感情的，这里是生他养他的家乡，这里留下过父亲的身影，这里飘荡过母亲的味道，这里有他童年的梦想……为了家乡的建设，林常平在成功之后不停地捐资、不停地助学、不停止地援助渔民村民，他本以为这里的父老乡亲们会支持他，会为他捧这个场子，因为项目最大的受益者是这里的渔民与村民。

这块曾经姥姥不疼舅舅不爱的荒地废滩，听说林常平要买下来，一时间成了宝地、金地。乡亲们相互传着："大老板要来投资了，咱这儿要拆迁了，这可是千载难逢的好机会。"

政府的征地工作开展得异常艰难，就更不用说向纵深进行了。面对村民们的坐地起价、狮子大张口，工作组只好来求助林常平。林常平也一直在关注着事情的进展，对于征地遇到的困难早有耳闻，心里也一直在盘算着，他觉得还是亲自走一趟外浒村更踏实一些。

林常平已经坚持了几年不间断地给下浒镇捐资助教、修路、扶贫，在基层他坚信自己有着很高的威望。他是一个企业家、一个商人，凡事应该把经济效益放在最前面，但他也是下浒镇人，这次要面对的不是商场上的竞争对手，而是他的亲人们。和乡亲们讲经济、讲效益、讲竞争都不行，他们要的是"天价"，林常平知道他无法给他们想要的"最大"利益。

"我该如何去面对他们呢？"林常平思索着。这件事已经让他好几个晚上睡不好觉了。一合上眼心里就好像有一块石头堵在那儿，让他喘不上气来。他只得坐起身，微闭着一双眼让自己进入一种迷迷糊糊的状态。"村民们的生活并不富裕，能够存下一笔钱是人之常情，这笔钱是他们卖地所得。地，是乡亲们的命根子呀……安顿好他们是我林常平的责任。"

这天风和日丽，林常平收拾好自己的心情，去了下浒镇。他几乎走访了所有的村民，详细地了解了情况，给村民们讲解了自己的设想、规划，描绘出一个光明的未来。林常平说，卧龙岗文旅康养项目会给咱们下浒镇带来许多就业的机会，带来许多商机，像民宿、餐饮业、食品加工业，会让咱们村民受益无穷。大家想想，一个大的文旅产业在下浒扎根，我们的前景会有多么美好。富裕、美好、快乐的生活不是梦，它就在我们的眼前，但是需要我们的通力合作。没有乡亲们的帮衬，我林常平一事无成。如果不拆迁，这里还是现在的老样子，无人问津，年轻人还得到外面去讨生活，年老人只能在这里每天默默地看着日头东升西落……

林常平一向说一不二，他除了给村民们画了一幅美丽的波澜壮阔的图画，还把村民们也画了上去。一旦项目落成，村民可以优先就业，可以回来经营民宿，从事餐饮旅游，把自己的美丽家乡推向全福建，推向全中国，推向全世界。他的慷慨陈词让村民们的确动了心，谁都明白"鸡生蛋，蛋生鸡"的道理，有了母鸡还怕没有蛋吗？光靠那点补偿款和一两套房能有多大的作为，若是这里真如林常平所说，那可是天大的好事呀！

问题算是一个一个地化解了。林常平在政府补偿的基础上，根据地块情况每亩多补助 10 万—20 万元，村民们拿着白纸黑字、按了红手印儿、盖了大公章的合同，都乐呵呵的。

自从卧龙岗文旅康养项目顺利启动后，外浒镇的房价就水涨船高了，据说原来 10 万元的老屋无人问津，现在几十万元、一百万元都买不到。林常平那幅波澜壮阔的画卷还未完成，村民们就已经开始享受到了阳光雨露。

林常平看着村民们那一张张的笑脸，看着项目日新月异，他很是欣慰，但也很心酸。他并不心疼钱，而是心疼他的时间，他花了大量的时间，才做通村民们的工作。林常平真切地感觉到对于一个七十多岁的人来说，时不我待。由于征地问题而耽误的时间，他要怎么才能追回来呢？

2020 年的 10 月，林常平带着一干人再一次来到了卧龙岗康养文化旅游项目的施工现场。来自江西的翰林第古宅的地基正在施工中，他要把这座翰林第安放在一个高出地面 6 米的基座上。现场的工人很多，但都有条不紊。大伙看到林总来了，就更加卖力地干着。天空中飘浮着一些零零碎碎的云，阳光在这些云间穿梭，平静的海面上闪烁着一片片耀眼的金色。林常平的心有些澎湃，微风从他身边拂过撩起了他的头发。这让林常平的精神一振。卧龙岗文旅康养项目一旦建成，那这里可能就会成为"福建的北戴河"，宁德的新地标。

卧龙岗项目启动以后，从宁德市到霞浦县都给予了大力支持。政府投

林常平（左二）在古建筑翰林第移建现场。其他三人是：赵晏彪（右二），吴初宝（左一），兰高养（右一）

资了30亿元修建的霞浦县东冲半岛风景观光道——"东海1号"。

这条"东海1号"旅游观光路的起点是北壁乡的东冲村，终点到松山街道的下岐山视界园，全长93.5公里，工程为期三年。尤其值得庆幸的是，这个景观大道将从外浒村海岸边通过。当林常平得知霞浦县要修"东海1号"观光大道后兴奋不已，他心里清楚，如果这条"东海1号"能够经过外浒，那么对于卧龙岗项目来说可是巨大的助力。它不仅可以吸引游客走上这条观光大道，更可以把他们留在外浒，留在卧龙岗。一定要促成这件事。林常平暗暗下了决心。只要是他想做的，他都会全力以赴。

林常平把旅游局、交通局的领导请来进行了一次实地勘察，还把厦门设计的那条观光大道的图片拿出来给领导们讲解，强调"东海1号"如果能采用这种半悬空式的设计，会更有创意，也更能让游人们

有一种身临其境之感，若"东海1号"能在外浒海岸通过，可以有效放大霞浦旅游产业的总体效应，最终他的建议被县政府采纳。

"东海1号"项目的谈成，对林常平和卧龙岗康养文旅项目的其他投资人都是非常大的鼓励与支持。更让项目参与者没有想到的是，县里决定在卧龙岗文旅项目主体建筑的北侧修建一个"农民公园"。这样就与卧龙岗项目形成了一个联通互动，使整个下浒镇有一个完整的文旅定位，在整体性与规模化上也有更大的提升。

林常平晚年设计的这个宏伟项目，真正成为拉动经济文化发展的龙头项目——气势如虹、龙行四海。"老夫聊发少年狂，左牵黄，右擎苍，锦帽貂裘，千骑卷平冈。"苏轼的这首《江城子》，正是林常平现在的写照。

"东海1号"观景大道建成后，"翰林第"将成为这观景大道中的一个不可或缺的绝佳风景。

古宅涅槃重生

2021年7月16日，"卧龙岗康养文化旅游项目"第一期——清代官宅"翰林第"复原工程，在福建省霞浦县下浒镇外浒村落成。昔日无人问津的"乱葬岗"，今日彩旗飘飘，人头攒动，一座价值连城的两百余年的官宅屹立岸边。下浒镇镇党委书记在致辞中说道：

这样一座具有清代历史建筑风貌的官宅，差点就湮灭于城市拆迁中，现在官宅的木构架能被完整地保护下来，经修缮恢复原来风貌，是我们下浒村一桩幸事、好事、大事。

下浒镇千百年来一直默默无闻，这里的人民守着这片海，自给自足。今天，我们因为这座清代翰林第完整搬迁到了我们下浒海岸，这是我们下浒镇的荣耀，也是我们下浒、霞浦乃至宁德地区的一张亮丽的文化名片。让这座有两百年历史的大宅院有一个"新家"，我们将会迎来全国各地的游客光临，下浒镇从此将名声鹊起了！

吃水不忘记挖井人，我们要感谢从咱们下浒镇走出去的著名企业家林常平先生，他不忘家乡，回报家乡，将我们这片从来没有人光顾的海滩，打造成了黄金海岸，特别是这座清代建筑，屹立于岸边，依山傍水，美轮美奂，成为这片海滩的点睛之笔。为此下浒镇要为这座翰林第立碑，要为林常平先生立碑。

下面我宣读碑文。

这栋来自江西鄱阳湖地区的嘉庆年间"翰林第"老宅，在即将拆迁之时被抢救存活下来，历经一载完成它的"迁移壮举"——从江西一榫一卯、一转一折历尽艰辛运到福建霞浦，在古建筑修复设计师和传统木作匠人努力下，重新拼装，精心修缮，终于涅槃重生，复活在福建霞浦的黄金海岸上。

江西鄱阳湖，因湖得名。湖边有个刘家村，村庄不大，气度不凡，因清代官宅"翰林第"闻名遐迩。官宅主人姓刘名子钎，刘家村人士，于清代嘉庆年间官至翰林学士之职。

公元 1809 年，清嘉庆十四年，刘翰林晚年荣归故地，因皇上赞其"政绩卓著，为官清廉，赐翰林第一座，以示褒奖"故，地方官员集百余能工巧匠，两年期间一座恢宏"翰林第"轰动鄱阳湖，世人仰慕不已。

此座"翰林第"，占地 535 平方米，建筑工艺精湛，雕花斗拱，精美花楼无不彰显了该宅第的雍容与豪华，使整个房子体现了它的艺术价值和中华民族勤劳智慧的建筑文化、官宅文化，为后人了解中国历代建筑提供了极其完整的活标本。观者无不感叹，既是朝廷对刘子钎为官清廉之奖掖，亦有鼓励后生向前辈学效之意，成为鄱阳湖边一带标志性建筑和家乡百姓们的无上荣耀。

历经两百余年时光，"翰林第"风貌未变，虽表面沧桑，烙上了岁月痕迹，但仍旧樟香四溢、风韵犹存，凸显着刘公之伟绩，传承着中华文化之灿烂。

进入 21 世纪，中国建设高速发展，高铁将从江西鄱阳湖的刘家村通过，既喜亦悲——这座 212 年古宅面临让路、拆迁之命运。

此消息传到福建霞浦著名企业家林常平的耳际，他立即前往。望着这座集古代建筑精华的"翰林第"，林常平心潮难平，现在霞浦正处于旅游业大发展时期，提升文化品牌之际，倘若将些古宅整体迁至霞浦下浒海边，既原汁原味地保护了古宅，又可带动旅游业发展，我林常平在古稀之年也算是功德圆满。

从古到今，传统的中国文人心中谁人没有向往一方一处清净桃源？内心的向往投射到对生活环境的追求中，便是居室无须高楼玉宇、雕梁画栋，却要砚润炉温、雅致清幽——开门见大海的悠然怡情，闭门可小酌清欢，晨起能抚琴写字，入暮可焚香听涛……

吸引林常平收藏古宅的原因，有古建筑的稀缺性与不可再生性，更重要的是他对传统文化的认知，对家乡旅游业的带动，对社会的贡献的驱动。

几经商谈，一锤定音。林常平斥巨资将这座翰林第原貌复原，屹立于霞浦县下浒村的黄金海岸之边。

"翰林第"主体木构架复原完成后，梁柱硕大、建筑高敞。走进内部，只见官宅古色古香，雍容大方，建筑富丽堂皇，由前后两进房与两侧的厢房围合中心天井构成；建筑格局开阔、张弛有度，尤其是屋架、斗拱、雀替、垂花等雕花部分质朴大气、气韵生动。同时，梁柱、户牖、雀替及柱础满布木雕装饰，精工雕刻人物、飞鸟、卷草、团花、仿锦等图案，呈现当时官宦人家的气派。

2021 年，正值辛丑年夏，晨霞四射，鞭炮齐鸣，海浪滔滔，古宅巍峨，根于下浒，背山面海，气韵不凡，根根雕梁，古韵溢美，穹隆藻井，旧貌新颜；通八卦之理，彩中和之气，延匠心之作，耗一载时光，呈国之繁荣昌盛，现常平阔之胸襟，山海为证，佳话流传，古

为今用、以古鉴今，为后世效仿刘子钎翰林学士之风范，纪念林常平
之善举功德，特立此碑，永世铭记。

辛丑年仲夏。

掌声欢呼声再起。

"下面有请林常平董事长讲话。"

台湾国民党前主席洪秀柱，题写"海峡两岸民俗文化交流会馆"

林常平走上主席台，他环视了一下台下的亲朋乡友，激动地说：
"我是共和国同龄人，七十二岁了，我还能够用自己的剩余价值回报
家乡，回报社会，这是我的荣耀。今天是我们'卧龙岗康养文化旅游
项目'第一期复原工程落成仪式，这座清代官宅如果被拆除，可惜了，
如果被迁移到其他地方，同样可惜。现在她落户在咱们下浒海岸，翰
林第将会在这里发光发热，发挥她的文化价值。

"这座翰林第的对面，也就是大海的对面，是我们祖国的宝岛台

湾。海峡两岸不会因为台湾海峡被阻隔，我们同根同源，为了促进两岸和平统一，增加两岸人员的民俗文化交流，这里将成为两岸人民相聚相乐的一个场所。特别要感谢台湾国民党前主席、国民党内反对'台独'，推动两岸交流的代表性人物之一的洪秀柱先生，专门为我们题写了'海峡两岸民俗文化交流会馆'，并希望我们为促进两岸和平统一贡献力量，成为连接两岸文化的伟大桥梁。"

掌声异常热烈。

林常平接着讲道："我们的第二期工程是建造一艘红船。中国共产党第一次代表大会就是在红船上召开的。我们建造的这艘红船，是请上海同济大学设计的，红船虽然是新建造的，但她的精神是永久的，我们要永远记住红船，发扬红船精神，记住我们的灿烂文化，记住没有共产党就没有新中国。"

望着村民和来自四面八方宾朋的笑脸，我侧目见到林常平，他那双炯炯有神的眼睛中隐隐有了泪花。这是他七十岁以后的最后一个大项目，尽管资金压力、困难程度和耗时耗力，都未能使这位年过七旬的企业家停止前进的步伐，因为他知道，这是他一生中最为辉煌的作品。就在工程进行到关键时刻时，他心脏病突发，不得不进入医院进行治疗。夫人心疼地说，常平，咱们歇歇吧，你的身体要紧。

然而当林常平身体刚刚恢复，便第一时间跑到工地，询问项目进度，查看工程质量。村民调侃说，我们只要远远地看到那个个头不高，在太阳下一站就是个把钟头的老头，就知道一定是林常平。

坐在翰林第那间茶室里，林常平边为我泡茶边说："这是我人生做的最后一件事，也是完成我心愿的一件大事。"

我知道，这是他的真实心声。一位年过古稀老人还要以投资上亿资产，去做一件惠及家乡的功德之举，这不仅需要勇气，更需要一种大格局和大情怀。

这些年来，林常平做事的风格，无不以"三不问"为准则。"三不问"即：不问过往。过去无论是辉煌，还是失望，都已是过去时，要做的是过好当下，展望未来才是最好的选择；不问结果。人活一世，很多人太在意结果，或者害怕失败，做事情缩手缩脚，其实这样也很难取得成功；不问人心。人心是复杂的，不要过多地去究问别人对自己的看法，不能要求每个人都真心对你。

生活如海，潮涨潮落；不要想得太糟，也不要想得太好；保持平常心，心常平，无论日落日升，皆以照亮天地为己任；有付出，即会有回报；有善举，人心则颂。

商海解语：文化，是造就优秀企业的翅膀

当今时代，文化在企业中的地位和作用越来越突出，不仅是凝聚力和创造力的重要源泉，更有利于激发企业员工的创新活力。文化对人的影响是潜移默化的，不仅影响人们的交往行为和交往方式，将影响到企业的方向是否正确。优秀文化能丰富人的精神世界、增强企业的竞争力，强化员工的素质。员工素质提高了，企业自然会产生发展的新动力。因为，企业刚刚初创时打下了良好的文化基础，企业做大后文化就像坦克的燃料一样，推动企业快速前进。

常言道，"罗马不是一天建成的"。企业如树，不是一天培养长成的，需要浇水（资金），施肥（文化），阳光（政策），剪枝（帮扶），这棵树苗才会茁壮成长。

民营企业需要文化成长的"三种力"，阳光属于外力，而施肥是内力。自身贫瘠，阳光与水都不会令其"根深叶茂"，只有自身富有了、强壮了，再有阳光和雨露的给予，企业文化之树才会葱茏高大、生机勃勃。

文化使企业自信，文化使企业不盲从，文化使企业知进知退，文化使企业不偏离轨道。正所谓没有文化的企业长久不了，企业的升级根本上是文化的升级，企业的百年辉煌，根本上是文化的根脉

源远流长；否则就不可能取得大的成功与百年企业的荣耀，因为精神的高度是由文化决定的，而决定一个人、一个企业的事业高度，同样在于文化。

林常平懂得文化的价值，所以在企业规模不大的时候就开始让文化生根于企业，现在企业越来越大了，文化在企业中的位置也就越来越重要。林常平坚信：企业做强的前提，需要文化支撑；没有文化的企业是走不远的。

卧龙岗文旅项目的1亿元投资（这是他所有项目中投资最大的一个），说明他的"文化气质"主导了他的经营；为亡者立碑，说明了他对传统文化的尊重；为了解决附近村民饮水难的困境，他花重金深打井153米，终于水如泉涌，说明了他有文化自信。

文化就是指一切给精神以力量的东西，企业只有加持了文化，企业才会如增加一双翅膀。所以，人是文化的创造者，企业家是企业文化的创造者，优秀的文化造就企业腾飞的翅膀。

补　记

多次采访林常平夫妇时，林太太张桂玉总是笑容可掬地、静静地听着，极少说话。每逢问到林常平在监狱这20年她是如何度过时，林太太都没有正面回答。

似乎她不愿意回忆那段往事，可能那段往事留给她的伤痛太深吧。

2021年的夏天，当我再次来到霞浦，参加翰林第基础工程完工典礼后，我们坐在翰林第那间茶室里品茶，我与林常平聊着他的康养蓝图，而我夫人与林太太却聊着孩子的教育话题。林总出去抽烟了，茶室内只有我们夫妇和林太太三个人。我突然旧话重提："大嫂，当年您一个年轻女人带着两个孩子，生活可想而知，处境可想而知，一定受了不少委屈吧。您完全有理由离开林总，再去寻找自己的幸福，为何没有那样选择？"

林太太看了我一眼，说："我不能让他回来后没有家。"

我和夫人同时相互看了对方一眼。我们知道，这句再朴素不过的话，看似云淡风轻般地从林太太的嘴里淡淡地说了出来，却是她当年的勇气和高贵品德的体现。

茶室里安静异常，只有百年樟木依然香气绵绵地环绕着。我踱出茶室打量着这座百年翰林第，可以体会出它的千金价值。然而，当我回味林太太那句埋藏在她心里整整 36 年的话时，却掂量出它是无价的。

尾 声

什么是企业家的终极目标

我们生活的社会，不缺少富有的人，缺少的是走
出逆境、活出自我的铁汉。

——题记

企业家是什么？百度上是这样定位的："能抓住机会引进或开发新产品和新技术，改进企业的组织结构，谋求企业的利润最大化和长期发展的企业所有者或企业经营者，创新是企业家最重要的品格和才能。"

　　我理解的企业家是怎样的呢？是造福社会、繁荣人民生活、强盛国家的市场将军；不是简单的"把企业做成行业老大，把企业带入全国乃至全球 500 强"，而是他的软实力，即思想和文化对于社会的贡献。

　　凡为企业家者，无大小之分，只有大小目标和终极目标之分。小目标，养家糊口成一方富豪；大目标，商界成星，政界有名，身价不菲，享不尽的荣华富贵；而终极目标，与身价、名气大小无关，终生行大善之举、非沽名钓誉、以国家利益及民众福祉为目的，乃企业家终极目标。

　　林常平的企业不大，但他可称为企业家；作为企业家，他不以大小目标动情，却以终极目标独善其身，令我可敬可赞。观其大半生，慈善成就了林常平；同样，林常平也成就了慈善。

　　2020 年 12 月 31 日夜，即将迎来新的一年 2021 年——牛年，这也是他的本命年。

　　林常平很少看电视里的文艺节目，但今晚他却被一首歌触动了泪点，一位歌手自弹自唱着《时间都去哪儿了》，歌曲充满感染力的"走心"演绎，令林常平泪流满面。他想起了童年，想起了母亲，想起了两位哥嫂，想起了他三次落难，两次入狱，想起了他的爱人为苦等他20年的艰辛，想起了他最疼爱的大女儿在他出狱的前四个月去世的悲痛，想起了许多许多……是呀，时间都去哪儿了——

时间都去哪儿了　还没好好感受年轻就老了

生儿养女一辈子　满脑子都是孩子哭了笑了

时间都去哪儿了　还没好好看看你眼睛就花了

优美动人的旋律让林常平心绪难平，他陷入了回忆，他这70年的经历，70年的传奇，70年的辉煌，是中华人民共和国成立70年的缩影与历史的过往……

二十岁月灾难多，无父无母苦生活；

二十春秋高墙过，美好青春风雨磨；

二十冬夏创业歌，救己救企救急迫；

二十辉煌继续拓，慈善之路不退缩；

人生七十掌大舵，经历风华精神阔；

助学助教树风范，行善船帆永不落……

这区区几十个字的诗句，是林常平一生的写照。

第三次创业以来，他一方面带领团队做大做强企业，一方面不遗余力地将爱心奉献给社会，捐资助学、助困、助残、赈灾，他的爱心善举惠及越来越多的人。他是一个深具社会责任感的企业家，一个热心公益事业的慈善家。

宁德市原书记这样评价林常平："他不是最有钱的企业家，但他是最有爱心、负有社会责任的一个企业家。他助学助困，这种善举小则可以改变一个人的生活和命运，大到引导社会的风气和劝诫做人向善的取向。他用十余年拼搏来的血汗钱建立助学金、教学金和奖学金，这些钱本可以向一些老板一样的挥霍享受掉，但林常平却将这些钱用于一项百年大计，千秋万代的高尚事业。他已古稀之人，但他依然按照心中的善念前行不止。"

林常平的时间都去哪儿了？他的夫人张桂玉轻描淡写地说："他总是在前行的路上，一心在企业发展的路上，一心在慈善助人的路上……"

"我已经七十多岁了，时常想，生命的意义何在？不仅是为了自己的生命而长寿，为了小家的幸福而苟活，重要的是我能够给别人的生命和生活带来了何种的不同。奖学金的建立，我想让没有钱上大学的孩子上得起大学，改变他们的命运；小额贷款，是为了让更多的人能够自己创业改变他们贫穷的生活；十余年的纳税状元，是一个企业家的反哺心，为的是霞浦人民生活得能够更好，为了社会和国家贡献力量，这决定了我人生的意义，生命的意义，奋斗的意义。"

2021年到来了，2021年必定是一个意气风发、再创辉煌的大年。谨以本书献给所有怀着"终极目标"的企业家们，衷心祝福你们和你们的企业长寿，因为你们多活一天，就会行善一天；多活一年，就会为社会、民众、国家，造福一年、十年、百年……

慈善者寿，英名永传。

后 记

民企——中国经济这条大河的涌泉

这个世界不会因为你有多惨，就一下子对你有多好。人们在困境中最期待的就是瞬间逆转，需要"天来之物"解决燃眉之急，而一段时间后，即使真有什么喜从天降，我们也不会再感到庆幸和感激，我们说不定早已忘记当年的悲惨。

——题记

在我们看中国地图时，会看到横贯西东的中国第一大长河——长江。它发源于青藏高原的唐古拉山，在那里它的名字叫"沱沱河"。原本它只是一条涓涓细流，它由西向东经 11 个省，跨过 6387 公里，流域面积达 180 万平方公里，于崇明岛入东海。中国上下五千年，有多少的文人骚客英雄豪杰拜倒于它的脚下！如果没有那涓涓的雪山融水汇结而成的一条条清流，如果没有那些来自八方的山泉溪水，哪里来那滚滚东去的长江水？还有黄河，中华文明最主要的发源地，我们称它为"母亲河"。发源于青藏高原的巴颜喀拉山，沿途汇集了 35 条主要支流，一路向东奔腾而来，于山东入渤海。水乃生命之源，水聚成洼，洼满成流，各方之流汇聚就是河，河入湖入海，再从湖从海而成水，如此往复方能生生不息。正如民企于国亦不可或缺一样，只有不断地输入输出，不因其小而慢之，不因其大而宠之，方能良性循环，永固基业。

近几年仍有一些民企在顽强地拼搏着，他们以一己之力不断地在为大江大河注入着新生的力量，在荆棘丛中疏通着自己的河道，勇往直前地向前流淌着！

这些顽强的民营企业，就像一条条的支流，汇入了中国经济这条大河之中，使得中国经济壮大为世界前三名。中国的民营企业在世界各国迅猛地发展起来，越来越表现出惊人的活力和强大的生命力，在世界各国的经济发展中发挥着重要作用，小企业得到各国政府的关注，已成为一个世界性的课题。

一组数字生动体现了民营经济的重要地位：2018 年 11 月，中央领导在民营企业座谈会上强调，民营企业贡献了中国经济的"56789"：5 是指 50% 以上的税收；6 是说 60% 以上的 GDP；7 则是 70% 以上的技术创新成果；8 乃是 80% 以上的城镇劳动就业；9 是 90% 以上的企业数量。

中国改革开放 40 多年来，我国民营经济从无到有，由小到大、从弱到强，不断发展壮大。截至 2019 年底，我国民营企业数量超过 2700 万家，个体工商户超过 6500 万户，注册资本超过 165 万亿元。尤其在世界 500 强企业中，我国民营企业由 2010 年的 1 家增加到 2020 年的 32 家。而在社会公益方面，民营企业和民营企业家也发挥着越来越重要的作用：据全国工商联数据显示，截至 2019 年 6 月底，在全国"万企帮万村"精准扶贫行动中，已有 8.81 万家民营企业对 10.27 万个村进行帮扶（其中建档立卡贫困村 5.88 万个），共惠及 1163 万贫困人口。更值得一提的是，2019 年民营企业成为我国外贸第一大主体。

长期以来，广大民营企业家以敢为人先的创新意识、锲而不舍的奋斗精神，组织带领千百万劳动者奋发努力、艰苦创业、不断创新。我国经济发展能够创造中国奇迹，民营经济功不可没。

"民营经济功不可没"，他们就像汇入长江汇入黄河的千万条支流，在这些支流中，福建霞浦的鑫磊集团也在其中。

林常平这条顽强不息的"小河"，将 20 年的监狱时光浓缩成了一块铁，他用了 7300 天打磨成一柄天下无双的剑。54 岁时再次创业，这多么的令人敬佩！

林常平成功了。他用了短短 10 年的时间为社会创造出了亿万的财富。他每年为江西革命老区的贫困大学生开展金秋助学活动；在霞浦县相继设立了"林常平霞浦一中教育基金"、"林常平宏翔高级中学奖学金"；在福州监狱设立了"仁爱基金"捐款，用于帮助生活困难的服刑人员家属，他还为当地农村捐资修路、修建寺庙等，十多年来，林常平在教育、交通等公益事业上先后捐款 4300 多万元。他连续 10 年为霞浦的纳税状元。

那一夜我想了许多。人有其志，方可勇往直前。现在，林常平仍不想停下，他还有那么多的宏图大志。但，在他的面前似有一条难以逾越的鸿沟。宏图也好，大志也罢，在这条鸿沟的面前都变得那么的脆弱，那么的无力，那么的无奈。林常平是敢闯敢试的实践者，他摸着石头为后来者踩出了一条康庄大道，他虽被脚下的尖石划破了脚，他虽重重地跌倒了，溅起了无数的水花，但他终究爬起来了，继续向前走着、走着，艰难地走着，向着他心中的目标勇往直前……

策划编辑：冯　瑶

责任编辑：青　山

图书在版编目（CIP）数据

平常心 心常平：林常平传 / 赵晏彪 著 . — 北京：人民出版社，2022.1

ISBN 978 - 7 - 01 - 023729 - 9

I. ①平… Ⅱ. ①赵… Ⅲ. ①林常平 - 生平事迹 Ⅳ. ① K825.38

中国版本图书馆 CIP 数据核字（2021）第 176012 号

平常心 心常平

PINGCHANGXIN XINCHANGPING

——林常平传

赵晏彪　著

人民出版社 出版发行

（100706　北京市东城区隆福寺街 99 号）

北京汇林印务有限公司印刷　新华书店经销

2022 年 1 月第 1 版　2022 年 1 月北京第 1 次印刷

开本：710 毫米 ×1000 毫米 1/16　印张：22

字数：340 千字

ISBN 978 - 7 - 01 - 023729 - 9　定价：72.00 元

邮购地址 100706　北京市东城区隆福寺街 99 号

人民东方图书销售中心　电话（010）65250042　65289539

版权所有·侵权必究

凡购买本社图书，如有印制质量问题，我社负责调换。

服务电话：（010）65250042